KB156359

역사의 거울로 보는
시진핑 시대 중국과 그 딜레마
– 중국이 풀어야 할 7가지 근본문제

이종민

서울대 중어중문학과 박사. 한밭대·경성대 교수, 북경수도사범대학·홍콩영남대학 방문학자, 〈중국의 창〉 편집인을 지내고, 전남대 동아시아연구소 학술연구교수로 활동하고 있다. 우리 표준의 시각으로 세상을 보는 책을 쓰겠다고 마음먹고, 중국문명·중국문제·한중관계의 진실을 찾는 작업을 하고 있다. 저서로 『중국이라는 불편한 진실-신자유주의의 대안이 될 수 있는가』, 『흩어진 모래-현대 중국인의 고뇌와 꿈』, 『한국과 중국, 오해와 편견을 넘어』(공저), 『근대 중국의 문학적 사유 읽기』 등이 있고, 역서로 양계초 『구유심영록』·『신중국미래기』, 엄복 『천연론』(공역), 토머스 헉슬리 『진화와 윤리』 등이 있다. 시집으로 『길이 열렸다』, 『눈사람의 품』을 출간하였다.

서강학술총서
140

역사의 거울로 보는
시진핑 시대 중국과 그 딜레마
-중국이 풀어야 할 7가지 근본문제

이종민 지음

서강대학교출판부

서강학술총서 140

역사의 거울로 보는
시진핑 시대 중국과 그 딜레마
-중국이 풀어야 할 7가지 근본문제

초판 1쇄 발행 | 2023년 5월 15일

지 은 이 | 이종민
발 행 인 | 심종혁
편 집 인 | 주세형
발 행 처 | 서강대학교출판부
등록 번호 | 제2002-000170호

주 소 | 서울특별시 마포구 백범로 35(신수동)
전 화 | (02) 705-8212
팩 스 | (02) 705-8612

ⓒ 이종민, 2023 Printed in Korea
ISBN 978-89-7273-385-0 94300
ISBN 978-89-7273-139-9 (세트)

값 31,000원

* 잘못된 책은 구입하신 곳에서 바꿔드립니다.
* 이 책의 판권은 지은이와 서강대학교출판부에 있습니다.
  양측 서면 동의 없는 무단 전재 및 복제를 금합니다.

* '서강학술총서'는 SK SUPEX 기금의 후원으로 제작됩니다.

중국은 지금 어디로 가는가

　　2013년 시진핑의 집권이 시작되면서 새로운 중국을 욕망하는 이슈들이 연이어 부상하였다. 중국몽, 일대일로, 공동부유, 통일국가 재건, 미중 패권경쟁 등이 그러한데, 이 이슈들 모두 중국 내외에 지대한 파장을 일으켰다. 세계는 이 이슈들로 인해 벌어진 사태를 접하면서 새로운 중국의 실체를 느끼기 시작하였다. 미국발 금융위기를 구원하고 일대일로의 청사진이 부각되었을 때는 중국 대안론이 급부상하였다. 그러나 미중 패권경쟁과 코로나 사태가 발발한 이후에는 중국 위협론이 압도적인 상황이다.

　　시진핑 정책의 급진성을 비판하는 사람들은 덩샤오핑의 유훈인 도광양회가 지속되었어야 한다는 입장을 표한다. 지금 중국이 직면한 과제인 사회적 불평등, 환경문제, 고령화 문제 등을 해결하는 일이 우선되어야 했다는 것이다. 세계 제국의 역사로 볼 때도 패권 상실은 대개 제국의 내분에서 비롯된 것인 만큼, 지금 중국의 상황은 공개적인 도전이 아니라 내부의 힘을 더 축적할 때라는 얘기다. 게다가 세계인들이 공감할 수 있는 보편가치를 중국이 아직 만들지 못했다는 점을 고려하면, 더더욱 겸손해야 할 시점이었다는 것이다.

새로운 중국을 내세우는 과정에서 시진핑은 헌법을 수정하여 국가주석 임기 제한을 폐지하는 등 1인 권력 집중의 시대를 가능케 하였다. 그리고 2021년 11월 제3차 역사결의를 통해 새로운 중국이 추구하는 장기적 목표를 제시하였다. 시진핑 개인 입장에서 볼 때는 자신이 중국을 지속적으로 이끌어야 하는 명분을 천명한 것이었다. 이러한 사전 작업을 바탕으로 2022년 10월 20차 당대회에서 시진핑은 3연임에 성공하였다.

사실 제3차 역사결의가 통과되었을 때, 시진핑 3연임을 위한 당 내부 의견이 정리된 것이라고 보는 시각이 많았다. 중국 공산당에게 역사결의는 과거 역사를 정리하고 미래 목표를 제시하는 매우 중요한 결정이었기 때문이다. 돌이켜보면, 제1차 역사결의는 1945년 마오쩌둥이 주도한 것으로, 소련에 경도된 잘못된 노선을 바로잡고 마오쩌둥 사상에 기반한 중국 사회주의의 길을 정립하였다. 제2차 역사결의는 1981년 덩샤오핑이 주도한 것으로, 문화대혁명의 과오를 바로잡고 개혁개방 시대 중국의 길을 열어놓았다. 제1차 역사결의로 공산당은 국공내전에서 승리하여 주권국가를 건설하였고, 제2차 역사결의로 개혁개방의 정당성을 확립하여 경제대국으로 발전할 수 있었다.

두 차례의 역사결의가 마오쩌둥과 덩샤오핑이 주도하여 획기적 시대 전환을 이뤄낸 것인 만큼, 두 사람에 비견할 업적이 없는 시진핑이 역사결의를 주도할 자격이 있는지 이견이 있었다. 그러나 시진핑은 제3차 역사결의를 주도하며 공산당 백 년의 길을 과거 역사로 정리하고, 자신으로부터 새로운 백 년이 시작되는 미래를 제시하였다. 제3차 역사결의의 핵심은 시진핑 주도의 새로운 백 년의 시작인 셈이다. 주권국가와 경제대국을 이룬 중국에게 이제 남겨진 과제는 사회주의 완성과 통일국가 재건 그리고 중화민족의 위대한 부흥 혹은 세계 패권국의 지위다.

시진핑 집권 후 부상한 이슈들과 제3차 역사결의 그리고 시진핑 3기의 과제는 이 거대한 목표와 연결되어 있다. 이 목표에는 세 가지 층차의 역사 과제가 중첩되어 있다. 첫 번째 층차는 공산당 정치사의 과제로 당 영도 하에 인민을 위한 사회주의 완성에 관한 것이다. 두 번째 층차는 중화민족사의 과제로 대만을 흡수하여 통일국가를 재건하는 것이다. 세 번째 층차는 제국 패권사의 과제로 미국과의 경쟁에서 승리하여 세계 패권국의 지위를 차지하는 것이다.

문제는 세상이 중국의 뜻대로 움직이지 않는다는 점이다. 중국 입장에서 보면, 사회주의 가치를 실현하여 살고 싶은 사회를 만들고, 이에 중화권이 대륙을 중심으로 통일국가를 형성하고, 세계가 중국 사회주의를 보편가치로 수용하여 새로운 패권국으로 인정하는 과정이 가장 이상적이다. 그렇게 되려면 무엇보다 인민을 위한 사회주의를 완성해야 한다. 그러나 현실에서는 대만·홍콩 문제와 소수민족 문제가 사회주의 가치와 배치되는 방식으로 진행되고, 미중 패권경쟁으로 세계 경제위기와 신냉전 국면이 출현하고 있다.

물론 이 문제들을 다 중국의 책임으로 돌릴 수는 없지만, 적어도 통일국가와 세계 최강국의 과제가 사회주의 완성의 과제와 충돌하고 있다는 점은 부인할 수 없다. 그동안 이 세 가지 과제는 공산당이 시대에 따라 중점과 속도를 조절하며 추진해왔다. 지금까지 커다란 충돌 없이 경제대국으로 성장한 점이 당의 리더십으로 평가되었던 것이다. 하지만 현재의 국면은 국정의 균형적 추진과 속도 조절에 균열이 생긴 모습이다. 중국 내부에 잠재되어 있던 성장의 부작용까지 드러나면서, 지금이 개혁개방 이래 공산당 최대의 위기 순간으로 보인다.

덩샤오핑이 백 년간 경제만 생각하라는 유훈도 생각해보면, 그 기간 안에 경제 이외의 욕망을 드러낼 지도자가 등장할 수 있음을 예견한 것이다. 중국 내부의 실력이 충분히 축적되지 못한 상태에서 미국과의 패권 경쟁에 나서게 될 때의 위험을 우려한 것이다. 지금의 상황에서 보면 덩샤오핑이 예견한 당사자가 바로 시진핑인 셈이다.

지도자 개인의 성향 차이는 있겠지만, 누구라도 덩샤오핑의 유훈과 다른 선택으로 나아갈 가능성은 2008년 미국발 금융위기가 발생할 당시 이미 형성되고 있었다. 미국을 비롯한 서구사회의 위기가 드러나고 상대적으로 중국의 실력이 과대 평가되면서 당 내부의 변화가 시작되고 있었기 때문이다. 그 변화가 시진핑 노선과 만나면서 지금의 상황으로 이어진 것이다.

여기서 필자가 제기하려는 문제는 시진핑 개인적 성향을 넘어, 중국을 급진적 길로 나아가게 만든 내재적 요인이 무엇인가 하는 점이다. 도광양회의 필요성을 강조하는 사람들은 중국경제가 앞으로도 지속적 성장을 할 수 있다는 낙관적 입장을 지니고 있다. 시간은 중국의 편이기 때문에 경제에 전념하면 언젠가 미국을 추월할 수 있는 실력을 갖추게 될 것이라는 얘기다.

그런데 시진핑 시대에 고성장이 꺾이면서 빈부격차, 농촌문제, 인구문제, 환경문제 등 지속 성장을 힘들게 하는 '쇠퇴하는 중국'의 모습이 노출되고 있었다. 고령화 사회가 급속도로 진행되고 있는 모습은 부자가 되기 전에 늙어간다는 황혼의 이미지를 만들었다. 여기에 제로 코로나 정책으로 인한 내수 위기, 부동산 시장 침체와 지방정부 부채로 인한 금융위기의 징후, 미국의 첨단기술 공급망 제한으로 인한 성장의 위기까지 포함한다면, 시간이 중국의 편이라는 생각은 더 이상 유효하지 않아 보인다.

그동안 경제성장은 공산당의 통치 정당성을 확보하는 사후 투표와 같은 것이었다. 국민의 직접 투표로 통치 정당성을 얻는 민주주의 사회와 달리, 공산당 통치하의 중국은 성과를 통해 인민에게 사후 지지를 받는 형식을 취해왔다. 그래서 유능한 통치로 인민이 만족할 성과를 만드는 일이 바로 공산당의 통치 정당성을 확보하는 길이었다. 중앙정부에 대한 인민의 높은 지지는 공산당의 유능한 통치와 그 성과를 반증하는 것이었다.

그러나 쇠퇴하는 중국의 모습과 신냉전의 국면은 지금과 같은 방식의 성과주의가 더 이상 지속될 수 없음을 예고한다. 시진핑 3기를 확정한 20차 당대회에서 시진핑은 현재 상황을 국내외에 전략적 기회와 위험이 공존하는 시대라고 인식하며, 중국식[1] 사회주의 현대화를 통해 내부 역량을 강화해야 한다고 역설하였다. 이는 시진핑 2기를 확정한 19차 당대회에서 중국 굴기를 기반으로 미국을 추월하는 사회주의 강국 건설의 원대한 목표를 부각시킨 것과는 차이가 있다.

그렇다면 중국식 사회주의 현대화는 무엇인가. 그 주요 내용은 익히 들어온 얘기다. 당 영도 하의 국가 안전을 기반으로, 인민 민주와 법치의 전면적 발전, 첨단기술과 디지털 경제 중심의 고품질 성장, 사회적 불평등 해소를 위한 공동부유, 자본주의 폐단을 넘는 정신문명과 물질문명의 조화, 자연과 인간이 공생하는 친환경 발전, 모든 패권주의를 반대하는 대국 외교, 세계평화와 인류운명공동체 발전 등을 추구하는 것이다.

이러한 내용은 국가 안전을 특별히 강조하는 것을 제외하면, 이미 내세운 정책을 반복한 것에 가깝다. 시진핑 3기의 핵심이 대외 확장보다는 중국 내부 역량 강화에 있다는 뜻이다. 대만문제에서 무력 사용을 포기하지 않겠다는 발언이 부각되기는 했지만, 평화통일을 우선하면서도 외부 개입은 용납하지 않겠다는 이전의 입장과 큰 차이는 없다.

시진핑 1인 권력 집중은 오히려 중국이 직면한 위기가 전 인민의 단결을 요구할 정도로 심각하다는 점을 시사한다. 불안함의 역작용이 상무위원 전원을 시진핑 측근으로 배치하여 일체화를 강조한 셈이다. 나

---

1 중국어는 '中國特色'이지만 중국적 방식이라는 의미를 살리기 위해 '중국식'으로 번역한다.

아가 시진핑은 자신의 3기가 세 가지 과제 완수를 위한 백년 대전환 시대에 진입한 것이라고 선언하였다. 정치는 미래 비전을 제시하며 통치 정당성을 확립하는 것이기 때문에, 이러한 선언에 특별한 문제가 있는 것은 아니다. 그러나 개혁개방 이래 지난 40년과 완전히 다른 비우호적 환경은 시진핑 3기의 미래를 불투명하게 한다.

중국은 앞으로 어떠한 길을 가게 될 것인가. 미국의 대공세를 뚫고 자립경제를 이룰 수도 있고, 자본주의 폐단을 넘어 노동 가치가 존중되는 사회를 만들 수도 있다. 이와 반대로, 목표한 혁신에 실패하고 내분이 일어나 대혼란의 시대를 겪을 수도 있다. 권력 집중의 효율성을 발휘하여 목표에 도달할 수도 있지만, 고립적이고 강압적인 방식으로 실패를 초래할 수도 있다는 얘기다. 다 확실하지 않다. 우리가 알 수 있는 건 중국이 공산당 영도 하에 중국식 사회주의 현대화의 길을 간다는 사실이다.

이제는 중국식 사회주의 현대화의 실체가 무엇인지 구체적으로 이해해야 한다. 이 개념은 중국 공산당의 통치 정당성을 확립하기 위한 것이면서, 실제 정책 속에 반영되어 중국을 움직이는 힘으로 작동하고 있기 때문이다. '중국식'이 당의 통치 방식을 정당화하는 수사에 불과하다면, 복잡한 논의는 필요 없을 것이다. 하지만 당의 목표와 전략인 사회주의 시장경제, 사회주의 현대화, 사회주의 강국 등의 내용을 규정하는 실체적 힘을 가지고 있다면, 얘기는 달라진다.

21세기 들어 중국 굴기가 성공하면서 '중국식'을 중국 문명의 차원에서 해석하는 시각이 등장하였다. 이른바 중국 문명국가론은 중국의 방대한 영토, 거대한 인구, 다양한 민족, 오랜 역사와 문화는 중국만의 특색이며, 민족국가에 기반한 서구의 시선으로는 해석할 수 없다고 단언한다. 그리고 중국특색 하에서 민본주의, 중앙집권, 민생경제, 현능주의, 예의문화, 천하체제 등의 문명 질서가 형성되어 현재에 이르기까지 지속되고 있다고 인식한다.[2]

중국식의 내용을 중국 문명국가론으로 정립한 것인데, 여기서 당의 통치 규범인 인민지상, 당 영도, 공동부유, 혼합경제, 현능정치, 사회주의 핵심 가치관, 대국주의 등의 개념이 이어진다. '사회주의'의 주요 내용이 다 중국 문명국가의 특성과 연결되어 있는 셈이다. '현대화'는 선진적인 가치와 제도, 기술의 수용을 지칭하는데, 여기서도 중국식 수용이 관건이다.

중국의 사회주의 핵심 가치관을 보면 자유·민주·평등·공정·법치·신뢰 등 선진사회의 가치가 포함되어 있다. 그런데 그 실제적 함의는 개인의 자유와 권리를 위한 것이라기보다, 국가와 사회 안전의 차원에서 개인이 따라야 하는 가치로 변화되어 있다. 가령, 중국에서 말하는 자유는 개인의 자유보다는 패권국의 간섭이나 강압으로부터 자유로울 수 있는 국가의 권리에 가깝다.

경제에 있어서도 중국은 기간산업과 첨단산업은 국가 주도로 육성하고 있었다. 일대일로도 자본의 단기적 수익보다는 국가 안보이익을

---

[2] 공산당의 시각과 가장 긴밀히 연결된 문명국가론은 장웨이웨이의 '문명형국가'이다. 그래서 이 책의 논의는 장웨이웨이의 '문명형국가'를 중심으로 하고 다른 논자의 문명국가론은 참고로 할 것이다. 장웨이웨이의 '문명형국가'에 대해서는 장웨이웨이 『중국은 문명형 국가다』(성균중국연구소 옮김, 지식공작소, 2018) 참고.

우선하는 장기적 프로젝트로 추진된 것이었다. 시진핑 3기의 관건인 첨단기술 자립화도 국영 부문에서 사활을 걸고 투자하고 있는데, 신냉전 국면에서 경제 안보 개념이 더 많은 분야로 확장될 것이다.

시진핑 2기에서 공동부유를 내세우며 알리바바를 포함한 플랫폼 기업을 규제한 바 있다. 그 원인을 사회주의 방면에서 보면, 플랫폼 기업의 불평등 수익구조를 제한하여 노동 가치가 존중받는 사회를 추진하려는 뜻이다. 통치 방면에서 보면, 기업의 영향력이 공산당에 위협이 되는 수준으로 커진 것에 대한 통제라고 볼 수 있다. 시진핑 3기에서는 알리바바처럼 영향력이 큰 사기업은 지분을 국유화하여 통제 범위 안에 두려고 하겠지만, 그 이외의 민간부문에서는 일자리 창출과 소득향상에 기여할 수 있도록 지속적인 지원을 할 것이다.

중국의 빅테크 기업 통제가 공동부유 때문이라는 우려의 시선이 있다. 그러나 당면한 경제 회복을 위해 민간경제 활성화가 시급한 만큼, 공동부유에 대해 지나치게 우려할 필요는 없어 보인다. 오히려 공동부유가 지닌 문제는 다른 곳에 있다. 중국이 공동부유를 내세우기는 했지만, 공동부유를 실현할 복지 재정이 충격적으로 감소한 상태라는 점이다. 2019년 OECD 38개국의 GDP 대비 복지 지출 비중은 평균 20%인데, 중국의 비중은 2.96%였다. 중국이 막 사회복지 정책을 추진한 2006년에 5.2%인 것에 비해 절반 가까이 하락한 것이다. 이 재정으로는 공동부유를 실현할 길이 없다.

이는 중국이 공동부유를 내세우면서도 재정 지출의 중점이 산업고도화나 친중국 경제권 형성을 위한 대외투자 등에 있었다는 점을 뜻한다. 왕조시대나 사회주의 중국에서나 사회복지에서는 다 작은 정부를 추구하였다. 마오쩌둥 시기에 도시의 국영 단위에서 보편적 복지가 시행된 적은 있지만, 대다수 인민이 거주하는 농촌은 그로부터 소외되어 있었다. 중국의 역사 경험은 공동부유의 구호보다, 인민이 체감할 수 있는 소득향상 정책을 더 선호하게 한다.

이는 공산당뿐만 아니라 중국 인민도 중국식을 감지하고 있다는 얘기다. 이렇게 중국식 사회주의 현대화를 이해하면, 중국식은 형식적 수사가 아니라 사회주의 현대화의 실천 방향을 규정하는 실체적 개념이 된다. 통치의 정당성을 확립하는 역사적 문명적 원천이면서, 시대 과제를 추진하는 현대 중국의 방식인 것이다. 그래서 이 중국식의 개념을 통찰하는 일이 바로 시진핑 시대 중국의 길을 이해하는 관건이라고 할 것이다.

중국식 담론으로서 중국 문명국가론을 볼 때 주목해야 할 세 가지 관점이 있다. 첫째, 역사적으로 서주시대에서 진한 제국에 이르는 '천년의 시간'을 중국 문명국가가 형성되는 기축의 시간으로 본다는 점이다. 이 기축의 시간에 중국 문명국가의 원형적 질서가 정립되고, 이후 왕조의 질서는 경로 의존성에 기반하여 시대적 특성을 형성하게 된다. 그 가운데 진한시대 중앙집권, 당송 시대 과거제, 송명시대 성리학, 명청시대 제국 질서는 현재의 중국 문명국가 형성에 지대한 작용을 한 것으로 본다.

둘째, 중국 문명국가의 특성은 서구식 발전의 길과 대비된다는 점이다. 서구와 다른 중국식 발전의 길을 특정하고, 나아가 중국의 길이 서구보다 우월한 특성이 무엇인지 부각한다. 가령, 민심을 근본으로 하고 현능한 인재들이 통치하는 현능정치가 선거 민주에 의지하는 서구 정치보다 뛰어난 제도라고 본다. 국가 간의 평화발전을 추구하는 천하 질서는 민족국가의 이해관계를 확장한 제국주의 질서보다 안전하고 도덕적이라고 여긴다.

셋째, 중국 문명국가는 역사적 실재라기보다는 이상적 가치나 규범에 가깝다는 점이다. 이것은 이상적 통치 규범을 중국의 현실 정치와 동일시하는 경향성이 있다는 뜻이다. 그렇지만 민본주의가 실제로 구현된 시기는 왕조의 태평성세라 불리는 짧은 기간이었으며, 천하 질서는 도덕이 아니라 중원 국가가 압도적 힘을 지니고 있던 시기에 이루어질 수 있었다.

이상적 규범이 역사가 아니듯이, 우리의 평가대상은 규범 속의 문명국가가 아니라 역사 속의 현실 국가가 되어야 한다. 규범과 현실 정치의 간극은 중국식 사회주의에도 이어져 있어서, 공산당의 주장과 실제 성과 사이의 차이로 나타난다. 전면적 소강사회 선언과 미완된 중산층 사회의 간극, 공동부유의 구호와 불평등한 현실의 간극 등이 그러하다.

시진핑 3연임이 확정된 20차 당대회 직후 중국은 코로나 제로 정책을 전격 해제하였다. 코로나 사태가 진정되어 그런 것이 아니라, 백지 시위를 비롯한 인민의 불만이 터져 나오면서 돌연 결정한 것이었다. 중국은 과학방역을 내세우면서 자신의 우월성을 세계에 선전했지만, 결과로 보면 정치방역을 한 셈이다. 과학방역과 정치방역의 간극은 경제침체와 인민의 분노를 초래하였다. 중국의 열악한 의료 실정을 감안하더라도, 중국식 방역은 세계와 탈동조화의 길을 간 것이었다.

이러한 간극이 반복되는 것은 중국의 통치 방식 문제가 지속되기 때문이다. 인간 세상에서 선과 악이 공진화하듯이, 중국 문명국가의 장점과 아울러 단점 역시 지속되고 있는 것이다. 이러한 간극의 결과는 중국 내부만이 아니라 국제 문제로 이어지기 때문에, 이웃 나라인 한국은 더욱더 주의해야 할 사안이다. 중국의 거대한 규모와 아울러 중국이 내세우는 이상적 수사에 눌리면, 중국 문제의 인식과 대응에 어려움을 겪을 수밖에 없다. 중국 문제의 해법을 찾으려면, 중국의 실체를 객관적으로 이해하면서 동시에 중국의 심리전에 끌려가서는 안된다.

이 심리전은 중국의 우월한 면모와 가치를 부각시켜 타자의 인정을 받으려는 의도로, 중국식으로는 권위를 세우는 일이고 서구식으로는 소프트파워를 강화하는 일이다. 이에 중국이 이룬 성취는 인정하면서, 중국이 의도적으로 과장하는 면에 대해서는 분별적으로 보아야한다. 이것은 중국을 균형적으로 이해할 수 있는 기준점을 찾는 작업이다.

필자는 중국을 보는 기준점을 찾기 위해 고대 중국에서 현대 중국에 이르는 전 역사를 대상으로 거시적인 공부를 하였다. 그리고 중국을 움직이는 세계관과 그 질서가 무엇인지 고민하며, 중국의 역대 국가를 관통하는 7가지 주제를 선정하였다. 현능정치, 경제력, 공동부유,

민심, 법치, 통일국가, 역사공동체의 주제인데, 이는 중국 문명국가론의 핵심 내용이면서 사회주의 중국에서 통치 규범으로 작동하는 사안이다. 이 가운데 공동부유는 역사적으로 보면 조화사회에 해당하는 내용이지만, 중국식 사회주의의 목표가 공동부유인 만큼 이것을 논의 주제로 삼을 것이다.

7가지 문제를 간단히 설명하자면, 현능정치는 유능한 사람이 통치를 해야 한다는 것으로, 통치 주체에 관계되는 사안이다. 경제력은 부강한 나라가 되어야 한다는 것으로, 국부에 관계되는 사안이다. 공동부유는 인민이 골고루 잘 살아야 한다는 것으로, 민생에 관계되는 사안이다. 법치는 법에 의한 통치를 해야 한다는 것으로, 통치 방식에 관계되는 사안이다. 통일국가는 분열이 아닌 통일된 국가로 존립해야 한다는 것으로, 국가정체성에 관계되는 사안이다. 역사공동체는 중국은 역사적으로 형성된 정치공동체라는 것으로, 역사의식에 관계되는 사안이다.[3]

7가지 문제는 중국의 주요 통치 규범으로서, 중국 문명국가론에서 중국의 우월성으로 자부하는 내용이다. 그렇지만 중국이 실현해야 할 이상적 규범을 실제 역사인 것처럼 여겨서는 안 된다. 규범은 중국 통치의 주요 구성 부분이지만, 중국을 보는 기준점은 규범 자체가 아니라 통치자가 규범을 통해 건설한 '현실 국가'가 되어야 하기 때문이다.

---

3 이 7가지 문제 이외에 유교, 군사, 천하 등도 중국 통치의 주요 사안이다. 하지만 이 책에서는 7가지 문제와 내부적으로 연결지어 설명하는 방식을 취하며, 독립된 사안으로 논의하지 않을 것이다. 7가지 문제 속에서 포괄적으로 설명 가능하다고 보기 때문이다.

현실 국가는 규범 속의 문명국가와 차이를 지닌다. 규범에 접근한 현실 국가도 있지만, 그렇지 않은 경우에는 다양한 간극이 존재하기 마련이다.

이 책의 논의는 이러한 간극의 발견에서 출발한다. 먼저 현대 중국에서 통치 규범과 현실 사이의 간극이 어떠한 방식으로 출현하는지 제기하고, 이 간극의 원형이 형성된 선진시대에서 그 역사적 원인에 대해 고찰한다. 나아가 후대 왕조에서 이 간극이 지속·변형되면서 중국 사회에 어떠한 딜레마를 안겨주었는지 살펴본다. 그리고 다시 현대 중국으로 돌아와 이 딜레마가 현재화된 방식을 비판적으로 이해하고 그것을 풀어나갈 수 있는 방안에 대해 논의한다.

이 책의 목표는 역사적 시각으로 시진핑 시대 중국의 길을 성찰하기 위함이다. 그래서 사회주의 중국에 관한 내용뿐만 아니라, 원형적 질서가 형성된 선진시대와 후대 왕조에서의 지속성 문제도 중요한 비중을 차지한다. 특히 춘추시대 관중이 활약한 제 환공 시대는 중앙집권 국가의 원형적 질서가 형성되었던 만큼 '중국식'을 이해하는 출발점이 된다.

관중이 만든 질서는 이후 춘추전국시대 제후국에서 실정에 따라 수용되고, 진 효공 시대의 농전(農戰) 국가와 진시황의 중앙집권 제국으로 이어졌으며, 사마천의 『사기』에서 중국을 움직이는 힘으로 내재화되었다. 이러한 시각은 이 책의 전작인 『중국, 만들어진 정체성─고대 중국의 진실』[4]에 기반한 것이며, 본문에서 주석으로 처리한 부분을 참고

---

4   이종민, 『중국, 만들어진 정체성─고대 중국의 진실』, 글항아리, 근간.

하기 바란다.

우리는 진한시대 정립된 중국의 통치체제가 근대 이전까지 장기 지속되었다는 해석에 익숙하다. 장기 지속의 측면에서 보면 중앙집권적 군주제뿐만 아니라 천명-덕치-민심의 통치 규범도 한 몸처럼 지속되었다. 왕조가 바뀌어도 천명-덕치-민심이 통치 정당성을 부여하는 역할을 수행했기 때문이다. 한족 왕조도 그러했고, 이민족 왕조도 그러하였다. 통치 규범이 현대적 의미의 헌법과 같은 역할을 하며, 국가 어젠다로 '장기 지속' 되었던 것이다.

이러한 장기 지속성으로 인해 중국의 정체성을 대체로 전제군주 국가나 대일통 제국으로 간주한다. 전제군주라는 말은 량치차오 등의 근대 지식인들이 중국이 낙후한 원인을 전제군주 통치에서 찾은 데서 비롯된 것이다. 서구 입헌국가나 민주국가와 상대되는 개념으로 전제군주라는 말이 사용되면서 부정적인 뜻을 함축하고 있었다.

그러나 전제군주는 군주 1인이 나라를 전일적으로 통치한다는 개념으로, 그 자체에 부정적인 뜻이 내포된 것은 아니었다. 가령, 춘추시대 공자는 주나라 천자 질서의 회복을 추구했는데, 이 천자가 바로 천하를 다스리는 전제군주인 것이다. 관중이나 묵자, 맹자, 상앙, 한비자, 순자 등 춘추전국시대 지식인들은 대부분 군주가 다스리는 중앙집권 국가를 지향했으며, 이 통치체제가 전쟁 시대를 종결할 수 있는 질서라고 여겼다. 천자 질서라는 말에는 부정적인 뜻보다는 오히려 긍정적인 희망이 담겨 있었다.

진시황이 중국 최초의 중앙집권 국가를 건설한 이후 통일과 분열의 시대가 반복적으로 출현했지만, 중앙집권적 군주제에서 벗어나 새로운 통치 질서가 형성되지는 않았다. 그래서 전제군주를 부정적인 뜻으로 보면 중국사 전체가 부정적인 나라의 역사가 될 수밖에 없다. 대일통 제국이라는 말도 전제군주가 방대한 영토에 사는 다민족을 통일적으로 다스리는 나라라는 뜻으로, 전제군주를 부정적으로 보면 대일통 제국 역시 부정적인 뜻이 될 수밖에 없다.

이러한 획일적 이해를 피하려면, 전제군주를 중앙집권 국가를 다스리는 최고 통치자의 개념으로 객관화해야 한다. 그렇게 하면, 전제군주가 다스리는 중앙집권 국가가 어떠한 방식으로 통치하며 어떠한 나라를 만들었는지가 평가의 대상이 될 수 있다. 너무나도 당연한 얘기 같지만, 지금까지 전제군주라는 말이 부정적인 뜻으로 수용되면서 중국을 보는 편견으로 작용했던 것이다.

그런데 천명-덕치-민심의 통치 규범은 전제군주와는 반대의 차원에서, 중국을 이상적 도덕국가로 보는 선입견이 되었다는 점도 주의해야 한다. 가령, 중국의 모든 왕조는 천명을 자신의 통치 규범으로 삼았다. 그러나 통치 이상으로 내세운 천명과 그것이 현실 정치에서 나타나는 실제 모습 사이에는 다양한 간극이 있었다.

주나라 시대부터 통치자는 천명을 내세웠지만 지상에 세운 질서는 하늘의 질서라기보다, 통치자의 조상신과 그 혈족들이 정치공동체가 되어 지배하는 인간사회의 질서였다. 군주제가 바로 그것이며, 통치자의 최우선적인 관심은 언제나 권력과 부의 보존 강화에 있었다. 그들이 만든 질서는 우주 자연의 보편가치가 아니라 혈족 안의 대종-소종의 차등, 종족 간의 정치적 차등, 백성 간의 신분적 차등에 기반하고 있었다. 덕치를 북극성과 뭇별의 관계로 비유하더라도, 그것은 평등한 민주사회가 아니라 최상위 통치자를 중심으로 조화로운 차등질서를 확립하는 것이었다.

천명으로 보면 덕치가 당위적 목표가 되지만, 현실 정치에서는 반드시 민생의 길로 나아가지는 않았다. 백성이 참여할 수 있는 정치적 공간이 주어지지 않았기 때문이다. 백성들 역시 통치자의 덕치가 자신을 보호해주지 못한다는 사실을 깨달았을 때, 스스로 생존을 도모하는 길로 나아갔다. 규범은 실재하는 제도가 아니라 통치 목적을 위해 만든 이념·가치·표준에 해당하는 것이어서, 당연히 사람들이 살아가는 세계와 간극이 생길 수밖에 없다. 매 왕조들이 자신이 내세운 천명과 현실 정치의 간극으로 몰락한 것처럼 말이다. 바로 벤자민 슈워츠가 질문한 "왜 인간들의 현실은 하늘의 규율에서 멀어지는가"[5]와 상통하는 문제이다.

사람들이 살아가는 세계는 주어진 규범을 그대로 따르지 않는다. 규범을 실행하는 사람들 각자의 이해관계와 욕망에 따라 변형적으로 적용한다. 이러한 현상은 최상층의 통치자가 규범을 제정하여 아래에서 따르도록 강제하는 사회에서 더 강하게 표출된다. 민주적 방식으로 제정된 규범이라 하더라도, 규범에는 보편적이고 추상적인 가치가 함축되어 있어서 그 적용은 실행자의 상황에 따라 달라지기 마련이다. 고대 중국과 같이 최상위 통치자가 규범 제정을 독점하고 아래 통치 단위는

---

5   벤자민 슈워츠, 나성 옮김, 『중국 고대 사상의 세계』, 살림, 2004, 88쪽.

층층이 분절된 거대 사회에서는 그 적용의 '자율성'이 더욱 커질 수밖에 없었다.

필자는 통치 규범과 현실 정치 사이에 존재하는 다양한 간극을 읽어내는 작업이 중국을 보는 핵심 통로라고 생각한다. 태평성세와 같이 현실 정치가 통치 규범에 근접한 시기도 있었지만, 통치 규범을 중국의 현실 정치로 보는 '착각'을 해서는 안 된다. 중국 문명국가론의 문제가 바로 이러한 동일시에서 비롯된 것이며, 이 책은 '간극과 딜레마'의 개념을 통해 그 대안적 시각을 제시하려고 한다.

통치 규범과 현실 정치 사이의 간극은 필연적으로 다원적인 딜레마를 만든다. 딜레마의 사전적 의미는 두 가지 가운데 어느 길을 선택해도 바람직하지 못한 결과가 벌어지는 곤란한 상황을 뜻한다.[6] 중국에서 이러한 상황은 규범과 현실 정치 사이의 불일치, 부조화, 불확실, 역설, 아이러니, 은폐, 통제 등의 다양한 형태로 나타나는데, 이 문제들을 총칭하여 딜레마라고 부를 것이다.

이 책에서 논의하는 주제는 바로 중국 통치에 내재한 핵심 딜레마에 관한 문제이기도 하다. 각 장에서 논의할 내용은 다음과 같다. 1장 현능정치. 1장에서는 중국이 현능정치를 내세우고 있지만, 전제군주와 공산당 독재가 좋은 통치를 할 수 있는지의 문제를 논의한다. 왕조시대에는 세습 황제의 폭정 문제가 상존하였고, 현능한 관료들은 주로 황제 권력을 강화하는 역할을 수행하였다. 지금은 공산당 권력을 제한할 장

---

6 시진핑 시대 중국이 직면한 딜레마의 총체적 양상에 대해서는 박민희, 『중국 딜레마』(한겨레출판, 2021), 6~17쪽 참고.

치가 없는 상태에서 좋은 통치가 지속될 수 있을 것인지 다각적인 논의를 한다. 특히 한 무제의 제국 확장과 자기 성찰의 문제를 중국 통치사의 차원에서 제기하여, 시진핑 시대를 보는 거울로 설명한 부분을 주목하기 바란다.

2장 경제력. 2장에서는 중국이 국가 주도 경제를 추구하는데, 국가가 경제성장을 지속시킬 수 있는지의 문제를 논의한다. 중국경제는 춘추시대 관중이 중앙집권 경제를 수립한 이래, 경제 활성화가 필요할 때는 백성의 자율성에 맡기는 자유방임 정책을, 전쟁·안보를 위한 재정이 필요할 때는 국가 주도의 재정정책을 겸용하였다. 역사적으로 보면 중국식 사회주의 시장경제도 국유경제와 자유방임적 시장경제를 겸용한 혼합경제라고 할 수 있다. 그렇지만 왕조시대 국가가 토지세와 상공업에 대한 세금 수취자에 머문 반면, 사회주의 중국은 경제성장을 위한 산업정책 추진자의 역할을 하고 있다. 개혁개방 40년의 성장을 이룬 후 경제위기에 직면한 지금, 미국의 대공세와 아울러 국가 주도 성장방식의 부작용에서 기인한 문제를 어떻게 극복할 수 있을지 논의한다.

3장 공동부유. 3장에서는 중국이 공동부유를 내세우고 있지만, 사회복지 차원에서 볼 때 왕조시대나 사회주의 중국이나 다 작은 정부를 지향하였고, 공동부유를 실현할 복지재정과 그 제도가 갖춰 있지 않다는 점에 대해 논의한다. 특히 사회복지에서의 작은 정부의 문제와, 중국의 조세 전통인 낮은 세금과 만인에의 동일한 적용이 중국의 불평등의 기원이라고 설명한 부분을 주목하기 바란다.

4장 민심. 4장에서는 천명-덕치-민심으로 여결된 중국의 통치 규범이 어떻게 민주 없이 민심을 얻으려 하는 것인지의 문제를 논의한다. 왕조시대에는 천명-덕치를 내세우면서 토지와 낮은 세금으로 민심을 얻으려 하였고, 지금의 공산당은 사회주의를 내세우면서 경제성장으로 민심을 얻으려 하였다. 하지만 천명·사회주의를 내세운 하향식 통치 규범은 민주 개념을 발전하지 못하게 한 원인이 되었고, 이로 인해 국가 정책과 민심 사이의 균열이 통치 딜레마로 나타나고 있다. 특히 소설 『산향거변』과 영화 〈나는 약신이 아니다〉를 통해 국가 정책과 민심의 간극이 어떻게 드러나는지 설명한 부분을 주목하기 바란다.

5장 법치. 5장에서는 중국이 법치를 내세우고 있지만, 왜 법 위에 권력이 군림하고 있는지의 문제에 대해 논의한다. 왕조시대에 유교사상이 통치 철학이 되어 예치나 인치가 지배한 것으로 생각하지만, 실제로는 법에 기반한 통치가 이루어졌다. 중국의 문제는 법치가 보편규범이 아니라 냉혹한 형벌주의로 왜곡되었다는 법을 집행하는 주체들이 자신의 이해관계에 따라 인치를 행했다는 점에 있었다. 사회주의 중국에서도 헌법 위에 공산당 권력이 있어서 국민의 권리를 보호하고 권력을 제한하는 민주국가의 법치와 차이가 있다. 현능한 공산당이 법에 의한 통치를 하는 것이 바로 법치가 된 것이다. 중국식 법치가 앞으로 디지털 사회신용시스템과 결합하여 어떠한 통치로 나아갈 것인지 주목해야 한다.

6장 통일국가. 6장에서는 중국이 대일통 통일국가를 내세우고 있지만, 중국과 같은 제국이 일체화된 통치를 할 수 있는지의 문제를 논의한다. 왕조시대에는 방대한 영토와 다민족으로 인해 통치의 일체화가 불가능했으며, 중앙과 지방의 이익이 균형을 이루는 혼합 통치가 국가 안정의 관건이었다. 지금 공산당 정부는 민족이 일체화된 하나의 중국을 추구하지만, 그보다는 보편과 상생의 원칙에 기반한 다민족 정치 공동체를 지향하는 것이, 중국 내부 문제를 풀어나가는 관건이다. 역대 중국의 통일 분열의 역사 속에서 이 문제에 관한 다각적인 논의를 할 것이다.

7장 역사공동체. 7장에서는 중국이 역사공동체를 내세우고 있지만, 이는 사마천의 『사기』에서 만들어진 보편사가 지속되고 있는 것이라는 점을 논의한다. 『사기』의 보편사는 현재 26사의 정사로 이어지고 있는데, 신생 왕조의 정통성이 전대 왕조의 사서 편찬을 통해 확립되는 방식이 지속되었기 때문이다. 오늘날 중국의 역사 공정은 보편사 규범은 추종하지만, 사마천이 아울러 중시한 인간세계의 자율성을 제한하는 것이다. 『사기』는 통치자의 부덕과 실정이 백성의 원망으로 이어지면 왕조 교체의 역사가 반복된다는 평범한 진실을 들려준다.

이상의 7가지 주제는 선진시대부터 현재에 이르기까지 지속되고 있는 핵심 딜레마 문제에 관한 것이다. 필자는 중국의 역사를 이러한 딜레마 문제를 풀어나가는 통치의 역사라고 인식한다. 중국에 중앙집권적 군주제가 장기 지속되었지만, 이 딜레마를 풀어나가는 통치 방식은 매 왕조마다 달랐으며, 그 결과에 따라 왕조의 흥망이 결정되었던 것이다. 사회주의 중국에서도 이 딜레마는 지속되고 있으며, 공산당이 집권을 위해 반드시 풀어야 하는 근본 문제라고 할 것이다.

「글을 마치며: 반중감정을 넘어 문명경쟁으로」에서는 중국식 사회주의에 대응하여 21세기 한국이 나아갈 길에 대해 살펴본다. 필자는 세계의 미래를 만드는 첨단기술 강국, 한국의 생산-소비 환경이 세계인의 소비재를 만드는 테스트마켓, 인류 공감의 콘텐츠를 만드는 문화국가, 민주적이고 생산적인 복지사회, 한반도 평화를 위한 경제 프로젝트, 그리고 우리 표준의 역사관이 미래 한국을 위한 과제라는 점을 제기할 것이다.

중국식 사회주의 현대화를 내세우는 거대 중국에 대해 무엇보다 우리가 해야 할 일은, 중국이 걸어온 길을 통찰하여 어떠한 길을 가려고 하는지 잘 이해하는 일이다. 중국이 선택한 길에서 발생한 문제는 결국 중국인 스스로 해결하는 것이지 외부인이 개입할 수 있는 일이 아니다. 가장 적극적인 개입은 중국과 다른 방식으로 사람들이 살기 좋은 사회를 만들어가는 것이다. 중국과 관계된 민감한 사안에 대해선 국익 차원에서 대응하면서, 장기적으로 삶의 질 경쟁 혹은 문명 경쟁을 하는 것이 중국을 대하는 최선의 길이다.

중국이 생산 전 부문에서 글로벌 공급망기지를 추구한다면 한국은 핵심 소재·부품·장비를 생산하는 기술강국으로 나아가고, 중국이 세계소비시장을 추구한다면 한국은 세계적 테스트마켓으로 나아가는 것이다. 중국이 세계를 향해 'made for China'를 요구한다면, 한국은 한국에서 통하면 세계에서 통하는 'made in Korea'의 길로 나아가는 것이다. 반중감정을 넘어 글로벌 경쟁으로 나아가는 길 위에 바로 한국의 미래가 있다.

세계의 미래가 만들어지는 곳, 한반도, 우리는 지금 그 위대한 목표를 향해 나아가야 한다.

목   차

1장

현능정치, 독재가
좋은 통치를 할 수 있는가

1장
현능정치,
독재가 좋은 통치를 할 수 있는가

1. 후쿠야마의 질의

개혁개방 이래 중국 공산당은 사회안정과 경제성장을 내세워 통치 정당성을 얻었지만 늘 따라다니는 질문이 있었다. 바로 '나쁜 황제'의 문제인데, 중국에 권력을 견제하는 장치가 없는 상태에서 나쁜 지도자가 출현하면 혼란이 발생할 수 있다는 얘기다. 권위주의 정부는 좋은 지도자의 지속적 출현을 전제할 때 유지할 수 있지만, 그렇지 못한 상황이 발생하면 어떻게 문제를 해결할 수 있는지에 대한 의문이었다. 중국 굴기가 정점을 향해가며 성공을 의심받지 않았던 2011년, 이 문제를 국제 정치질서의 차원에서 제기한 지식인이 바로 프랜시스 후쿠야마였다.

나는 처음부터 근대적 정치체제는 강력한 국가, 법치주의, 책임정부로 구성된다고 단언했다. 서구사회는 이 세 가지 요소를 모두 갖춘 상태에서 역동적인 자본주의 경제를 발전시켰고, 세계를 주도하는 세력이 되었다. 그러나 오늘날의 중국은 단지 강력한 국가 하나만으로 급성장하고 있다. 이런 상황은 지속성을 가질 수 있을까? 중국이 계속 경제성장을 하면서 법치주의도 책임정부 원칙도 없이 정치적 안정을 유지할 수 있을까? 성장에 따라 촉발된 사회적 동원 요구는 강력한 권위주의 국가에 포섭될까, 아니면 민주적 책임성에 대한 거대한 움직임으로 이어질까? 국가-사회 사이의 힘의 균형이 이처럼 오랫동안 국가 쪽으로 치우쳐 있는 사회에서 민주화가 가능할까? 중국은 서구식 재산권이나 개인의 자유가 없는 이상 과학기술의 첨단 경쟁에서 뒤처지게 될까? 아니면 민주적이고 법치주의가 확립된 사회에서는 불가능한 방법으로, 정치권력을 써서 밀어붙이는 방법으로 개발을 촉진해나갈 수 있을까?[1]

후쿠야마는 근대적 정치체제의 구성 요소로 강력한 국가, 법치주의, 책임정부 세 가지를 들며, 중국은 이 가운데 강력한 국가 하나만으로 급성장한 것이라고 주장한다. 후쿠야마가 말하는 법치주의는 법으로 국민의 권리를 보호하며 국가권력을 제한하는 통치 질서를 의미한다. 이것은 법을 당의 통치 수단으로 간주하는 중국의 '의법치국'과는 다른 개념이다. 책임정부는 통치 정당성이 국민의 선거에 의해 부여되

---

1 프랜시스 후쿠야마, 함규진 옮김, 『정치질서의 기원』, 웅진지식하우스, 2012, 524쪽.

며 정부가 실정을 했을 때 책임을 물을 수 있는 제도가 있는 통치 질서를 의미한다. 이 역시 중국의 정치체제에서는 찾아볼 수 없는 부분이다.

후쿠야마의 세 가지 구성 요소는 서구 자유주의 정치 질서를 근간으로 한 것이어서 중국의 권위주의 통치와는 거리가 있다. 그렇지만 소련의 붕괴를 목도하며 자유주의 사회의 최종 승리를 선언한 『역사의 종언』(1992)에서 중국의 붕괴를 시사했던 것에 비하면 훨씬 긍정적인 인식이다. 더 나아가 후쿠야마는 세 가지 구성 요소 가운데 강력한 국가는 서구가 아니라, 서주에서 진한제국에 이르는 중국에서 기원한 것이라고 인식한다. 강력한 국가의 방면에서 중국의 장점을 인정한 것이며, 이 질서가 지속되기 위해선 나머지 두 가지 구성 요소도 중국에 정착되어야 한다는 주장을 부가하고 있다.

후쿠야마의 시각은 시진핑 집권 시대로 들어선 지금 곱씹어볼 만한 논의라고 할 것이다. 후쿠야마의 자유민주주의 시각에 대해 중국을 위한 변호 담론으로 등장한 것이 바로 현능주의와 당의 자아혁명이다. 현능주의는 교육, 시험, 실적, 평가 등을 통해 현명하고 유능한 인재를 양성 임용하는 제도로, 투표를 통해 인재를 선출하는 민주주의보다 훌륭한 인재를 더 지속적으로 공급할 수 있다고 본다. 그리고 중국의 고속성장을 이끈 당 지도자와 공무원의 유능함을 근거로, 서구 민주주의보다 중국의 현능주의가 더 우월하다고 역설한다. 이것은 현능주의 덕분에 인민을 위한 좋은 국가를 만든 것이라는 체제의 자신감을 표출한 것이다.

그런데 현능주의로 선발된 인재들이 부정부패를 저지르고 있는 심각한 현실은, 통치 정당성을 당 스스로 손상시키는 최대 문제가 되었다. 이는 후쿠야마가 중국 정치질서에 결여되어 있다고 말한 법치주의와 책임정부의 문제와 직결된 것이다. 이 문제를 해결하지 못하면 현능주의가 서구 민주주의보다 우월하다고 주장하기 힘들 뿐 아니라, 장기적으로 인민의 신뢰를 잃어버릴 가능성도 있다. 이 때문에 시진핑 정부는 부정부패에 대한 법적 처벌과 아울러, 당 스스로 기강을 엄정하게 하여 잘못된 행위를 시정하는 자아혁명을 강조하고 있는 것이다.

현능주의와 자아혁명은 후쿠야마의 질의에 대한 중국식 해법인 셈이다. 그런데 현능주의를 처음 제기한 이가 캐나다 학자 다니엘 벨(Daniel A. Bell)이라는 점은 주목할 필요가 있다. 벨은 2016년에 출간한 저서 『The China Model: Political Meritocracy and the Limits of Democracy』[2]에서 중국의 '정치적 현능주의(Political Meritocracy)'를 통해 서구 민주주의 한계를 성찰하였다. 벨이 이 책을 쓴 목적은 현능주의가 민주주의보다 우월한 제도라는 점을 강조하기 위한 것이 아니었다. 서구 선거민주주의를 맹신하는 이들을 위해 이 체제의 4가지 문제점인 다수의 전횡, 소수의 전횡, 투표집단의 전횡, 경쟁적 개인주의자의 전횡을 비판하고, 아울러 중국 현능주의 제도의 장점을 소개하여 서구 민주주의의 한계를 보완할 수 있는 기제로 활용하는 데 있었다.

---

2   Daniel A. Bell, *The China Model: Political Meritocracy and the Limits of Democracy*, Princeton University Press, 2016. 한국어 번역본은 대니얼 벨, 김기협 옮김, 『차이나 모델: 중국의 정치 지도자들은 왜 유능한가』, 서울, 서해문집, 2017.

그런데 중국에서는 이 책이 '현능정치: 왜 현능제가 선거 민주제보다 중국에 더 적합한가'라는 제목으로 번역되어, 현능제가 선거 민주제보다 우월하다거나 중국에서는 현능정치가 통치 정당성을 갖는다는 의미로 수용되었다.[3] 이후 현능주의는 중국 정치체제의 정당성을 알리고 중국 지도자가 유능한 이유를 설명해주는 개념으로 자리하게 되었다. 가령, 실사구시적으로 현실 문제를 분석하여 적합한 해법을 찾아가는 능력, 장기적으로 원대한 목표를 구상하고 단계적으로 실천해가는 능력, 사리사욕에 빠지지 않고 전체 인민의 이익을 위해 복무하는 도덕성 등 중국 지도자가 갖춘 덕목들이 현능주의의 산물로 이해된 것이다.

이러한 현능주의는 현대 중국에서 시작된 것은 아니며, 중국 문명국가를 가능케 한 전통적 인재 선발의 이념이자 제도였다. 고대 중국에서부터 지속되어 온 선양(禪讓), 상현(尙賢), 과거제 등의 전통이 바로 그러하다. 벨 역시 현능주의가 중국 유교 전통에서 성장한 것이라고 보고 있으며, 중국 문명국가론에서는 현능주의가 민본주의 이념과 정치 전통 그리고 역사적 합법성을 지닌 제도라고 자부한다.

인류 역사를 보았을 때 가장 쉽게 볼 수 있는 합법성은 역사적 합법성이다. 문명형 국가가 수천 년간 형성해 온 정치이념과 역사 계승이 합법성의 최대 근거다. 중국 정치권력의 합법성이 형성되었을 때 오늘날 서구의 대다수 국가들은 존재하지 않았다. 이러한 역사 합법성의 최대 특징은 '민심의 흐름을 보는(人心向背)' 국정 이념과 '능력이 뛰어난 사람을 선발하는(選賢任能)'

---

3   『賢能政治: 爲什麽尙賢制比選擧民主制更適合中國』, 北京: 中信出版社, 2016.

익 정치 전통이다. (…) 우리는 거꾸로 '인재 선발'의 이념으로 서구 정치 권력의 합법성의 근거에 대해 질문할 수 있다. '인재 선발'의 이념이 없는 정치권력이 어떻게 집권할 자격이 있는가? 이러한 정권은 국민에게 책임질 수 있는가? 세계에 대해 책임질 수 있는가?[4]

장웨이웨이는 민본주의와 현능주의가 결합된 중국식 문명국가가 서구를 초월하는 우수한 이념과 정치 전통이라고 인식한다. 나아가 인재 선발을 위한 현능주의 이념이 없는 서구에서 어떻게 정치 합법성을 주장할 수 있는지 반문한다. 지금까지 서구 자유민주주의 시각에서 통치 정당성을 의심받아 온 중국이 오히려 서구 정치에 국민을 위한 이념과 유능한 인재 선발의 전통이 없었기 때문에, 집권의 자격뿐만 아니라 국민과 세계에 책임질 능력도 없다고 역설하는 것이다.

후쿠야마의 우려와 달리, 중국은 민본주의와 현능주의에 기반하고 있어서 강한 정부 하나만으로도 충분히 발전할 수 있다는 얘기다. 그러나 4장에서 살펴보겠지만, 고대 중국에서 민본주의는 규범적 차원에서 내세워진 것이어서 실제 현실에서 구현된 백성의 삶과는 간극이 있었다. 규범으로 작동하는 이념을 현실 국가로 볼 수는 없다. 우리의 평가대상은 역사 속의 현실 국가이지 규범 속의 문명국가가 아니기 때문이다.

현능주의에 대해서도 마찬가지다. 고대 중국에서 현능주의가 어떻게 기능한 것인지의 문제를 살펴보아야 그 실재성을 평가할 수 있다.

---

4   장웨이웨이, 『중국은 문명형국가다』, 53~54쪽.

현능주의를 상징하는 왕위 선양, 현능한 인재 존중, 과거제 문제를 중심으로 이에 관해 논의해보자.

2. 고대 중국의 현능주의

왕위를 혈족에게 세습하지 않고 현자에게 양보해야 한다는 선양의 전통은 요순시대에 형성된 것이라고 알려져 있다. 요임금이 왕위를 아들인 단주에게 물려주지 않고 현자인 순임금에게 선양한 일이 모범이 되면서 요순시대는 선양의 대명사가 되었다. 이렇게 선양이 가능했던 것은 요순시대의 천하가 공공의 것(天下爲公)이어서, 현자에게 왕위가 돌아가는 것이 마땅하고 여겼기 때문이라고 한다.

현능이라는 말은 '진현여능(進賢與能)'의 약칭인데, 『예기』 「예운」편에서 대동 사회를 묘사하는 부분에서 나온다.[5] 대동 사회는 바로 요순시대를 묘사한 것으로, 현능한 이를 선발하여 백성 모두가 화목하고 풍요롭게 사는 사회를 뜻한다. 대동 사회는 지금에 이르기까지 중국의 전통적인 이상사회를 상징하고 있는데, 이러한 대동 사회 개념이 형성된 시점이 전국시대라는 점은 주목할 필요가 있다.

전쟁의 시대에서 통치자는 전쟁에 승리하여 천하의 주인이 되는 것

---

5 『禮記』 「禮運」. "今大道旣隱, 天下爲家, 各親其親. 各子其子, 貨力爲己. 大人世及以爲禮, 城郭溝池以爲固. 禮義以爲紀, 以正君臣, 以篤父子, 以睦兄弟, 以和夫婦, 以設制度, 以立田里, 以賢勇知, 以功爲己. 故謀勇是作, 而兵由此起, 禹湯文武成王周公, 由此其選也. 此六君子者, 未有不謹於禮者也. 以著其義, 以考其信, 著有過, 刑仁講讓, 示民有常. 如有不由此者, 在執者去, 衆以爲殃, 是爲小康."

이 목적인 반면, 백성은 안전하고 부유한 생활을 하는 것이 인생의 목표였다. 그러나 백성은 대부분 전쟁 동원과 빈곤에 시달리며 힘겨운 생활에서 벗어나지 못했다. 이러한 상황 속에서 백성의 염원과 제자백가의 고대 세계 담론이 결합되어 중국의 이상사회에 대한 생각이 형성되었던 것이다. 대동 사회의 핵심은 전쟁을 선호하는 폭군이 아니라, 백성을 편안하게 하는 현자가 다스리는 사회라는 점이다. 현자는 천하가 공공의 것이 되는 세상을 만들고, 자신의 소임을 다한 후에는 또 다른 현자를 찾아 그에게 왕위를 물려주는데, 이것이 바로 선양이다.

선양은 이상적인 권력 승계를 묘사하고 있지만, 고대 세계에 천하가 공공의 것이라는 관념이 있었다고 보기는 힘들며, 전국시대에도 세상의 주인은 천자(군주)라는 생각이 지배하고 있었다. 왕위 선양은 유가와 묵자가 주창한 것인데, 중국 역사에서 왕조 교체가 순수한 선양으로 이루어진 적이 없다고 보는 사람들은 요순시대의 선양을 부정한다. 『죽서기년』, 『순자』, 『한비자』에서는 요순시대의 평화적인 선양을 부정하고 힘에 의한 정권 교체가 이루어진 것으로 보고 있다.[6] 부족연맹의 수장들 사이에 권력 경쟁이 있었고 권력 경쟁에서 승리한 수장이 임금의 자리에 올랐다는 얘기다. 중국 역사를 포함한 인류사에서 익숙한 정권 교체의 방식이다.

평화적인 선양을 사실로 보더라도, 요순시대의 단기간에만 유지되

---

6   "요가 덕이 쇠하니 순이 요를 가두었다."(『죽서기년』), "순이 요를 사로잡고 다시 요의 아들 단주를 막아 아버지 요를 못 만나게 하였다."(『죽서기년』), "요순 선양은 허언이다. 이는 소견이 천박한 자가 전한 것으로 견문이 적은 자의 설이다."(『순자』), "순이 요를 협박하고, 우가 순을 협박하고, 탕이 걸을 협박하고, 무왕이 주왕을 정벌한 이 4인의 왕자는 신하가 그 임금을 시해한 것이다."(『한비자』)

어 안정적인 기반을 확립하지 못한 것은 변함이 없다. 이것이 대동 사회가 사라진 이유이기도 하다. 안정적인 권력 기반 없이 통치 질서가 유지되기는 힘들기 때문이다. 단기간이라 하더라도 혼란된 상황을 극복하고 안정된 질서를 세웠다면, 이는 역사적으로 의미 있는 일이다. 짧은 요순시대가 대동 사회로 이상화된 요인이라고 할 수 있다.

그렇지만 대동 사회 실현의 비결이 선양에 있었다고 주장하는 것은 사실관계 자체도 불분명할 뿐 아니라 권력 안정의 실효성도 증명할 수 없는 일이다. 이에 선양을 춘추전국시대 사인 계층이 세습 군주와 권력을 공유하기 위해 만든 이념적 근거로 보기도 한다.[7] 요순시대를 제외하면 실제 중국 역사에서 선양으로 권력 교체가 이루어진 적은 없었다. 역사에 남아있는 선양은 선양을 빙자하여 권력을 취하려는 사건에 불과하였다.

가령, 전국시대 연나라 쾌왕과 재상 자지의 관계가 그러했다. 당시 권력은 재상인 자지에게 있었는데, 자신이 왕이 되기 위해 대부 녹모수를 시켜 쾌왕이 선양을 하게 만드는 음모를 꾸몄다. 선양은 요순 임금을 본받는 것이니 쾌왕의 권위가 올라가고 또 자신이 왕위를 거절할 것이니 권좌에 문제가 없다는 것이었다. 그래서 쾌왕이 선양을 한 것인데 자지가 이를 받아들이면서 비극적 사태가 벌어졌다. 태자 세력의 반란이 일어나고 또 제나라가 군사 개입을 하여 쾌왕과 자지가 모두 살해되는 종말로 마무리 되었던 것이다.

역사에서 가장 많이 볼 수 있는 경우는, 권력을 찬탈한 세력이 무력으로 왕조가 교체된다는 인상을 주지 않기 위해 전 왕조의 마지막

7　사라 알란, 『선양과 세습』(오만종 옮김, 예문서원, 2009), 44~46쪽.

왕에게 강제적으로 선양을 하도록 하는 일이다. 신나라 왕망이 서한의 마지막 왕 평제를 독살하고 그 유자인 태자 영으로부터 선양 받은 일을 시작으로, 위나라 조비가 동한의 마지막 왕 헌제로부터, 진나라 사마염이 위나라 마지막 왕 조환으로부터 선양을 받았다. 이후 무수한 왕조 교체가 벌어진 남북조 시대에도 선양의 형식으로 이뤄졌으며, 중원의 분열을 재통일한 수나라 양견도 북주의 우문천에게 선양을 받았다. 당나라 이연은 수나라 양유에게, 송나라 조광윤은 후주 공제에게 선양을 받았으며, 중화민국도 청나라 마지막 황제 푸이에게 선양 받는 형식으로 권력을 쥐게 되었다.

역사적으로 보면 마오쩌둥의 신중국에서 비로소 선양이 아닌 인민에게 건국의 정당성을 선언하는 방식으로 전환된 셈이다. 이러한 사실은 정치 세력들의 이해관계가 충돌하는 현실 정치에서 권력을 현자에게 물려주는 선양이 불가능에 가까운 일이라는 점을 뜻한다. 전쟁 승리로 새 왕조를 세우는 냉혹한 권력 세계에서 평화로운 정권 교체를 위한 규범으로 작용하고 있을 뿐이다. 폭력적 정권 교체의 역사와 비교할 때, 집단지도체제를 통해 지도자를 선발하는 공산당 권력 승계방식이 오히려 선양 정신에 근접한 것이라고 볼 수도 있다.

다음으로 유능한 인재 등용 문제에 대해 살펴보자. 고대 중국에서 유능한 인재를 중시한 것은 중앙집권적 군주제 정립과 밀접히 연결되어 있다. 혈족이 가장 믿을 수 있는 사람이었던 서주시대에는 혈족끼리 권력과 부를 세습하였다. 그런데 혈족 간에 동족상잔의 비극을 벌이며 영토 경쟁(전쟁)을 한 춘추시대 이후에는 혈족 밖에서 믿을 수 있는 유능한 인재를 찾았다. 영토 국가는 분산되어 있던 지역과 새로 병합한 지역을 중앙집권 조직에 편재하여 통일적으로 다스리는 체제인데, 이에 중앙에서부터 지방의 하부 조직에 이르기까지 책임 관리할 인재들이 필요하였다.

이렇게 영토 국가의 군주와 유능한 인재가 만나 패권의 꿈을 이룬 모범 사례가 바로 제 환공과 관중이었다. 당시 주나라 신분질서가 흔들림 없이 작동하고 있었다면, 변방의 사인 출신인 관중이 중원의 새 질서 구축에 참여할 수 있는 기회는 주어지지 않았을 것이다. 공자는 주나라 신분질서가 붕괴된 시대를 무도한 세상이라고 비판했지만, 역설적으로 무도한 세상은 신분질서의 변방에 있던 인재들에게 중앙 정치에 진출할 수 있는 공간을 열어주었다. 열국 경쟁체제가 형성됨에 따라 천하의 유능한 인재들이 활약할 수 있는 기회가 생겼던 것이다.

제 환공은 관중뿐만 아니라 영척, 습붕, 빈서무, 포숙 등과 같은 현신을 등용하였다. 포숙이 관중의 인물됨을 알고 신뢰한 것처럼, 환공역시 현신들의 능력을 믿고 발탁하여 패자가 될 수 있었다. 환공이 등용한 현신들은 제나라 정치를 좌우하던 고씨와 국씨 가문의 성원이 아니었다. 두 가문은 당시 제나라 영토와 군사를 환공과 균분하여 통수할 정도로 막강한 파워를 지니고 있었다.

환공이 발탁한 현신들은 패권을 위한 부국강병을 추구하면서 아울러 귀족 관료들을 견제하기 위한 신흥세력이었다. 당시 열국은 군주권 승계 과정에서 분쟁이 극심하여 공자(公子)들이 망명하는 경우가 비일비재했는데, 환공의 경우도 거나라에 망명한 경험이 있었다. 망명 과정에서 보필하는 신하는 목숨을 건 운명공동체를 이루어 누구보다도 신뢰할 수 있는 측근이 되었으며, 환공에게는 포숙이 바로 그러한 존재였다.

공식적인 관리선발 제도가 부재한 상황에서 인재 추천은 대체로 측근의 인적 네트워크를 통하게 되는데, 포숙의 관중 추천도 그러한 방식으로 이뤄진 것이었다. 자신을 살해하려고 한 관중을 발탁한 데에는 포숙에 대한 환공의 신뢰가 그만큼 두터웠다는 것을 뜻한다. 이렇게 임용된 신하들은 귀족 관료들과 구별되는 정체성을 지니고 있었다. 환공과는 은혜/충성을 매개로 한 '사속적(私屬的)' 관계를 형성하고, 귀족 관료와는 정치적 경쟁관계가 되었던 것이다.[8]

사속적 관계는 혈연관계나 예속관계와 달리, 주종관계이면서도 은혜/충성의 매개가 사라지면 관계가 변할 수 있는 계약적 성격을 지닌다.[9] 이는 혈친이 아니라 능력있는 낯선 인재와 맺는 결속관계라고 할 수 있다. 이러한 관계에서는 무엇보다 신뢰가 관건적인 요인이 되며, 아울러 결속관계를 통해 추구하려는 대의가 정당한 것인지가 중요하다. 국내에서 세족과의 권력 투쟁, 국제적으로 열국과의 패자 경쟁은 무력을 동반하는 지난한 과정이었으며, 이를 위해선 대의와 목숨을 거는 자기 헌신이 요청되었다. 환공과 현신들은 대의 실현을 위한 운명공동체가 되어 각고의 노력을 다했으며, 그 결과 패자의 권력과 경제적 보상을 얻을 수 있었다.

성공한 군주 옆에는 항상 관중과 같은 현능한 신하가 있었다. 진

---

8 이종민, 「관중(管仲)과 고대 중국의 질서」(『중국학보』 제101집, 2022), 137~138쪽.
9 고대 중국의 사속적 관계의 형성과 시대적 변화 양상에 대해서는 박건주 「중국 고대 私屬層의 신분제적 속성」(中國古中世史硏究 第47輯, 2018) 참고.

(秦) 목공과 백리혜, 진(晉) 문공과 호언, 초 장왕과 손숙오, 오 합려와 오자서, 월 구천과 범려, 진 효공과 상앙, 진시황과 이사 등이 그 계보를 이어갔다. 상위 통치자가 혈족이 아닌 사람들과 결속을 맺을 때는 상대를 알아주고(知人) 은혜를 베푸는 과정이 선행된다. 그러면 하위자가 상위자에 대해 충성과 보은을 다하는 사속적 관계가 형성된다. 이러한 결속관계에서는 상위자가 하위자를 진심으로 인정하고 그에 합당한 대우를 해주는 것이 중요하다.

환공 이래 군주들만이 아니라 유력 가문의 세족들도 관중과 같은 인재를 예우하였다. 각국의 군주와 세족 가문에는 수많은 빈객들이 드나들며 청운의 꿈을 품고 있었다. 전국시대 4군자로 칭해진 신릉군, 맹상군, 평원군, 춘신군 및 진나라 재상 여불위의 객사에 각종 재능을 지닌 수많은 빈객이 묵고 있었다는 것은 잘 알려진 사실이다. 이는 사속적 관계를 통해야 출세를 할 수 있는, 공식적인 인재 선발제도가 정착되지 못한 시대의 풍경이었다. 춘추전국시대 통치자들은 이러한 사속적 관계를 통해 믿을 수 있는 인재를 얻을 수 있었다. 인재들은 강대국을 만들기 위한 정책 아이디어를 제안하며 신흥 정치세력으로 성장할 수 있었다. 그러나 자신의 주군이 사망하거나 권력 경쟁에서 패할 경우, 동일한 운명을 따르거나 혹은 변심을 강요받는 처지에 몰리곤 하였다.

춘추전국시대 제자백가는 공통적으로 권력이 세습되는 것을 반대하고 현능한 인재들이 통치해야 부강한 나라를 만들 수 있다고 주장하였다. 고대 성왕들과 현신들을 이상적 통치자로 내세우고 선양을 강조한 담론도, 세습 귀족이 아닌 유능한 사인 계층의 통치 정당성을 부각하기 위한 것이었다. 공식적 관리 선발제도가 정착되지 않고 주로 사속적 관계를 통해 등용되는 시대 현실을 반영한 논리라고 할 수 있다.

공식적 관리 선발제도인 과거제가 정착되기 이전에도 추천, 시험, 실적 등에 의해 관리를 임용하는 제도가 있었다. 중앙집권적 군주제의 틀을 만든 제 환공의 시대에도 중앙정부에서 지방의 하부 조직에 이르기까지 책임관리 할 인재를 임용하는 일이 통치의 관건이었다. 이에 농촌을 포함한 모든 조직에 학문에 힘쓰고 부모에 효도하며 지혜로운 인재를 추천하라는 명을 내렸다. 그리고 지역과 신분에 상관없이 유능한 인재를 선발하여 적합한 관직을 내리고, 이들 가운데 자질과 능력이 검증된 이들은 중앙의 대관으로 승진시켜 중임을 맡겼다.

진 효공 시대에는 17등급의 작위제에 기반하여 관직을 수여하였다. 상앙이 시행한 작위제는 군공(軍功)·납세·도적 체포 등의 공적을 근거로 17등급의 작위를 만들어 백성의 신분을 정하는 제도였다. 신분이 세습되지 않고 공적에 따라 작위가 올라가고, 상으로 토지·택지·노동력 등의 물적 보상과 아울러 관리가 될 수 있는 신분이 주어졌다. 이로 인해 작위가 없던 서민들은 공로에 따라 신분이 상승할 수 있는 길이 열리게 되었지만, 실제로는 1~8급 사이의 하위 작위를 받을 수 있을 뿐이었다. 관직도 지방조직의 관리는 할 수 있었지만, 중앙정부의 관리는 9급 이상의 전문 능력을 지닌 엘리트층의 몫이었다. 9급 이상의 고위직은 공로보다는 군주가 능력이 있다고 판단하면 임용할 수 있는 특권층의 영역이었던 것이다.[10]

---

10 상앙의 변법에 대해서는 이종민, 『중국, 만들어진 정체성 – 고대 중국의 진실』,

진 제국의 기반을 만든 장의, 범수, 어불위, 이시 등은 모두 직위제와 상관없이 왕이 특별히 중용한 인물들이었다. 이렇게 임용된 인사들이 실권을 장악하여 진 제국의 핵심 권력층을 형성하였다. 한나라 초기에도 마찬가지로 황실과 아울러 개국 공신들이 중앙정부의 실권을 차지하고 있었다. 군현제와 분봉제를 결합하여 정치안정에 주력한 한나라는 점차 황권과 중앙집권을 강화하기 위한 정책을 쓰기 시작하였다. 그 출발점은 이성과 동성의 제후왕의 세력을 제거하면서 중앙집권에 필요한 유능한 인재들을 선발하는 일이었다.

한 고조 11년(B.C. 197) 유방은 중앙에서 지방에 이르는 모든 장관들에게 현능한 인재를 추천하라는 조령을 내렸다. 각급 장관들이 추천한 인재를 심사(시험)를 거쳐 관직을 부여하는 '찰거제'를 시행한 것이다. 비정기적으로 시행하기는 했지만 문학, 현량, 효렴, 수재 등의 분야에 필요한 인재를 선발하였다. 찰거제는 추천이 위주고 시험은 부차적인 것이어서 후대의 시험을 위주로 하는 과거제와는 달랐으나, 중앙집권을 위한 인재 선발이라는 점에서는 그 목적이 같았다.

가의, 조조, 동중서, 공손홍 등 한 초기 중앙집권 강화에 기여한 관료들은 대부분 찰거제를 통해 등용된 인물들이었다. 이들의 활약 덕분에 한 무제 시기에 중앙집권 체제를 확립할 수 있었다. 그런데 찰거제는 각급 장관들이 추천한 인재를 대상으로 한 것이었기 때문에, 지방에서 추천 장관을 중심으로 한 이해관계 네트워크가 형성되는 폐단이 생겼다. 능력보다 지방의 권세가를 비호하는 인물을 추천하는 일들이 성행하면

5장 통일을 위한 전쟁과 민심 – 전국시대의 딜레마 참고.

서 중앙–지방이 연결된 문벌 호족이 득세하게 되었던 것이다. 이 과정에서 부정부패가 만연하고 민생이 파탄되는 결과를 피할 수 없었다.[11]

황제의 중앙집권 확립을 위해 시행된 찰거제가 오히려 지방 세력을 강화하는 제도로 이용되었던 셈이다. 한 무제 이후 강력한 황제가 사라지면서, 중앙에서는 관료와 외척, 환관의 권력 경쟁이 벌어지고, 지방에서는 문벌, 호족, 대지주를 중심으로 독립적인 향촌사회가 건설되었다. 지방 호족을 기반으로 탄생한 후한 왕조에서는 찰거제의 폐단이 더 심각하였다. 이러한 상황에서 후한 말 조조는 지역, 신분, 도덕성에 상관하지 않고 능력만을 기준으로 인재를 선발하여(唯才是擧) 권력을 잡을 수 있었다.

조조의 아들 조비는 중앙에서 파견한 중정관이 지방의 인재를 심사하여 구품으로 분류하고, 이를 기준으로 관리를 추천하는 구품중정법을 시행하였다. 지방의 권세가에게 추천권을 부여했던 찰거제의 폐단을 해소하기 위한 제도였는데, 실제 시행 과정에서는 황제의 통치를 인정하는 대가로 지방 권세가들에게 특혜를 제공하는 타협이 이루어졌다. 이러한 제도 운용은 지방 문벌 호족이 세력을 유지하는 기반이 되었고, 이후 남북조 시대에서도 지방 권세가들이 활개 치는 통로가 되었다.

과거제는 보통 수나라 때 처음 시행된 것으로 알려져 있다. 통일국가를 재건한 수나라에서 중앙집권을 시행하기 위해선 유능한 인재가 많이 필요했던 것이다. 그런데 수나라 때 시행된 제도 역시 추천한 인재를 과목에 따른 시험을 통해 선발하는 것이어서, 과거제보다는 한나

---

11   진정, 『중국 과거 문화사』(김효민 옮김, 동아시아, 2003), 47~52쪽.

라 찰거제에 가까웠다. 과거제의 주요 특성은 관리의 추천 없이 본인이 직접 응시하고, 합격 여부가 시험 성적에 의해 결정되고, 정기적으로 시행된다는 점을 들 수 있다. 과거제의 취지는 추천, 신분, 출신, 재산 등에 상관없이 능력 본위로 선발하려는 것인데, 이러한 세 가지 요건을 다 충족한 과거제는 송대 이후에 비로소 실시될 수 있었다.

당나라 과거제는 고조 4년(621)에 명경, 진사 등의 과목 시험을 지역에서 시행하고 합격자는 조정의 시험에 응하게 하라는 조령을 내리면서 시작되었다. 그 취지 역시 한나라 찰거제와 마찬가지로 귀족 관료를 견제하고 중앙집권 강화를 위한 유능한 인재 선발에 있었다. 과거제 덕분에 배경이 없는 한사(寒士)들이 등용될 기회를 얻을 수 있었다. 특히 지방 군벌들이 할거하던 중당 시기에 활약했던 한유, 유종원, 유우석, 백거이 등은 모두 과거제 출신의 인재들이었다.

그러나 당대 과거제는 합격 정원이 적었고 제도적으로 현저한 결함이 있었다. 주 시험관이 사전에 정보를 얻어 합격자를 내정하는 '통방'이 행해져 권문세가의 자제들에게 유리했던 것이다.[12] 한사들의 편에선 시험관들이 행권과 시험을 통해 중하층 사인들을 선발하기는 했지만, 귀족 자제들의 합격자가 많았다는 것은 찰거제와 구품중정제의 폐단이 당대로 이어진 것이었다. 이러한 과거제의 불공정성은 시험에 낙방했거나 시험에 합격하고도 임용되지 못한 사인들의 불만을 초래하였다. 이들은 지방 군벌들의 수하가 되거나 황소처럼 반란의 주동자가 되어 당 몰락의 주요 원인이 되었다.

----

12 진정, 『중국 과거 문화사』, 139쪽.

송대에서는 과거제의 불공정성을 바로잡기 위해 미봉과 등록제도를 시행하였다. 미봉은 시험지 상단의 수험생 정보를 가리는 것이고, 등록제도는 답안지 필적을 감추기 위해 옮겨 쓴 후 심사하는 것인데, 이를 통해 불공정 선발의 폐해를 막을 수 있었다.[13] 그리고 과거제 거행 시기, 시험장 규율 등 각종 입법이 완비되고 합격자 정원이 확충되어 한사들이 대거 진출할 수 있는 길이 열렸다. 특히 북송 중엽에 범중엄, 구양수, 왕안석, 사마광, 소식 등의 인재들이 등장할 수 있었으며, 송대에 확립된 과거제 방식은 명청대에 이르기까지 큰 변화없이 지속되었다.

이렇게 찰거제, 구품중정법, 과거제는 황제의 중앙집권 강화를 위한 관료 선발 제도로 시행된 것인데, 실제 운용 과정에서는 문벌 호족세력이 등용되기에 유리한 장치가 마련되어 있었다. 그래서 황제의 중앙집권이 전일적으로 시행되기보다는 황권과 문벌 호족, 중앙과 지방사이에 모종의 타협이 이루어진 체제가 형성되었다. 그리고 황제에 의해 임용된 관리들은 황권 강화를 위해 충성해야 했기 때문에, 당 태종이 "천하의 영웅들이 내 올가미에 걸려 들었다"고 할 정도로 황권을 견제하기가 쉽지 않았다.

특히 명청대 과거의 당락은 형식적인 팔고문 짓기에 달려 있어서, 새로운 가치관과 사회개혁을 추구하는 사람이 양성될 수 있는 구조가 아니었다. 유생들의 시조인 공자 역시 과거 시험을 위해 '문을 두드리는 벽돌'(루쉰)이 될 뿐이었다. 그래서 과거에 합격한 유생들 가운데 백성을 위한 개혁 정책과 전문 지식을 구비한 인재가 많지 않았다. 황제의 중

---

13   진정, 『중국 과거 문화사』, 155~156쪽.

양진권을 위해 충성하면서 자신의 권력을 통해 부귀영화를 이루는 일이 과거 합격자들이 대체로 걸어가는 길이었다.[14]

3. 한 무제의 딜레마

현능주의는 세습보다 능력을 중시하는 선진적 제도였지만, 현능주의의 예외가 바로 황제라는 점이 최대 딜레마였다. 황제는 능력보다 세습이 정통성을 지니는 자리였기 때문이다. 천명은 황실의 혈통만이 이어받을 수 있었으며, 이것이 폭력적인 권력 교체를 방지하는 상징적 권위가 되었다. 그러나 혈통이 좋은 황제를 보장하는 것이 아니라는 점이 늘 문제였다.

물론 황제는 황제 개인이 아니라 황권을 행사하는 세력을 나타낸다. 그래서 황제가 무능하고 어리다 하더라도 황권을 행사하는 현신이나 대행자가 좋은 통치를 할 수 있었다. 서주시대 주공이 현신으로 숭상된 것도 권력을 찬탈하지 않고 어린 성왕을 대신하여 좋은 통치를 실천했기 때문이다. 하지만 실제 현실에서는 외척이나 환관이 득세하여 정치가 혼란해진 경우가 더 빈번하였다.

중국 왕조를 보면 개국 초기에 위대한 황제가 출현하여 국력을 대내외적으로 떨치곤 하였다. 신중국의 경우도 마오쩌둥의 건국, 덩샤오핑의 경제성장을 기반으로 건국 백 년이 되는 시기에 세계 최강국이 되

---

14 오금성, 『국법과 사회관행─명청시대 사회경제사 연구』, 지식산업사, 2007, 440~441쪽.

갰다고 선언하였다. 중국 문명국가론에서는 21세기 중국의 굴기를 이러한 제국의 역사가 지속되는 과정으로 보고 있다. 필자는 중국의 시각과 거리를 두며, 역사 교훈의 차원에서 한 무제 시대를 사회주의 중국을 보는 거울로 살펴보려고 한다.

지금 한 무제는 진시황, 당 태종, 명 영락제, 청 강희제·건륭제 등과 함께 중국의 위대한 황제 가운데 한 명으로 칭송되고 있지만, 중국 역사가의 시선에서 보면 그 평가가 일치하지 않았다. 가령, 『한서』를 쓴 반고는 동한의 정통성과 국가목표 확립을 위해 서한 무제의 위대한 업적을 부각시켰다. 그러나 『자치통감』을 쓴 사마광은 한 무제가 지나친 전쟁과 사치로 민생을 파탄시킨 나쁜 황제로 인식하며, 송 황제들이 반면교사로 삼게 하였다. 한 무제의 통치를 가까이서 보며 『사기』를 쓴 사마천 역시 직접적인 평가는 하지 않았으나, 전쟁과 미신행위에 치우쳐 한나라의 미래를 불확실하게 한 황제로 서술하고 있다.[15]

세 역사가의 상이한 시각은 자신이 처한 국가 현실과 역사 서술의 목표 차이에서 기인하는 것이다. 중화민족의 부흥을 내세운 21세기 중국에서 한 무제를 위대한 황제로 평가하는 것은 당연해 보인다. 그러나 한 무제를 거울로 삼는다는 것은 그의 위대한 업적만을 보는 것이 아니며, 위대한 업적 속에 가려져 있는 '딜레마'도 함께 본다는 것을 뜻한다. 그 딜레마를 직시하며 더 좋은 세상의 길을 찾는 일이 바로 역사가 현재의 거울이 되는 이유이기 때문이다.

---

15 세 역사가의 한 무제 평가에서 대해서는 강붕, 『혼군, 명군, 폭군』(김영진 옮김, 왕의서재, 2016), 496~508쪽 참고.

한 무제 시대(B.C. 141~87)는 크게 세 시기로 나누어볼 수 있다. 1. 전대 황제들의 통치 사상인 '무위이치(無爲而治)'를 계승하여 민생을 위한 자유방임 정책을 시행한 시기. 2. 전대의 무위이치에서 벗어나 중앙 집권 강화와 대외 팽창 정책을 적극적으로 시행한 시기. 3. 지속된 전쟁과 재정 고갈로 백성을 위태롭게 한 잘못을 인정하며 민생 정책으로 재전환한 시기.

이 세 시기 가운데 무제의 업적은 흉노를 정벌하고 천하 사방의 영토를 확장한 두 번째 시기에서 나온 것이다. 첫 번째 시기는 두태후의 막후 정치로 인해 전대의 무위이치를 지속했던 시기이다. 한대 무위이치는 이른바 황로사상을 기반으로 한 것이다. 황로사상은 노자의 도와 군주(그 상징으로서 황제) 통치를 위한 법을 연결시킨 사상으로, 전국시대 초중기 제나라 직하학궁에서 성립하여 순자·한비자 등의 사상에 영향을 끼친 것으로 알려져 있다.[16]

황로사상에서 도교적 성향을 강조하는 사람들은 한대의 무위이치를 무위청정과 양생을 추구한 것으로 보기도 한다. 하지만 한대 초기의 통치로 볼 때는 관용적 법과 백성의 자율성을 중시한 자유방임 정책으로 이해해야 할 것이다. 무위이치는 진나라의 국가 간섭과 관료주의적 법치에서 벗어나 민생을 활성화하기 위한 정책 방향이라고 할 수 있다. 그리고 무위이치 안에는 흉노 정벌을 포함한 대외 확장 정책을 반대하는 뜻도 포함되어 있었다.

---

16 전국시대 황로사상의 성립과 그 내용에 대해서는 바이시, 『직하학연구』(이임찬 옮김, 소나무, 2013), 제6장 직하학궁의 주류 황로학 참고.

이러한 상황 속에서 등극한 무제는 유가 사상을 주창하는 전분을 앞세워 무위이치에서 벗어나려고 했으나, 두태후에 막혀 전대의 통치 전략을 유지할 수밖에 없었다. 그러나 B.C. 135년 두태후가 사망하고 무제가 친정을 시작하면서 전대의 무위이치와는 다른 적극적인 통치 정책을 펼칠 수 있었다.

무제 초기에는 전대에서 시행한 자유방임 정책 덕분에 민생 안정과 더불어 막대한 국고가 축적되어 있었다. 무제가 통치 방향을 전환하며 흉노 정벌과 대외 팽창을 시작할 수 있었던 것도 이러한 경제기반이 있었기 때문이다. 경제 활성화의 과제를 이룬 후에 등극한 무제는 이제 제국의 평화를 위협하는 흉노 정벌을 자신이 실현해야 할 정치적 사명이라고 여겼다. 자신의 통치 정당성을 흉노 정벌에서 찾은 것이다.

'문경지치'의 성세를 누리던 시기에 압도적 군사력을 지닌 흉노와 전쟁을 한다는 것에 동조하는 세력은 많지 않았다. 이에 무제는 통치 방향의 전환을 위해 유생인 동중서를 등용하였다. 동중서는 전대의 자유방임적 무위이치에서 벗어나 천명–황제–천하 제국이 연결된 적극적 통치 이론을 주창하며, 무제가 시행하는 제국 통치와 흉노 정벌에 정당성을 부여하였다. 대내적 민생 안정화에서 대외적 팽창 정책으로 통치 방향이 전환될 것임을 예고한 것이다.

무제는 새로운 대외 정책을 실현하기 위해 먼저 자신의 통치에 위협이 되는 내부 세력을 제거하기 시작한다. 한 고조 때 이성 제후왕을 제거하고 경제 때에는 반란을 일으킨 7국의 동성 제후왕을 제거하여, 무제는 비교적 안정된 국내 기반을 가지고 있었다. 무제는 더욱 확고한 중앙집권을 위해 회남왕 유안을 모반죄로 제거하는 등 지방 세력을 무력화시켰다. 그리고 공손홍·석경 등 자신에게 절대복종하는 관료를 승상에 앉히고, 장탕·왕온서 등의 혹리(酷吏)를 요직에 앉혀 중앙과 지방의 관리들을 감시 처벌하는 공포정치를 시행하였다.

이렇게 친위 세력을 구축하여 황권을 강화하면서, 다른 한편으로 대외전쟁과 팽창에 필요한 경비 마련을 위해 국가 재정정책을 실시하였다. 전대의 자유방임 정책에서는 농민에게 땅을 지급하는 수전제와 낮은 세금을 시행하였고, 문제와 경제 때에는 상인과 수공업자에게도 자유로운 경제활동을 허용해 주었다. 이러한 정책 덕분에 경제가 번영하고 국고가 넉넉한 사회를 이룰 수 있었던 것이다. 하지만 대외 팽창 시대로 전환하면서 이에 필요한 막대한 경비를 조달할 수 있는 재정정책이 필요하였다.

이에 무제는 상인 출신인 상홍양을 등용하여 소금·광산 등의 전략 산업을 국유화하고, 공물 운송 등 막대한 수익이 나는 상공업 분야를 독점하였다. 백성에게는 전쟁에 위한 특별세를 부가하여 장기간의 전쟁에 필요한 국가 재정에 충당하였다. 이러한 재정을 바탕으로 무제는 B.C. 133년 흉노와의 전쟁을 시작하여 위청·곽거병 등 대장군의 활약으로 흉노를 제압하고 유방 이래의 국치를 씻을 수 있었다. 그리고 사방으로 대외 팽창을 지속하여 천하 제국의 위용을 세움으로써 자신의 통치 정당성을 얻을 수 있었다.

이것이 무제가 두 번째 시기에 이룩한 업적이다. 그런데 대외 팽창이 정점에 이른 B.C. 89년 자신의 정책의 잘못을 인정하며 다시 전대의 민생 정책으로 재전환할 것을 결정한다. 이러한 결정을 조서로 내린 것이 바로 〈윤대죄기조(輪臺罪己詔)〉였다. 〈윤대죄기조〉는 서역의 요충지인 윤대에서 자신의 죄를 책망한다는 뜻이다. 무제가 죽기 2년 전에 결정한 것이어서 대외 팽창을 중단한 것 이상의 변화는 없었지만, 무제의 자기 성찰은 역사의 거울로서 매우 중요한 의미를 지닌다.

이 조서를 내리기 2년 전 무제는 황태자와 위황후를 모반죄로 자결하게 만들었다. 황태자는 대외 팽창 정책을 비판하는 입장에 서 있었는데, 무제는 모함을 받은 황태자의 죄를 인정하여 죽게 만든 것이었다. 반대파에 대한 숙청에 다름아니었다. 그리고 국가 재정정책으로 민간자본이 활동할 수 있는 영역이 축소되어 이 돈이 토지 겸병으로 쏠리게 되고, 또 전쟁을 위한 세금과 부역이 가중되면서 대다수 농민의 삶이 붕괴되기 직전이었다. 이러한 민생의 위기가 바로 대규모 유민의 난을 초래하였다.

대외 팽창으로 제국의 위용은 높였으나 민심을 잃어버림으로써 통치 정당성에 심각한 위기가 발생한 것이었다. 무제 역시 이러한 위기를 직감하고 있었으며, 조서에서 이를 솔직하게 밝히고 있다. 즉 흉노 공격과 서역 경영으로 백성에게 물적 정신적 피해를 주었고, 전쟁에서 승리는 거두었으나 인력과 물자의 엄청난 손해를 보았던 점을 반성하며, 이에 대외 정책을 철회하고 다시 민생경제에 전념하자고 한 것이다.[17]

---

[17] 한 무제의 〈윤대죄기조〉 원문과 번역은 『한서』 9(진기환 옮김, 명문당, 2017), 373~379쪽.

자신의 실책을 비판한 황태자를 죽게 한 후 무제가 비로소 사태의 심각성을 인정한 셈이다. 그동안 무제는 황태자뿐만 아니라 회남왕 유안을 비롯하여 자신의 집권을 위협하는 세력을 가차없이 제거하였다. 그리고 혹리를 통한 공포정치를 시행하여 자신의 정책에 반하는 어떠한 생각도 용납하지 않았다. 무제가 찰거제를 통해 등용한 유능한 인재나 세족, 인척 등은 모두 무제의 통치를 관철하는 수단이었으며, 쓸모가 없어졌을 경우 냉혹하게 버림받는 대상이 되었다.

무제가 황태자의 무고를 벗겨준 일은 자신의 실책을 인정하는 것이면서, 자신에 의해 억울하게 죽은 사람들에 대한 미안함을 표하는 것이었다. 그러나 실책을 인정한 이후 남은 2년의 시간은 사태를 되돌리기에는 너무 늦은 시간이었다. 황위를 이을 후계자가 너무 어려 곽광 등의 고명대신에게 위탁함으로써 통치 안정성을 기대하기가 어려웠다. 민생경제로 전환하려고 했지만 국가 재정정책이 지속되었을 뿐 아니라, 문벌 호족의 토지 겸병이 극심해져 백성의 삶이 개선되지 못하였다. 관직을 얻기 위해선 권문세가와 연줄이 있어야 했고, 백성을 위한 개혁정책을 추진하는 관리는 찾아보기가 힘들었다. 그리고 대외 팽창 정책의 철회로 중앙의 지원이 끊어진 변경의 군대는 더 이상 황제의 명령에 따르는 세력이 아니었다.

이러한 문제들은 무제의 위대한 업적 속에 가려져 있는 부작용이었으며, 제국의 위용을 세우는 과정에서 생겨난 몰락의 요인이었다. 한 무제의 딜레마는 후대 제국의 야심찬 황제들에게서 반복적으로 출현하였다. 수 양제는 세 차례의 고구려 전쟁에 패했지만, 한 무제의 유훈을

듣지 않아 제국을 급망하게 만들었다. 당 태종도 고구려 전쟁에 패하면서 수 양제의 처지가 될 수 있었지만, 적절한 시기의 사망으로 제국의 위기를 넘길 수 있었다. 사마광이 『자치통감』에서 한 무제를 폭군으로 서술한 것도, 대외 정복을 추진하려는 송 신종에게 역사의 거울을 보여주기 위한 목적이었다.

이러한 역사의 거울에도 불구하고 송 신종은 서하와의 전쟁을 감행하다 뼈저린 패배를 겪었다. 이민족 정벌의 명분이 있었던 데다가 황제의 강경한 전쟁 의지를 막을 수 있는 사람은 아무도 없었다. 왕안석의 신법을 통해 전쟁 비용을 확충하여 승리의 희망을 걸었지만, 패배 후에야 서하의 군사력을 넘어설 수 없다는 것을 알았다. 그 후 조공으로 유지되던 송의 국제평화가 균열되면서, 결국 금나라에게 북중국을 빼앗기는 처지에 내몰리게 되었다.

4. 유능하다는 착각

중국의 위대한 황제라고 칭해지는 사람은 대개 제국 확장의 공로와 관련되어 있다. 진시황, 한 무제, 당 태종, 명 영락제 그리고 이민족 황제까지 포함한다면 원 쿠빌라이, 청 강희제와 건륭제 등이 그러하다. 그러나 중국의 5대 태평성세라고 불리는 한 문경지치, 당 정관지치, 개원성세, 명 영선지치, 청 강건성세를 보면, 이 시대가 반드시 위대한 황제가 다스리던 시기인 것은 아니다. 태평성세는 평화와 번영의 시대인데, 제국 확장과 전쟁의 시기와 일치되기 어렵기 때문이다.

당 정관지치의 경우 당 태종이 고구려 원정을 하기 전 문경지치와 같은 무위이치의 방식으로 통치하던 시기에 해당한다. 모범적인 황제의 상을 정립한 『정관정요』 속의 당 태종도 이 시기의 행적을 묘사한 것이다.[18] 2장에서 살펴보겠지만, 중국에서 평화와 번영의 시기는 자유방임 정책으로 통치한 반면, 제국 확장과 전쟁의 시기에는 전쟁 비용을 위한 재정정책과 특별세로 인해 민간경제가 위축되곤 하였다. 그래서 이 두 시기가 중첩되기 힘든 것이다.

대체로 중국 왕조는 초기에 자유방임 정책을 통해 재정 기반을 확충하고, 야망을 지닌 황제가 출현하여 제국의 확장과 전쟁을 추진하였다. 한나라의 경우 문경지치 이후 무제의 제국 확장이 시작되었고, 당나라는 태종이 정관지치를 기반으로 재위 후반기에 고구려 전쟁을 일으킨 것이었다. 고구려 전쟁에서 패한 후 죽음을 앞둔 당 태종은, 위징이 살아있었다면 고구려 원정을 말렸을 것이라고 한탄하였다. 당 태종 스스로 고구려 전쟁이 실책이라는 점을 자인한 것인데, 한 무제의 〈윤대죄기조〉와 같은 자기 성찰이라고 할 수 있다.

청 제국의 강건성세 150년의 기간은 영토를 역대 최대로 확장하고 아울러 최고의 번영과 평화를 누렸는데, 중국 역사에서 예외적인 시기라고 해야 할 정도다. 특히 건륭제 치세는 중국 경제사에서 가장 개방적인 번영기로 꼽히면서, 최대 영토를 차지한 정복 전쟁의 시기이기도 하였다. 그러나 건륭제도 말기에 백년교도의 난을 피할 수 없었는데, 이 일이 결국 극심한 경제침체 시대인 '도광침체'의 전조가 되었다. 건륭

---

18   마크 루이스, 김한신 옮김, 『당-열린 세계 제국』, 너머북스, 2017, 81쪽.

제 성세 내부에서 망국의 징후가 자라나고 있었던 것이다.[19]

　왕조시대의 이러한 역사의 거울을 사회주의 중국에 비춰보면 어떠할까. 시진핑 시대에 미중 패권경쟁이 시작된 것은 개혁개방으로 활성화된 세계 2위의 경제력에 기반한 것이다. 마오쩌둥 시대에 주권국가를 창업하고, 덩샤오핑 시대에 경제성장을 이룩하여, 시진핑 시대에 제국의 확장을 선언한 셈이다. 덩샤오핑 시대의 경제성장은 개혁개방이라는 자유방임 정책을 사용한 것인데, 그 정점은 미국발 금융위기가 일어나고 중국 굴기가 가시화된 2008년 이후의 시기였다.

　2008년 이후 중국 공산당 내부에서 덩샤오핑의 도광양회 유훈에서 벗어나, 대국주의에 기반한 제국 확장의 움직임이 일어나기 시작하였다. 경제성장을 이룩했고 또 미국의 하락세가 보인 시점에서 제국 확장의 목소리가 나온 것은 우연한 일이 아니었다. 이때 중국 굴기, 중국모델, 중국의 길, 중국 문명국가론 등 중국의 성공을 정당화하는 논리들이 만들어지기 시작했으며, 세계가 중국을 중심으로 돌아가는 것처럼 보였다. 공산당 내부에서도 중국에 찾아온 새로운 기회를 실현하기 위해선, 개혁개방 시대를 이끌어온 권력 분산보다 권력 집중을 통해 강력한 리더십을 구축하는 것이 효율적이라는 생각이 부상하였다.

　그 생각을 현실 정치의 무대로 옮긴 사람이 바로 시진핑이었다. 시진핑은 세계 최강국을 향한 중국몽을 만들고, 제국 확장의 길이 될 일대일로를 추진하는 등 마오쩌둥이 열어놓은 세 가지 역사 목표—사회주의 완성, 통일국가 재건, 세계 최강국 지위—를 자신의 통치 정당성과

19　리처드 폰 글란, 류형식 옮김, 『폰 글란의 중국경제사』, 소와당, 2020, 609쪽.

연결하였다. 그러나 시진핑 1기에서는 권력 집중의 구상과 미국에 대한 도전을 공식화할 수 없었다. 시진핑 1기의 권력이 집단지도체제에 의해 분산되어 있었고, 도광양회의 유훈이 아직 당을 지배하고 있었기 때문이다.

시진핑은 반부패운동을 통해 권력 경쟁자들을 제거하는 한편, 개혁개방의 최대 부작용인 불평등 해소 정책을 내세워 인민의 민심을 얻으려고 하였다. 그 결과 시진핑은 리커창을 비롯한 경쟁자들을 무력화시켰으며, 인민의 확고한 지지를 받을 수 있었다. 이를 기반으로 시진핑 2기를 확정한 2017년 19차 당대회에서 세 가지 역사 목표를 공식화하였고, 3기를 확정한 2022년 20차 당대회에서는 시진핑 1인 권력 집중을 실현하였다.

시진핑 2기의 세 가지 목표의 공식화는 미국에 대한 도전을 선언한 것이며, 이는 덩샤오핑의 유훈에서 벗어나 새로운 전환을 시작했다는 점을 뜻한다. 2018년 미국의 대중국 공세가 시작된 것은 중국의 새로운 전환과 맞물린 일이었다. 미국의 첨단기술 공급망 제한에 맞서 중국은 국가 주도의 첨단기술 자력갱생을 추진하고 있다. 그리고 내수와 중산층 육성에 걸림돌이 되는 부동산·사교육 문제에 개입하고, 노동 가치 및 공동부유에 어긋나는 빅테크 플랫폼 기업을 통제하는 등의 정책을 시행한 바 있다.

이러한 정책이 지속될 경우, 개혁개방 이래 성장의 동력이 되었던 세계화와 민영경제는 국가 주도 자립경제 하에 통제될 수밖에 없다. 문제는 이러한 정책을 통해 중국에 필요한 첨단기술을 개발하고 지속적인 성장을 이룰 수 있는가에 있다. 특히 중국의 4차 산업 성장의 관건인 반도체는 미국, 한국, 대만, 유럽, 일본 등이 연결된 글로벌 공급망에 링크되지 않으면, 기술 개발 자체가 매우 힘든 영역이다. 중국이 막대한 국고를 투입하며 반도체 굴기를 추진했으나 별다른 성과를 거두지 못한 것도 이러한 요인 때문이다.

미국이 공급망을 의도적으로 차단한 것은 패권국의 불공정한 정치행위라고 할 수 있다. 그동안 중국 성장에 우호적인 세계화 환경에서는 상상할 수 없었던 일이다. 그러나 중국이 자신의 경제 실력을 객관적으로 파악하지 못하고 도전장을 내민 것은, 2008년 이래 중국 우월성 담론에 빠져있던 통치집단 내부의 실책에 가깝다. 2010년 이후 중국이 세계 2위의 경제대국이 되었지만, 그 가운데 첨단기술 분야는 여전히 중국내 글로벌 기업의 비중이 크다는 사실을 간과하고 있었던 것이다. 범용기술의 시장 점유율(그것도 중국 시장에서의 비중이 큰)에 도취되어 중국의 첨단기술 수준을 과신하고 있었던 셈이다.[20]

이러한 문제는 중국의 제로 코로나 정책에서도 지속되고 있었다. 시진핑 3연임이 확정된 20차 당대회 직후 중국은 코로나 제로 정책을

20　중국의 제조강국 2025 프로젝트는 이러한 중국의 첨단기술 문제를 해결하기 위해 추진된 것이었다. 중국의 계획에 따르면, 2020년에는 반도체 자급율 40%를 달성하고 2025년에는 70%를 달성하는 것이다. 그러나 실제로는 2020년에 15.9%를 기록했는데, 이 수치도 삼성전자와 SK하이닉스 등 중국 내 외국기업이 생산한 반도체를 합산한 것이다. 순수 중국기업으로 한정하면 6%로 확연하게 낮아진다(강현우, 「중국 반도체 굴기의 허와 실」, 『매거진 한경』 2022. 1. 15.). 중국의 과학기술 집중 육성 정책으로 범용 수준의 반도체 기술은 향후 중국이 자급할 수 있을 것으로 보인다. 관건은 중국의 산업고도화와 직결된 첨단 수준의 반도체 기술을 중국이 자력으로 개발할 수 있느냐에 있다.

전격 해제하였다. 코로나 사태가 진정되어 그런 것이 아니라, 백지 시위를 비롯한 인민의 불만이 터져 나오면서 돌연 결정한 것이었다. 코로나 사태 초기 미국 등 서방 국가들이 방역의 문제점을 드러낸 사이, 중국은 국가 주도의 통제정책으로 효과를 거두었다. 이에 중국은 과학방역을 내세우면서 자신의 우월성을 세계에 선전하였다.

하지만 지금의 결과로 보면 중국은 정치방역을 한 셈이다. 적절한 시점에서 위드 코로나 정책으로 전환해야 했는데, 그 타이밍을 놓치고 말았다. 또 선진 국가의 백신을 공급받아 인민의 건강을 우선해야 했는데, 중국 백신을 내내 고집하였다. 이러한 결정은 중국의 우월성을 앞세워 현실의 문제를 숨겨버린 것이다. 이렇게 과학방역과 정치방역 사이에 간극이 생기면서 결국 경제침체와 인민의 분노를 초래하였다. 중국의 열악한 의료 실정을 감안하더라도, '중국식' 방역은 세계와 탈동조화의 길을 간 것이었다.

중국 문명국가론은 개혁개방의 성공이 공산당의 유능함 덕분이라고 자부하는데, 현재의 상황에서 보면 그렇게만 평가할 수 있는지 의문이다. 공산당이 이룬 성취는 인정하지만, 성공 속에 잠재되어 있던 부작용 역시 공산당이 책임져야 할 문제이기 때문이다. 지금 중국이 직면한 문제들은 미중경쟁으로 인해 생긴 것도 있지만, 대부분은 중국식 성장 과정에서 배태된 문제들이 동시다발적으로 터져 나온 것이다. 어쩌면 지금이 공산당이 정말로 유능한지 평가할 수 있는 시점으로 보인다.

공산당이 가장 유능한 판단을 한 일을 꼽으라면, 자력갱생의 폐쇄기에서 벗어나 세계에 문호를 개방한 일이라고 생각한다. 세계에의 개방을 1970년 초 미중 탈냉전에서 시작된 것으로 본다면, 마오쩌둥이 결자해지를 한 셈이다. 덩샤오핑이 개혁개방 초기 위기의 순간을 남순강화를 통해 본 궤도에 올려놓은 후, 중국은 2000년 WTO에 가입하여 자본주의 세계의 정식 회원국이 되었다. 세계 경제의 글로벌 분업화(세계화)와 ICT 정보화는 중국의 고속 성장에 양 날개가 돼주었고, 중국도 2008년 미국발 금융위기에서 자본주의 구원자로 등장하여 세계를 움직이는 양대 축으로 부상하였다.

당시 세계 경제에 세계화와 정보화 추세가 없었다면 공산당 힘만으로 지금과 같은 성장을 이루기는 힘들었을 것이다. 그런데 신중하게 돌다리를 두드리며 세계 2위 경제대국이 된 중국이, 시진핑 시대에 (첨단기술 분야에 한정되지만) 세계와 고립되어 자력갱생의 길로 되돌아간 것이다. 첨단기술 이외의 범용 부문에서는 세계와 중국이 여전히 밀착되어 있지만, 첨단기술 문제를 풀지 못하면 중국의 미래는 불투명하다. 이 문제를 풀 수 있어야 공산당이 자신의 실책을 만회할 수 있다. 반도체 생태계로 볼 때 최첨단의 기술 영역은 자력갱생으로는 불가능에 가깝다. 다시 세계의 도움을 받아야 하는데, 미국이 중국의 첨단기술을 허용하지 않는 상황에서, 중국은 어디에서 출로를 찾을 것인가.

TSMC의 보유국 대만과의 평화통일이 대안이 될 수 있지만, 공산당이 권위주의 방식을 지속하는 상태에서 대만이 응할 가능성은 거의 없다. 중국의 위협이 다가오면서 TSMC는 지금 미국과 일본으로 향하고 있다. 이 점과 관련하여 최근 마이클 베클리·할 브랜즈는 '정점에 이른 강대국 함정'이라는 흥미로운 관점을 제기한 바 있다. 강대국 간의 무력 충돌은 도전하는 신흥 강국이 정점을 지나 쇠락기에 접어들었을 때, 패권의 기회가 사라지고 있다는 불안감이 전쟁을 일으키는 원인이 될 수 있다는 것이다.

패권국 간의 전쟁이 일어난 원인에 대해 그레이엄 앨리슨은 '투키디데스의 함정'을 제기한 바 있다. 투키디데스는 『펠로폰네소스 전쟁사』에서 신흥국 아테네의 부상에 대한 패권국 스파르타의 두려움이 전쟁이 일어난 원인이라고 보았다. 그레이엄 앨리슨은 이를 투키디데스의 함정이라고 명명하며, 역대 패권 전쟁이 쇠락하는 패권국과 성장하는 도전국이 충돌하는 패권 이행기에 일어난 '예정된 전쟁'[21]이었다고 주장하였다.

마이클 베클리·할 브랜즈는 1, 2차 세계대전에서 독일과 일본의 사례를 분석하며, 투키디데스의 함정과 달리 성장의 정점에서 쇠락해가고 있는 도전국의 불안감이 바로 전쟁의 원인이라고 보았다. 최근 중국의 경제침체와 성장의 위기, 미국과 동맹국의 중국 봉쇄 등이 '정점에 이른 강대국 함정'에 빠질 수 있게 하며, 그 탈출구로 대만 침공을 선택할 가능성이 크다는 분석이었다.[22]

서구의 시각이 아니더라도, 공산당의 통치 정당성과 연결된 통일국가 재건은 중국의 핵심이익 사안이다. 중국이 지속적으로 군사력을 증강시켜 온 목적인 것이다. 신중국 건국 이후 중국과 주변국의 영토 분

---

21   그레이엄 앨리슨, 정혜윤 옮김, 『예정된 전쟁』, 세종서적, 2018.

22   마이클 베클리·할 브랜즈, 『중국은 어떻게 실패하는가(Danger Zone)』(김종수 옮김, 부키, 2023), 20~27쪽.

쟁은 대체로 전쟁보다는 타협과 갈등고조 전략을 통한 것이었다.[23] 그러나 군사력 증강에 기반한 군 내부 매파의 영향력, 시진핑의 통치 정당성을 위한 실적의 필요성, 그리고 중국 인민의 무력 통일에 대한 높은 지지 등을 감안하면, 대만 침공의 가능성이 어느 때보다 높아진 게 사실이다.

한 무제라는 역사의 거울로 보면, 시진핑 시대 중국의 길 위에 제국의 그림자가 비친다. 한 무제는 흉노 정벌을 통해 제국 팽창의 과업은 이루었지만, 그 대가로 민생이 붕괴되고 공포정치가 횡행하는 사회를 만들었다. 또 후계자를 정하지 못하여 어린 황제가 등극함에 따라 국가가 쇠락하기 시작하는 원인을 제공하였다. 역사의 거울이 보여주는 교훈이다.

미국의 전쟁 수행 능력을 고려하면 대만 침공이 성공할 것이라고 확신하기 어렵다. 그러나 중국 굴기의 자신감이 패권 경쟁의 길로 나서게 했듯이, 군사적 자신감과 역사적 사명감이 어떠한 행동으로 이어질지 알 수 없는 노릇이다. 분명한 건 전쟁은 세계로부터 더욱 큰 고립을 초래하여 대륙에 갇힌 자력갱생의 길만 남게 될 것이라는 점이다. 후쿠야마의 질의처럼 권력을 제한하는 법치와 책임정치의 제도가 없는 중국에서, 지금 공산당 현능정치가 최대의 시험대에 오른 것이다. 한 무제의 〈윤대죄기조〉를 되새겨보아야 할 때라고 생각한다.

---

23   이 점에 대해서는 테일러 프레이블, 『중국의 영토 분쟁: 타협과 무력 충돌의 매커니즘』(장성준 옮김, 김앤김북스, 2021) 참고.

2장
경제력, 국가는 성장을
지속시킬 수 있는가

2장
경제력, 국가는 성장을
지속시킬 수 있는가

1. 국가 주도 경제

인민에게 참정권을 약속하지 않은 공산당이 민심을 얻는 관건은 인민을 부유하게 하는 일이었다. 그래서 경제성장이 사회안정과 더불어 공산당이 가장 중시하는 정책 목표가 되었다. 신중국 초기 국유화 정책이 실패하여 가난에서 벗어나지 못했지만, 마오쩌둥은 자신의 정책이 생산력을 향상시킬 수 있을 것이라는 신념을 지니고 있었다. 사회주의 정책의 실패에 직면한 덩샤오핑은 '가난은 사회주의가 아니다'는 구호를 내세우며 경제성장을 위한 개혁개방 시대를 열어놓았다.

개혁개방 이후 급속한 성장으로 세계 2위의 경제대국이 되자, 중국은 본래 사회주의가 맞지 않는 나라라는 얘기가 흘러나왔다. 자유방임 경제를 추구해온 중국 전통은 국가 주도의 계획경제와 맞지 않는다, 중국인의 상인 DNA가 사적 소유를 부정하는 체제에 맞지 않는다는 등의 말이 그러했다. 일견 타당해 보이지만 중국 정부와 그 씽크탱크는 이러한 의견에 동의하지 않는다. 베이징 컨센서스, 중국모델, 중국의 길 등 중국의 발전동력을 설명하는 시각은 서구 자유주의경제와 다른 중국식 국가 주도 경제가 대국 굴기에 성공한 주요 원인이라고 인식하기 때문이다.

서구적 맥락에서 보면 두 관점은 국가/민간, 국유화/사유화, 성장/분배 등 발전동력의 상대적 차이로 보인다. 그러나 중국에서는 서로 대비되는 두 가지 동력이 모두 국가 주도로 결정된다는 사실이 중요하다. 신중국 초기 생산수단의 국유화도 국가 주도로 결정된 것이며, 개혁개방 시대 시장경제의 도입도 국가 주도로 결정된 것이다. 국유화/시장화가 상반된 정책이라 하더라도 동일하게 국가 주도로 결정되는 것이기 때문에, 서구적 맥락의 국유화/시장화와는 함의가 다를 수밖에 없다.

사회주의 정통성의 입장에서 중국의 개혁개방이 세계자본주의에 편입된 것이라고 비판한 이론가들은, 글로벌 자본과 중국 정부 그리고 시장 세력이 공모하여 중국에 신자유주의 체제를 도입한 것이라고 인식하였다.[1] 즉 세계자본주의가 개혁개방을 통해 중국을 시장으로 만들

---

1   왕후이, 『단기 20세기』(송인재 옮김, 글항아리, 2021), 6장 1989년 사회운동과 중국 '신자유주의'의 반역사적 해석 참고.

없고, 중국 정부는 그 체제에 편입하는 과정에서 경제성장을 이룩하는 한편 그 대가로 사회주의에 반하는 불평등이 심각해졌다는 얘기다. 이러한 시각은 일반적인 국가가 세계자본주의 체제에 편입되는 과정을 설명하는 논리로는 적합해 보인다.

그러나 이러한 관점을 그대로 개혁개방 과정에 적용하면, 중국이 사회주의 국가라는 점을 간과하게 된다. 개혁개방 초기 중국 정부는 외국기업을 유치하기 위하여 각종 세제 및 금융 혜택을 제공하면서도, 발전개혁위원회의 엄격한 심사를 통해 외국기업의 투자 규모와 기술이전 정도에 따라 사업 활동의 범위를 규제하였다. 또 사업 영역에 따라 외국기업 단독 사업을 제한하고 중국기업과 합자를 하도록 규정함으로써, 중국기업이 외국기업의 기술과 경영기법 등 선진적인 요인을 가까이서 배울 수 있게 하였다.

1997년 아시아 금융위기 시기에도 중국은 신속한 대응을 하며, 관련 국가들이 안정을 되찾을 수 있도록 국제적 영향력을 행사하기도 하였다. 이것은 중국이 개방과정에서 투기자본을 경계하고 산업자본을 선별적으로 유치하여 성장 동력으로 활용할 수 있었기 때문이다. 이러한 사례들은 세계 경제에 중국이 단계적으로 진입할 수 있도록 개방의 분야와 속도를 조절한 국가전략 덕분에 가능한 일이었다.[2]

이런 맥락에서 볼 때 국가 주도의 개혁개방은 낙후한 중국 경제발전을 위해 선진 기술과 자본을 수용하면서, 다른 한편으로 국내 산업 보호를 위해 신자유주의를 경계하는 이중적 전략을 구사한 것이었다.

---

2   이종민, 『글로벌 차이나』, 산지니, 2008, 49쪽.

중국의 이러한 이중적 전략은 현재까지 지속되고 있다. 중국이 필요로 하는 핵심기술 분야에서는 여전히 파격적인 혜택을 제공하지만, 중국 과 경쟁하거나 이미 따라잡은 분야에서는 외국기업에 불리한 여건을 조성하여 자국 산업을 보호한다. 미중경쟁이 시작되기 전까지 중국은 이 중적 전략을 통해 첨단기술을 포함한 글로벌 공급망 기지를 구축하면 서, 아울러 글로벌 브랜드들이 경쟁하는 세계시장이 되려고 하였다.

이러한 성과들이 국가 주도의 장기 계획과 실천전략을 통해 이룬 것인 만큼, 중국모델의 우수성을 자부하는 것도 충분히 인정할 수 있 는 일이다. 그렇다면 중국은 이러한 국가 주도 전략을 통해 어떠한 경제를 만들려고 한 것인가? 개혁개방이 중국에 신자유주의 체제를 도입하려는 것이라는 이론가들의 우려와 달리, 지금 중국은 세계 어느 나라보다 국가자본주의적 특성이 강한 경제를 만들었다. 선진 기술과 자본을 수용하여 자유시장경제를 추구한 것이 아니라, 국가가 수립한 제도 하에서 국유부문, 민간부문, 외국기업이 공존하는 질서를 만든 것이다.

이러한 국가 주도의 '혼합경제'가 바로 중국식 사회주의 시장경제의 실체라고 할 수 있다. 1990년대에 중국식 사회주의 시장경제라는 용어 가 나왔을 때만 해도, 사회주의와 시장경제는 공존할 수 없는 제도라고 보았다. 또 중국이 세계공장으로 성장하면서 사회적 불평등이 심각해 지는 것을 보고, 중국이 사회주의를 포기했다는 평가도 있었다. 중국식 사회주의 시장경제라는 말이 중국의 자본주의 전환을 은폐하기 위해 만든 모호한 용어라고 볼 정도로, 개혁개방 이후 중국경제가 나아가는 방향을 명확히 판단하지 못했던 것이다.

미중경쟁이 시작된 현재의 시점에서 되돌아보면, 중국식 사회주의 시장경제는 모호한 용어라기보다는 고도의 국가전략이 함축된 개념임을 알 수 있다. 중국식은 서구적 시장 질서가 아니라 중국이 수립한 규칙에 따르는 것이고, 사회주의는 기간산업과 전략산업을 국유화하여 집중 육성하는 것이며, 시장경제는 민간부문이 외국기업과의 보호적 경쟁을 통해 성장역량을 키우려는 뜻이었다. 개혁개방 이후 중국은 이러한 국가전략을 통해 경제발전을 주도하여, 2010년 일본을 제치고 세계 2위의 경제대국이 되면서 그 성과가 정점에 오르게 된 것이다.

개혁개방에서 현재에 이르기까지 매 시기마다 성장동력은 달랐지만, 중국식 제도에 의해 육성된 것이라는 점은 변함이 없었다. 민간부문의 경우 세계의 공장으로 급성장한 제조업, 경기 활성화에 지대한 공헌을 한 부동산업, 디지털 경제를 선도하는 빅테크 플랫폼 기업 등이 주요한 성장 동력이 되었다. 이들의 성장방식은 서구의 시장원리보다는 국가와의 밀접한 관계를 통해 이루어진 것이었다. 국가가 수립한 정책에 발 빠르게 순응하면서 국가가 제공하는 막대한 혜택에 기대어 급성장할 수 있었다. 그래서 민간 대기업은 대부분 정경유착의 방식으로 성장했다고 봐도 무방하다.

미중경쟁이 시작되면서 이제 국가 주도 경제가 더 강화될 것으로 보인다. 미국이 첨단기술 공급망을 차단함에 따라, 중국은 독자적으로 기술을 개발해야 하는 처지에 몰려있다. 첨단기술을 개발하는 기업들은 정부의 막대한 지원을 받고 있으며, 중국경제의 운명이 이들에게 달려있다고 할 정도다. 그동안 중국 GDP의 약 25% 정도를 차지한 부동산업은 경기 불황과 부채 문제로 파산 상태에 있는 기업이 많은데, 이에 국가가 채무를 보증하는 국유기업으로 통합될 전망이다.[3] 디지털경제를 선도하던 민간 빅테크 기업은 플랫폼을 기반으로 거대한 성장을 이루었으나 국가 지분이 늘어나면서 그 통제하에 들어갈 것으로 보인다.

미중경쟁이 지속되는 동안 전략산업과 중국경제에 영향력이 지대한 부문은 국유부문으로 전환되겠지만, 그 외의 분야에서는 민간기업을 지원하여 일자리 창출과 소득향상에 기여하게 할 것이다. 외국기업은 첨단기술 개발에 도움이 될 수 있는 기업이면 더 파격적인 혜택을 제공하고, 또 외국기업의 탈중국을 막기 위해 중국 내지로의 이전을 유도하는 정책 지원을 할 것이다.

어떤 자본주의 국가라도 완전한 자유시장경제를 시행하는 나라는 없다. 다들 국가가 입안한 산업정책이 있고, 기간산업이나 전략산업은 국유기업이 맡는 경우가 많다. 분배와 관련된 사회복지 부문은 국가가 책임 서비스를 한다. 그러나 자본주의 국가에서 행해지는 '국가의 역할'은 중국에서 행해지는 '국가 주도'와 그 목적과 범위에 상당한 차이가 있다. 중국은 모든 것을 국가의 계획하에 지원·통제하려고 하며, 궁극적인 목적은 국가 전체를 일원적이면서 부유한 사회로 만드는 데 있다. 그렇다고 마오 시기처럼 모든 것을 획일화하려는 것은 아니며, 부문별

---

3   중국이 부동산 기업을 국유화하려는 것은 경제침체를 막으면서, 서민을 위한 장기임대주택 정책을 추진하기 위한 목적으로 보인다.

로 그 특성에 따라 경쟁을 유도하여 최대한의 능력을 발휘하게 한다.

중국의 이러한 국가 주도가 현재의 중국경제를 만들었다고 해도 과언은 아니다. 그러나 문제는 국가 주도가 항상 좋은 결과를 보장하지는 않는다는 점이다. 가령, 개혁개방 이후 중국이 세계화의 장점을 활용하여 경제성장을 이룩했지만, 세계화의 함정인 사회적 불평등은 통제하지 못하였다. 이는 국가가 자본의 관리능력은 탁월하게 발휘했지만 경제성과의 분배능력은 취약했다는 점을 뜻한다. 이 두 가지 능력을 동시적으로 발휘할 수 있을 때 비로소 중국식 국가 주도 경제의 우수성을 말할 수 있을 것이다.

현능정치를 내세워도 좋은 지도자가 계속 나오기 힘든 것처럼, 국가 주도 경제도 오류의 가능성은 늘 존재한다. 어떤 국가든 실정이 생기기 마련이며 그 오류를 줄이기 위해 국민 참여와 책임제도를 시행하는 것이 아닌가. 현재 중국이 직면하고 있는 미중경쟁도 국가 주도의 '중국몽'에 의해 촉발된 문제임을 부인하기 어렵다. 이것은 국가 주도 경제에 효율성과 아울러 리스크가 잠재되어 있다는 사실을 뜻한다.

앞서 얘기한 자유방임 경제가 중국 전통이라는 시각에서 보면, 국가 주도 경제는 사회주의 시기에 만들어진 것으로 보일 것이다. 과연 그러한지 중국경제의 역사 속으로 들어가 보자.

2. 고대 중국의 중앙집권 경제

이념적으로 볼 때 중국의 자유방임 경제는 유가 사상과 연결되어 있다. 그렇지만 유가의 자유방임이 서구적 의미의 자유로운 이윤 추구를 뜻하는 것은 아니다. 이는 경제라는 말이 이윤 추구의 개념이 아니라, 세상을 다스리고 백성을 구제하는 경세제민(經世濟民)의 약칭이라는 사실에서 잘 나타난다. 즉 중국에서 경제는 통치자가 백성에게 인정(仁政)을 베푸는 정책 가운데 하나로 인식되었다는 것이다.

현능한 사람을 등용하여 걸출한 인물이 조정에 있으면, 천하의 사인(士人)이 다들 기뻐하며 그 조정에 서기를 바랄 것이다. 시장에서 점포의 자릿세만 받고 장세는 물리지 않고, 팔다 남은 상품은 나라에서 사주면 천하의 상인이 다들 기뻐하며 그 시장에 물건을 내놓길 바랄 것이다. 관문에서 기찰만 하고 관세를 면제하면 천하의 여행자(무역상인)가 다들 기뻐하며 그 길을 이용하려고 할 것이다. 농민에게 공전 경작을 하고 사전의 세금을 면제하면(정전제) 천하의 농민이 다들 기뻐하며 이 땅에서 농사짓고 싶어할 것이다. 이주자에게 거처를 마련해주고 주민세를 면제하면 천하 사람이 모두 기뻐하며 이 나라 백성이 되기를 바랄 것이다. 진정으로 이 다섯 가지를 실행할 수 있다면 이웃 백성도 부모처럼 우러러볼 것이다. 인류가 생긴 이래 자식을 이끌고 부모를 공격하여 성공한 적은 없었다. 이렇게 되면 천하에 대적할 자가 없을 것이며, 천하에 대적할 자 없는 사람은 천명을 집행하는 관리(天吏)가 될 것이다. 이렇게 하고서 천하의 왕자가 되지 못한 경우는 없었다.[4]

---

4   『孟子』「公孫丑上」. "尊賢使能, 俊傑在位, 則天下之士, 皆悅而願立於其朝矣. 市廛而不征, 法而不廛, 則天下之商, 皆悅而願藏於其市矣. 關, 譏而不征, 則天下之旅, 皆悅而願出於其路矣. 耕者, 助而不稅, 則天下之農, 皆悅而願耕於其野

이 글은 맹자가 왕도정치를 위해 시행해야 할 다섯 가지 인정을 설명한 부분으로, 역대 유가들이 추구한 이상적 정책에 해당한다. 맹자가 말한 다섯 가지 인정은 사인을 위한 현능한 인재 등용, 상인을 위한 시장 조세 감면, 여행자(무역상인)를 위한 관세 감면, 농민을 위한 정전제 시행, 이주자를 위한 보호 정책 등으로 정리할 수 있다. 현능한 인재 등용은 중국 정치의 출발점으로, 이들이 정치를 담당해야 나라가 부강하고 백성이 부유하게 될 수 있다는 주장이다.

맹자의 경제 정책을 보면, 농민에게는 정전제를 시행하여 안정적인 토지를 제공하고, 일반 상인에게는 시장세를 감면하고 무역 상인에게는 관세를 감면하여 상업활동을 장려한다. 그리고 이주민에게 거처를 제공하고 주민세를 면제하여 생산—소비 인구를 늘리려고 한다. 이는 세금이나 부역 등 국가의 간섭을 최소화하고, 백성의 자율적 생산을 통해 민생을 해결하려는 뜻이다. 즉 민생이 안정된 항산(恒産) 체제를 구축하여 백성이 나라를 신뢰하는(恒心) 사회를 만들기 위한 것이다. 상평창처럼 물가 조절이나 빈민·재난 구제를 위한 정책이 있었지만, 사회복지 차원에서는 기본적으로 낮은 세금에 기반한 작은 정부를 지향하였다.

이것이 유가가 추구한 자유방임 경제인데, 여기에 유가의 이상인 봉건제를 결합하면 지방 분권 경제가 그 정책 방향이 된다. 유가의 입장에서는 백성의 자율적 생산에 기반한 지방 분권 경제가 바로 경세제민의 뜻에 가장 충실한 제도가 되는 셈이다. 그런데 고대 중국에서 자

矣。廛, 無夫裏之布, 則天下之民, 皆悅而願爲之氓矣。信能行此五者, 則鄰國之民, 仰之若父母矣。率其子弟, 攻其父母, 自生民以來, 未有能濟者也。如此, 則無敵於天下。無敵於天下者, 天吏也。然而不王者, 未之有也。"

유방임 경제가 제기되기 전에 중앙집권 경제가 선행되었다는 점은 주목할 필요가 있다.

춘추시대 제후국이 영토 경쟁을 시작하면서 전쟁은 국가의 사활이 걸린 정치 사안이 되었다. 이 시대의 전쟁은 귀족전을 넘어 국가전의 성격을 띠고 있어서, 분산된 국가 자원을 효율적으로 집중시키는 역량에 전쟁의 승패가 달려 있었다. 중앙집권 경제는 이러한 목적하에 추진된 것이었으며, 그 기준점을 세운 사람이 바로 관중이었다. 여기서 기준점이라고 한 것은, 관중의 실천이 춘추시대 제나라를 배경을 한 것이지만, 왕조시대는 물론이고 현재의 사회주의 체제에 이르기까지 중앙집권 경제의 경로 의존성으로 지속되고 있기 때문이다.

관중은 분산되어 있던 토지를 구획하여 중앙집권 조직에 편재하고, 도시와 농촌의 이원 관리구조를 정립하고, 백성을 사농공상 직분에 따라 분업화하였다. 관중은 이러한 제도 혁신을 기반으로 다음과 같은 중앙집권 경제를 정립하였다.[5] 첫째, 구획한 토지를 소가족 단위로 농민에게 지급하였다. 그리고 철기 농기구, 우경(牛耕), 수로 관개 등의 경작혁신으로 생산성을 높이고, 낮은 세금과 공유지에서의 수익을 통해 소농 생산체제를 가능하게 하였다.

대체로 철기 농기구와 우경이 일반화된 전국시대에 소농 체제가 형성된 것으로 보지만, 제나라 관중 시대에 이미 시행하고 있었다. 철기는 국가 전략물자로 일반 농민이 접근하기 어려운 것이며, 소 역시 국가

---

5   관중의 중앙집권 경제에 대해서는 이종민, 「관중(管仲)과 고대 중국의 질서」(『중국학보』 제101집, 2022) 참고.

제사에 쓰이고 있어서 농경에 활용되기 힘든 동물이었다. 이에 관중은 국가권력을 통해 토지개혁과 경작혁신을 이루어 소농 체제를 가능케 한 것이다. 전국시대의 소농 체제 역시 개별 농민의 차원이 아니라, 관중의 실천이 주변 국가들로 확산되면서 출현한 중앙집권적 경제 현상으로 보아야 한다.

둘째, 상인의 교역 활동을 장려하여 지역 간 물품 공급을 원활하게 하였다. 관중은 상인들이 사계절에 따라 필요한 상품을 생산자와의 협력을 통해 유통시키고, 각 지역별 특산품 차이를 이해하여 서로 부족한 물품을 공급하게 하고, 시장 가격을 헤아려 시세 차익을 누릴 수 있게 하였다. 이는 시장경제의 원리를 통찰하여 상인이 긍정적인 역할을 하도록 장려한 것이다. 그리고 상인의 교역 활동에 기반하여 농산물 유통량과 가격을 조절함으로써 백성이 안정된 삶을 누리게 하였다. 관중은 국민경제뿐만 아니라 국가 간 교역을 위해 관세를 낮추었으며, 이에 제나라 상품이 국제적으로 유통되어 막대한 국부를 축적할 수 있었다.

셋째, 국가가 소금·철(염철)의 전략 자원을 독점하는 재정정책을 사용하였다. 염철은 국가안보와 막대한 경제이익이 걸려있는 전략 자원으로, 국가가 이를 독점(국유화)하여 국부를 축적함으로써 백성의 세금을 낮출 수 있는 재정을 갖출 수 있었다. 염철 사업을 운영하는 데 있어 관중은 국가가 개발과 판매 주체로 나서기보다는, 상인에게 수수료를 받고 운영권을 보장하는 시장경제의 방식을 택하였다. 염철은 역대 왕조에서 독점적 수익을 올리던 국유산업이 되는데, 재정정책의 방향에 따라 한 무제처럼 국가가 직접 기업 주체가 되거나 송 왕안석처럼 관중과 같은 시장경제의 방식을 채택하는 차이가 있었다.

넷째, 도시와 농촌의 이원적 관리체제와 백성을 분업화하는 생산적 직분사회를 만들었다. 관중은 도시에 통치집단과 사인, 공인, 상인을 거주하게 하고, 농촌에는 농민을 거주하게 하는 도농 분리 정책을 사용하였다. 인구의 대다수를 차지하는 농민의 유동성을 제한하면서 경작 생산성을 높이는 중농 사회가 국가 안정의 기반이 되었기 때문이다. 도시에서도 신분(직분)별로 거주지를 나누어 공동체 형성과 직업 전수에 유리한 구조를 만들었다. 이러한 정책을 통해 사회안정을 이루면서 직분별로 생산성을 높이고 아울러 안정적 징세를 가능케 하는 사회경제 시스템을 정립할 수 있었다.

다섯째, 이렇게 축적된 국부를 기반으로 강력한 상비군을 양성하고 제후국에게 시혜를 베풀어 춘추시대 첫 번째 패자가 될 수 있었다. 중앙집권 경제의 궁극적 목표는 영토 전쟁에서 승리하여 패권을 차지하는 것이었다. 관중은 행정조직과 군사조직을 일체화하여 강력한 군대를 양성했을 뿐 아니라, 인접국과 분쟁하던 영토를 반환하여 국제적 민심을 얻을 수 있었다. 그리고 국제여론을 유리하게 이끌기 위해 각국의 유력한 인사를 재물로 포섭하는 외교술(반간계)을 썼는데, 이 역시 국부가 기반이 되어야 구사할 수 있는 방법이었다. 패권은 이렇게 국가의 자원을 집중시켜 총력전을 펼 수 있는 나라의 차지가 되었다.

관중의 중앙집권 경제는 국가 주도로 지역과 신분에 따라 다원적 분업구조를 만들어 생산성을 높이는 '혼합경제'라고 할 수 있다. 제후들이 중앙집권 경제가 바로 제나라 패권의 기반이라는 점을 알게 되면서 이에 점차 확산되기 시작하였다. 그 적용방식은 나라의 상황에 따라 달랐지만, 토지 수전제와 경작혁신, 전략 자원의 국유화, 생산적 직분 사회 등은 공통적으로 수용되었다. 그러나 상업은 나라마다 상황이 달라, 진(秦)나라의 경우 엄격한 중농주의를 표방하며 상인의 교역 활동을 제한하였다. 그렇다고 지역 간 상품 유통을 금지한 것은 아니며, 국가의 엄격한 통제 속에서 상업활동이 이루어져, 오히려 교역 허가를 받은 상인들은 막대한 부를 누릴 수 있었다.[6]

진나라의 중점은 황무지를 개척하여 수전제를 전면 시행하고, 공적에 따라 작위와 토지를 수여하여 생산과 전쟁의 의욕을 고취하는 데 있었다. 수전제는 전국시대에 소농 생산이 일반적이게 된 국가 요인이지만, 나라마다 수전제가 시행되는 규모는 달랐다. 대토지 소유자인 귀족과 부호 들은 자신의 땅을 국가가 수용하여 농민에게 지급하는 일에 반발했으며, 그 세력이 강한 나라에서는 당연히 수전제 시행이 제한될 수밖에 없었다. 관중의 시대에도 환공 사후 세족들이 다시 집권하여 중앙집권 경제가 균열된 것을 보면, 수전제가 전면적으로 시행되지는 못했을 것이다.

이러한 상황은 진나라도 마찬가지였다. 수전제를 주도한 상앙 자신도 효공에게 상 지역의 영지를 사여받았으며, 진시황 때의 측근인 여불위, 이사 등도 다 영지를 가지고 있었다. 이러한 점은 춘추전국시대 토

---

6 『사기』 「화식열전」을 보면, 춘추전국시대에 활약한 범려, 자공, 백규 등의 상인 이야기가 나오는데, 진시황도 목축업을 하며 가축을 유통시킨 오지현 사람 나, 단사를 채굴하여 유통시킨 파촉의 과부 청을 성공한 상인으로 존중하며 제후처럼 예우해 주었다.

지가 크게 군주의 대토지, 귀족·부호의 대토지, 그리고 소농의 토지로 구성되며, 군주와 귀족·부호의 권력관계에 따라 수전제 토지의 비율이 나라마다 달랐을 것이라는 점을 시사한다. 제후국 가운데 진나라의 수전제 토지 비중이 가장 높았던 것은 분명하며, 이는 진나라가 군주의 중앙집권 역량이 가장 강했다는 사실을 뜻한다.

3. 제국, 안보와 경제의 딜레마

한 무제 때 등용되어 유교를 국가이념으로 성립한 동중서는 아래의 저명한 상주문을 올렸다. 당시 귀족과 부호 들이 농민의 수전제 토지를 겸병하면서 심각한 사회 불평등 문제가 초래되었기 때문이다.

상앙의 변법으로 고대 제왕의 제도가 바뀌었습니다. 정전제가 폐지되어 백성이 땅을 매매할 수 있게 되면서, 부자들의 땅은 드넓게 연결되어 있지만 가난한 사람들은 송곳 꼽을 땅도 없습니다.[7]

동중서는 상앙의 변법으로 '수전제=사유토지=매매허용'이 되면서, 고대 제왕의 제도인 '정전제=국유토지=안정적 경작'이 깨져, 지금의 토지 겸병 문제가 발생했다고 보았다. 그런데 동중서의 시각은 관중 이래 시행되어온 수전제의 취지와는 맞지 않는 얘기다. 수전제는 귀족·부호

---

7   『漢書』「食貨志」. "以秦用商鞅之法, 除井田, 民得賣買, 富者, 田連阡陌, 貧者, 亡(無)立錐之地."

들이 세습하던 땅이나 황무지를 국가가 수용하여 농민에게 지급하는 제도다. 소유제의 측면에서 보면 사유화된 토지를 개혁하여 국유화한 것이며, 이를 농민에게 지급하여 안정적 경작을 보장하기 위한 취지라고 할 수 있다.

또 정치 역학의 차원에서 보면, 군주의 경쟁자인 세족의 권력 기반을 약화시키기 위한 제도였다. 즉 세족의 대토지에 종속된 백성을, 군주가 수전제를 매개로 하여 세금과 부역의 대상으로 만들어 중앙집권을 강화한 것이다. 이러한 목적에서 시행된 수전제를 동중서처럼 토지 사유=매매허용으로 보는 것은, 수전제와 상반된 내용에 가깝다.

소가족 단위로 지급되는 수전은 그 가구가 먹고 사는 터전을 제공하는 것으로 매매를 위한 땅이 아니었다. 수전은 가구의 가장에게 수여하며 타인의 간섭없이 경작할 수 있는 권한이 부여되었다. 그러나 가장이 경작할 수 없는 연령이 되면 국가에 반환해야 하며, 그 자식이 수전의 자격을 갖추면 그 땅을 상속처럼 물려받을 수 있을 뿐이었다. 상앙의 변법에서도 백성이 능력껏 경작 수익을 올리는 일은 권장되었지만, 땅 매매를 통해 이익을 얻는 행위는 허용된 적이 없었다. 가구가 땅을 넓힐 방법은 작위 등급이 올라 땅을 사여받거나 황무지를 새롭게 개간하는 길이었다.

땅을 지급받은 만큼 백성으로서 의무가 엄중한 사회에서 땅 매매를 허용하는 것은 백성 관리시스템을 균열시키는 일에 다름아니다. 이는 백성이 거주지에서 이탈하지 않도록 통제정책을 시행한 취지와도 맞지 않는 일이다. 귀족들이 대토지를 세습하며 농민들에게 과중한 세금을 물리는 다른 제후국의 상황에 비한다면, 상앙의 변법이 오히려 정전제의 뜻을 계승한 제도라고 해야 한다.

그러나 백성에게 수여된 땅에 대한 관리와 반환 업무를 국가가 방치할 경우, 토지 사유화의 문제가 발생할 소지가 있었다. 국가가 세금을 과하게 부가하거나 부역이 가혹할 경우 백성이 토지에서 이탈할 수 있고, 생활이 궁핍한 백성이 수전을 호족에게 넘기고 자신은 그 소작으로 들어갈 수도 있었다. 또 장사로 크게 돈을 번 상인이 토지를 매수하여 대토지 소유자가 되는 일은 중국사에서 흔하게 벌어지는 현상이었다.

한 무제 때 토지 겸병의 문제가 심각하게 불거졌지만, 상앙에서 진 제국에 이르는 시기에 이 문제가 정치적 이슈가 되었다는 기록은 없다. 진한 교체기의 혼란과 한대 초기의 자유방임 경제를 거치면서, 한 무제 때 귀족·부호 들의 토지 겸병이 정치적 문제가 된 것이었다. 즉 한대에 국가의 토지 관리가 부실해지면서 동중서가 비난한 문제가 발생한 것이라는 얘기다. 그 책임을 상앙에게 돌린 것에 불과하다.

한나라 초기 문경지치의 성세는 자유방임 경제의 성공 사례로 칭해진다. 농민은 국가에서 지급받은 수전과 낮은 세금으로 안정된 삶을 회복하였다. 상인은 상업활동이 권장되어 상거래로 수익을 얻었고, 이에 수공업자는 물품 생산을 활발하게 하였다. 상인은 지역 간 물품 공급뿐만 아니라, 국가의 공물 수송을 맡았고 염철 산업의 경영이 허용되어 막대한 수익을 얻을 수 있었다. 또 각 지역에서 화폐를 발행하는 등 정부의 간섭은 최소화하면서 시장경제의 원리를 수용하여, 국가의 곡간이 넘쳐나는 성과를 거두었다.

한나라 초기의 경제 활성화는 민생 회복을 위한 것이면서, 또 흉노에게 조공을 바쳐야 하는 안보 위기 상황에서, 경제로 평화를 유지하는 방안이기도 하였다. 이 시기의 자유방임 정책은 '무위이지(無爲而治)'를 경제 영역에서 실천한 것으로, 앞에서 얘기한 맹자의 경제 정책과 특별히 상반된 내용은 아니다. 다만 토지제도에 있어서 정전제/수전제의 차이가 있는데, 두 제도가 무엇이 다른지 간략히 살펴보자.

주지하듯이 정전제는 땅을 9등분 한 후 가운데 공전은 공동 경작하여 세금으로 내고, 나머지 8등분은 농민에게 사전으로 지급하여 생계수단으로 삼게 하는 것이다. 고대 제왕의 토지제도로 알려진 정전제가 실제 시행된 것인지 아니면 상상의 산물인지는 논의가 분분하다. 모든 토지가 반듯하게 구획할 수 있는 너른 땅이 아니라는 점을 고려하면 정전제는 보편적으로 시행되기 어려운 제도다. 넓은 들판에 있는 땅이라면 구획하기가 수월하지만, 도시 부근에 분산되어 있거나 협소한 땅이라면 일정 단위로 구획하기가 쉽지 않기 때문이다.

그러나 정전제의 핵심이 국가 소유의 땅을 일정 단위로 구획하여 백성에게 경작케 하는 것이라면, 지역의 상황에 따라 탄력적으로 시행할 수 있는 제도로 보인다. 균등하게 분할하기 좋은 땅은 정전제 그대로 시행하고, 그렇지 않은 땅은 모두 사전으로 분할 지급하여 1/10의 산출량을 조세로 부가하면 된다. 즉 세금을 내는 방식에 있어서 공전을 공동 경작하든 아니면 전부 사전으로 배분하여 1/10의 조세를 받든, 그 결과는 비슷하다는 것이다. 맹자도 정전제를 이러한 취지로 설명한 바 있다.

지방에서는 9등분하는 정전제를 실시하여 공전을 경작한 생산물을 조세로 내고, 도성 주변에는 10가구로 분할하여 소출의 1/10를 세금으로 내게 합니다.[8]

맹자의 설명에 근거하면 정전제는 국가 소유의 땅을 분할 지급하여 공전 생산량 혹은 사전 생산량의 1/10을 조세로 내는 제도라고 할 수 있다. 정전제에서 토지는 국가(왕) 소유이기 때문에 사적 소유의 문제는 발생하지 않는다. 정전제에서 말하는 공전/사전은 국유/사유의 소유제 구분이 아니라, 생산량이 누구에게 귀속되는지의 문제에 해당한다. 공전은 수확물이 모두 국가에 귀속되고, 사전은 농민에게 귀속되어 일정한 세금을 낸다는 뜻이다.

이러한 차원에서 보면 정전제는 관중이 시행한 수전제 개혁과 그 취지가 대동소이한 것이다. 관중 역시 국가가 토지를 수용하여 일정 단위로 구획하고 가구 단위로 배분하였으며, 정전제보다 더 낮은 조세(5/100)를 부가하였다. 정전제처럼 9등분 하는 소규모가 아니라, 지역 단위로 구획하여 중앙집권적으로 관리하는 차이가 있을 뿐이다. 전국시대 진나라에 이르러 지방의 토지를 대거 군현제로 편입하면서, 이른바 편호제민을 대상으로 하는 대단위 수전제가 확립된 것이다.

실정이 이러함에도 불구하고 정전제/수전제를 대립적으로 여기는 것은, 수전제를 토지 사유화로 보는 동중서식의 편견이 작용한 것이다. 정전제/수전제가 토지 국유화/사유화로 대립되면서, 이 제도의 정치 경

8　『孟子』「滕文公上」. "請野九一而助, 國中什一使自賦."

제적 성격이 묻혀버린 셈이다. 맹자도 정전제를 백성을 위한 제도라고 보지만, 수전제는 사적인 토지 욕심이라고 비판한 바 있다. 그러나 맹자의 비판은 영토 전쟁을 벌이는 군주의 탐욕이나 암암리에 수전제 토지가 거래되는 제도의 허점을 겨냥하는 말은 될 수 있지만, 수전제 자체에 대한 비판으로는 적절하지 않다.

백성의 민생을 위한 수전제가 바로 문경지치 자유방임 경제의 기반이었다. 그런데 한 무제 때 자유방임 경제에 내재한 문제가 불거져 나오면서 정책 전환이 이뤄지기 시작했다. 즉 경제 활성화로 막대한 수익을 얻은 귀족·부호 들이 농민의 수전제 토지를 사들이면서 민생 문제가 발생했던 것이다. 토지 겸병은 국가의 관리 허점을 드러낸 것인데, 이에 무제는 재정정책을 통해 민간 상인의 활동을 제한하고 국가를 경영의 주체로 등장시켰다.

염철 산업을 국가가 직접 경영하고 공물 유통을 담당하며, 물가 조절을 위해 물품을 매매하고 화폐 발행을 단일화하여 막대한 수익을 얻었다. 이러한 재정정책은 사회 불평등을 야기한 호족·부호 세력을 통제하는 것이면서, 흉노와의 전쟁 비용을 마련하기 위한 것이었다. 그러나 백성에게도 전쟁에 쓰일 특별세를 부가하여 민생을 크게 위축시키는 결과를 초래하였다. 국가의 통제로 투자의 길이 막힌 부호들이 토지 매입에 열을 올리면서 오히려 토지 겸병이 심각해졌다. 가혹해진 세금을 감당하지 못한 농민들은 수전제 토지를 팔고 유랑민이 되거나 호족들의 장원에 들어가 소작 생활을 하는 일들이 빈번해졌다.[9]

---

9   리처드 폰 글란, 『폰 글란의 중국경제사』, 221~227쪽.

한 초기의 상황은 중앙집권 경제하에서 자유방임 정책과 재정정책의 상호 작용, 제국의 경제와 전쟁의 관계, 황제 권력과 민생의 관계, 중앙과 지방의 경제 관계 등을 잘 보여준다. 제국의 경제는 무엇보다 국가의 안보를 지키고 백성을 부유하게 하기 위한 물적 기반이다. 국가는 제국 경영의 재원을 주로 백성의 세금, 국유자산의 수익, 무역 관세, 조공, 약탈 등에서 확보하였다. 이 가운데 백성의 세금이 가장 중요한 원천이며, 제국의 모든 지역에서 누실 없이 징세하는 것이 재정 확보의 관건이었다.[10]

대체로 왕조 초기에 국가는 전쟁 발발의 위협을 관리하는 가운데 민생 문제 해결에 중점을 두었다. 한나라의 경우 조공(화친)을 통해 흉노와의 전쟁을 관리하면서 자유방임 정책으로 경제를 활성화하였다. 그러나 안보와 경제가 충돌할 때는 언제나 안보를 우선했으며, 안보(전쟁) 비용이 필요할 때는 국가 주도의 재정정책을 통해 재원을 마련하였다. 한 무제가 흉노와의 전쟁을 결심했을 때, 자유방임적 민간경제는 국가의 통제하에 들어갈 수밖에 없었다.

전쟁에서 승리한 한 무제는 제국 팽창의 위대한 공적을 이루었다. 하지만 전쟁으로 민생의 파탄이 극심해지면서 말년에 〈윤대죄기조(輪臺罪己詔)〉라는 조서를 내렸다. 여기서 무제는 자신의 실책을 인정하고 다시 전대의 자유방임적 민생 정책으로 전환할 것을 결정하였다. 그러나 무제 사후 민생 정책으로의 전환은 원활하게 이뤄지지 않았다. 오히려

---

10   레이 황의 『중국, 그 거대한 행보』(홍손도·홍광훈 옮김, 경당, 2002)는 고대 중국에서 사회주의 중국에 이르는 중국사의 주요 흐름을 중앙정부가 지방의 권력과 세금을 통제하는 역량이 강화되어가는 과정으로 보고 있다.

지방이 호족·부호 들의 독립적 정치 공간으로 변하면서 제국 몰락의 거점으로 성장하고 있었다. 제국 경제의 원천인 백성이 지방 세력의 수중으로 들어갈수록, 징세는 누실되어 중앙의 재정이 약화되기 시작하였다. 안보와 경제의 딜레마가 제국의 운명을 좌우하는 요인으로 등장한 것이다.

한 제국 멸망 이후 장기간의 분열시대를 재통일한 수나라는 여느 왕조 초기와 같은 정책을 실시하였다. 제국의 근간인 농민들에게 가구 단위로 토지를 지급하고 낮은 세금을 부가하였다. 수전제, 균전제 등의 명칭으로 불리는 국가의 토지 지급제도는, 왕조마다 지급 대상이 가구 단위인지 남녀 성인인지, 지급 토지가 농지인지 황무지인지, 세금을 가구 단위로 받는지 토지에 따라 부가하는지 등의 차이가 있었다. 그러나 국가가 귀족·부호의 대토지 및 분산된 각 지역의 땅을 수용하여 농민에게 지급하고 낮은 세금을 부가한 점은 동일하였다. 이는 농민을 국가의 재정과 군사의 원천으로 보는 농전(農戰) 전통이 장기 지속되었다는 사실을 뜻한다.

남중국과 북중국의 호한 융합 제국인 수나라는 귀족·호족의 특권적 지위를 제한하여 그 땅을 수용하고, 아울러 3성 6부의 중앙집권적 관료제를 확립하여 황제의 권력을 강화하였다. 또 남중국의 강남이 새로운 경제 중심지로 부상하면서 그 지역의 세곡을 북중국의 수도로 신속하게 운송할 수 있도록 대운하를 건설하였다. 수나라는 국가 재정을 위한 과감한 투자를 진행하여 막대한 수익을 얻었으며, 이에 제국 전역에 지역별로 기근 구제용 창고를 설치한 최초의 제국이 되었다.[11]

---

11   리처드 폰 글란, 『폰 글란의 중국경제사』, 336쪽.

그러나 수나라도 안보와 경제의 딜레마를 풀지 못한 채 단기 몰락의 운명에 처하였다. 거대한 재정 수입을 기반으로 수 양제가 벌인 세 차례 고구려 침략 전쟁에 패하면서, 민심이 이반하고 내부 관리들의 암투가 극심해졌던 것이다. 특히 동남부 중국이 과중한 세금과 부역에 반발하는 등 제국 내부의 갈등이 거세져, 결국 고구려와의 과도한 전쟁이 제국의 멸망을 초래했던 셈이다. 왕조 초기의 경제 활성화와 재정 수입이 역설적으로 전쟁에 대한 자신감을 불어넣었고, 황제의 무소불위 권력을 제어하지 못하는 체제가 안보 위기로 이어지는 역사가 반복된 것이다.

단명한 수나라를 이은 당나라는 왕조의 안정과 경제 활성화를 도모하였다. 당 태종은 과도한 토목공사와 전쟁으로 멸망한 수나라를 거울로 삼으며, 한나라 초기와 같은 무위이치의 통치를 추구하였다. 그 결과 정관지치의 성세를 이루게 되지만, 당 태종 역시 제국 팽창의 욕망에서 자유로울 수 없었다. 돌궐과의 전쟁에서는 성과를 거두었지만, 고구려와의 전쟁에서 패하면서 자칫 수 양제와 같은 운명에 빠질 수 있었다. 당 태종의 사망으로 위기를 넘긴 제국은 고종 때 삼국의 내분을 이용하여 고구려를 제압했으나, 이후 동 돌궐이 부활하고 고구려를 계승한 발해가 건국되고 티벳·위구르가 부상하면서 안보 부담은 줄어들지 않았다.

이러한 안보 위기 속에서 변경 지역을 수비하기 위해 절도사에게 군사권, 징세권, 행정권을 모두 내주어 반 독립왕국이 세워지는 실책을 범하게 되었다. 안록산의 난 이후에는 내지에도 절도사가 설치되어 수

도권을 제외한 제국 전역에서 지역 분권체제가 형성되었다. 이러한 분할 국면은 전통적인 경제 제도가 전환되는 계기로 작용하였다. 무엇보다 국가가 토지를 지급하는 균전제가 붕괴되어 토지의 사적 소유가 정착되고, 이에 세금이 가구 단위에서 토지 생산량에 따른 방식(양세법)으로 변화되었다. 그리고 세금을 현금으로 납부하고 부역을 세금으로 대체하여 백성의 자유로운 노동 시간이 늘어나게 되었다.

경제 활성화에 따라 화폐 공급량이 증가하고, 공적 사적 금융이 확산되면서 상거래와 투자가 더욱 원활해졌다. 특히 남중국에서 농업의 중심이 벼농사로 이동하면서 식량 생산의 비약적 발전이 이루어졌으며, 주식 작물뿐만 아니라 상업 작물의 재배도 성행하였다. 이에 상업 도시와 시장이 확대되면서 지역별로 생산의 전문화가 이루어져 비단, 도자기, 종이, 칠기, 차, 설탕 같은 상품이 출시되었다.[12]

국가의 통제력이 약화되면서 지역과 민간에서 자율적 경제 공간이 열린 것이었다. 경제 활성화 덕분에 국가는 재정 수입을 확충할 수 있는 기회가 생겼지만, 지역 분권체제로 인해 재정 총액은 크게 늘어나지 않았다. 주현(州縣)에서 거둬들인 세금 수입은 지역 행정에 사용하고 남은 것을 번진 정부로 보냈고, 절도사는 자신에게 필요한 군사 비용을 떼고 남은 것을 중앙 정부로 보냈기 때문이다. 덕종과 헌종 시기에 지역 절도사와 전쟁을 벌인 것도 중앙의 조세 수입을 확충하기 위한 목적이었다.[13]

---

12   리처드 폰 글란, 『폰 글란의 중국경제사』, 448~449쪽.
13   마크 루이스, 『당 – 열린 세계제국』(김한신 옮김, 너머북스, 2017), 167쪽.

지역 분권체제라고 하여 지역에 평등한 경제관계가 이뤄진 것은 아니다. 지방관과 지역 엘리트를 중심으로 차등적 분업관계가 형성되었으며, 다만 지역의 실정과 특성에 기반하여 경제를 발전시킬 수 있었던 것이다. 지방정부의 재정 증가와 군사·행정의 독립성은 중앙정부에 대한 위협에 다름아니었다. 이에 중앙정부는 처음으로 상인 가구에도 재산에 따른 세금을 부가했으며, 염철 전매를 관리하기 위한 염철전운사(鹽鐵轉運使)를 두어 재정 수입을 확대할 수 있었다. 남중국에서 받은 대부분의 세금이 염철전운사에 의한 것일 정도로 상당한 성과를 거두었다.

4. 대외 교역과 외국 상인

이러한 경제 변화와 아울러 당대에서 주목할 점은 대외 교역의 중심 루트가 서역의 실크로드에서 해상 교역으로 전환되었다는 점이다. 중국이 서역에 관심을 가지게 된 것은 한 무제 때 흉노 정복을 위해 서역 국가와 대외 관계를 구축하기 위해서였다. 무제는 장건을 파견하여 서역에 관한 정보를 얻게 되었고, 이를 바탕으로 흉노를 정복하여 서역 변경에 군사 주둔지를 설치하였다. 대외 안보의 목적에서 서역 개척을 시작한 것이기 때문에 막대한 군사 비용이 들었고, 이에 재정 부담을 느낀 관료들의 지속적인 반발이 있었다.[14]

---

14 마크 루이스, 『진·한—최초의 중화제국』(김우영 옮김, 너머북스, 2020), 258~261쪽.

한 제국이 붕괴한 이후 서역의 군사 주둔지에는 외국인 상인들이 정착하였다. 남북조 시대 중국에 분열과 전쟁이 지속되었음에도 불구하고, 이들 덕분에 실크로드를 통한 국제 교역이 전성기를 구가하게 되었다. 이러한 실크로드 전성기는 당대에도 이어졌으며 인도와 아랍 국가들이 참여하면서 유라시아 교역이 더욱 활성화되었다. 당나라를 동서 문명을 융합한 개방적 제국으로 보는 것도 실크로드 문명 교류 덕분이었다.

그렇지만 당 정부가 대외 교역에 완전한 개방적 태도를 취한 것은 아니며, 국내외 상업활동과 시장을 국가적 차원에서 엄격히 관리하였다. 수도 장안에는 외국인 상인들이 서시(西市)에서만 장사하도록 통제되었으며, 중국인의 해외 여행도 사실상 금지되어 있었다. 중국과 인도의 교역로로 사용된 루트는 『서유기』의 주인공 현장이 개척한 것인데, 그의 인도 여행은 불법으로 행한 것이었다.[15] 당 정부는 대외 교역으로 이국적인 사치품과 문화를 향유할 수 있었지만, 변경의 안보와 화폐 유출 문제를 우려하고 있었던 것이다.

당 정부의 이러한 통제에도 불구하고 중국에는 상인에서 사절단, 학자, 종교인, 기예인, 용병에 이르기까지 비한족 외국인들이 곳곳에 거주하고 있었다. 소그드 출신 절도사 안록산도 용병을 이끌고 있었으며, 고구려 유민 고선지 장군이 압바스 왕조와의 탈라스 전쟁에 패배하면서 중국의 실크로드의 장악력은 약화되기 시작하였다. 안록산의 난

---

15 샤오젠성, 『송나라의 슬픔』(조경희·임소연 옮김, 글항아리, 2022), 267~268쪽.

이후 변경과 지역 통치는 지방정부의 손에 넘겨졌으며, 실크로드를 대신하여 해상 교역이 새로운 대외 교역 루트로 부상하였다.

장안에서 멀리 떨어진 동남부 해안 도시에는 중앙정부의 통제력이 제한적이어서 한국, 동남아, 인도, 페르시아, 이슬람 상인들이 정착하여 교역할 수 있는 공간이 열려 있었다. 당대에 중국 상인들이 해상 무역에 종사했다는 기록이 없다는 점은 외국 상인이 해상 교역에 주도적 역할을 한 것을 뜻한다. 또 지방관이 담당하는 시박사(市舶使)를 두어 교역세를 거두었는데, 지방정부가 외국 상인 및 해상 무역을 관리함에 따라 도자기를 비롯한 지방의 특산품이 국제 상품으로 생산되기 시작하였다.

당이 멸망하고 들어선 5대 10국 시대에 동부와 남부의 지역(10국)에서 경제가 발전한 것은 당대에 이러한 기반이 형성되어 있었기 때문이다. 5대 10국의 분열 시대를 통합한 송나라 정부는 대내외적인 안보 위기에 직면하고 있었다. 내부적으로는 당을 멸망케 한 절도사 분권체제를 중앙집권 속으로 편재하는 일이 급선무였다. 이는 지방의 독립왕국을 해체하면서 아울러 누실된 국가 재정을 확충하는 길이었다.

송나라도 세금의 원천은 농민에게 있었지만, 다른 왕조 초기와 달리 토지개혁을 통해 농민에게 땅을 지급하는 정책은 쓰지 않았다. 대토지 소유자를 비롯한 토지의 사적 소유를 인정하고, 그 대신 누락된 토지 등록을 확충하여 가구의 재산과 토지에 따라 세금을 부가하였다. 이러한 제도는 안록산의 난 이후 전환된 양세법을 계승한 것이지만, 새 왕조인 송나라에서 공식적으로 국가의 토지 수전제 전통을 포기한 사건이었다. 명나라 초기 주원장이 일시적으로 강남 부유층의 토지를 몰수하여 농민에게 나눠준 일이 있지만, 신중국 초기 마오쩌둥의 토지개혁 전까지 수전제 정책은 중국에서 사라지게 되었다.

제도 전환의 핵심은 소득과 상거래가 있는 모든 곳에서 징세하여 국가의 재정 수입을 확충하는 것이었다. 이에 따라 농민뿐만 아니라 소득이 있는 모든 백성에게 세금을 받았으며, 국가가 소금, 철, 차, 술 등을 전매하고 대외 무역을 장려하여 막대한 수입을 올릴 수 있었다. 특히 해상 무역이 활성화되었는데 시박사를 중앙정부에서 관리하면서 교역세와 아울러 상품 판매 독점을 통해 국가의 재정 수입을 확충하였다.[16] 이는 한 무제 때의 재정정책에 비견될 수 있는데, 무제 때와 달리 국가가 경영의 주체로 나서지 않고 상인에게 위탁하거나 전매권을 판매하는 등의 상업적 방식을 사용하였다.

송나라는 이러한 정책을 통해 막대한 세금을 거둘 수 있었지만 늘 재정 위기에 시달리고 있었다. 건국 초기부터 송나라는 요, 금, 서하와의 평화를 위해 조공(세폐)을 바치고, 대규모 군대를 유지하는 데 막대한 비용을 지출하고 있었던 것이다. 송 정부는 막대한 안보 비용을 마련하기 위해 상업적 재정정책을 취했으며, 이 과정에서 경제가 활성화되어 소득과 상거래가 늘어날 수 있었다.

그러나 일반 농민에게 송대의 조세제도는 부담이 가중된 것이었으며, 세금을 내기 위해 고리의 채무를 지거나 토지를 매각하는 농민이

---

16 이경규, 「宋元代 泉州 해외무역의 번영과 市舶司 설치」(『대구사학』 81호, 2005), 24쪽.

증가하게 되었다. 신종 때 실시한 왕안석의 신법은 민생 파탄과 토지 겸병을 막기 위해 국가가 저리의 대출을 하고, 대규모 군사비용을 줄이기 위해 지역의 민병대를 조직하는 것이 핵심이었다. 신법은 대토지 소유자와 부호의 이권을 제한하는 것이라 반발이 심하였고, 왕안석을 이을 만한 유능한 관료가 등장하지 않았다.[17] 이렇게 신법은 중단되었지만, 남송에 이르기까지 국가의 재정정책은 안보 비용과 연결되어 지속적으로 시행되었다.

송나라는 성리학과 과거제에 기반한 유교 국가라고 칭해지지만, 경제의 측면에서 보면 상반된 길을 걸어갔다. 균전제를 포기했고 여러 명목의 세금이 가중되었으며, 중상주의적 방식으로 국가를 운영하여 사회적 불평등이 심화되었던 것이다.[18] 역사가들은 송대의 발전을 당송변혁, 농업혁명, 상업혁명 등으로 부르지만, 그것은 막대한 안보 비용 하에서 중앙집권적 황제—관료 통치와 중상주의적 재정정책에 기반한 것이었다. 드러난 모습은 세계 최고 수준의 경제 번영이었지만, 국가에는 성장을 지속시킬 재정이나 혁신 정책이 결핍되어 있었다.[19] 일반 백

---

17 왕안석의 신법에 대해서는 스도 요시유키·나카지마 사토시, 『중국의 역사: 송대』(이석현·임대희 옮김, 혜안, 2018), 제4장 왕안석의 신법－신종조의 정치재정 개혁 참고.

18 송대에는 다섯 등급으로 등록된 자작농 호구들이 조세 대상이었는데, 세금으로 요구된 직물 수량으로 보면 당대에 비해 송대의 조세 부담액이 상당히 증가하였다. 송대에 가중된 세금 부담에 대해서는 디터 쿤, 『송, 유교 원칙의 시대』(육정임 옮김, 너머북스, 2015), 453~457쪽 참고.

19 이 점과 관련하여 송대의 경제 혁명을 비판적으로 보는 시각을 주목할 필요가 있다. 나이토 코난 등의 교토학파에서 시작된 송대 경제 혁명론은 기술 발전과 노동 생산율이 전대에 비해 획기적인 발전을 이루었다는 평가를 전제한 것이었다. 이에 대해 오사와 마사아키, 리보중 등은 송대 농업혁명론이 기술 발전

성에게 국가는 세금 수탈자에 가까웠으며, 민간의 유능한 행위자들은 허용된 경제 공간 안에서 부를 축적할 수 있는 길을 경쟁적으로 찾아야 했다.

1234년 북중국의 금나라를 정복한 몽골제국은 1279년 남송을 정복하면서 중국 전체를 지배한 최초의 이민족 왕조가 되었다. 대칸에 즉위한 쿠빌라이가 제국의 중심지를 중국으로 옮긴 것은 정복지 가운데 중국이 가장 부유한 곳이었기 때문이다. 쿠빌라이는 페르시아 출신의 아흐마드, 티벳 출신의 상가 등의 상인을 재정관으로 임명하여, 소금 거래를 독점하고 대외 교역을 권장하며 농업과 상거래에 현물과 은화로 세금을 부가하였다. 중상주의적 재정정책이라는 점에 있어서는 송 정부를 계승한 것이었다.

남중국에서는 원 정부가 민간경제에 개입하는 경우가 거의 없어서, 오히려 부유한 가문이나 기업가들은 송대보다 통제가 완화된 상황이었다. 그들은 대규모로 토지를 사들이고 새로운 사업에 과감히 투자하여 상거래가 더욱 활성화되었다. 해상 무역도 민간에게 개방되면서 천주가 세계에서 가장 규모가 큰 항구 도시가 되었다. 선박과 항해 기술이 발전하여 중국-인도 항로를 장악하게 되었으며, 도자기를 비롯한 중국 수출품이 동남아, 이슬람 세계, 동아프리카 등으로 활기차

과 노동 생산율에 대한 과장된 평가에 기반한 '허상'이라고 비판하였다. 이들은 사료 재해석을 통해, 송대에 강남이 주요 농경지가 되는 등의 중대한 변화는 있었지만, 농업혁명론에서 말하는 수준의 경작 기술과 생산량은 명청대에 이르러야 가능한 수준이라고 보았다. 이에 대해서는 리보중, 『중국 경제사 연구의 새로운 모색』(이화승 옮김, 책세상, 2006), 108~115쪽 참고.

게 판매되었다.[20]

원 정부는 정치적으로 강력한 제국 통치를 하면서 경제적으로는 세금 수입을 위한 중상주의 정책을 시행하였다. 그러나 원 정부 재정 수입의 상당 부분이 몽골 초원의 경비와 이슬람 세계로 유출되어 중국의 은 시장은 심각한 유통량 부족에 시달려야 했다. 게다가 황실 및 몽골 귀족의 사치벽으로 부채에 시달렸으며, 원나라 후기에 전 지구적으로 기온이 내려가면서 농업 생산량도 하락하였다. 홍수와 기근 등의 자연재해에 원 정부의 대응이 실패하면서 민심이 이탈하여 거대한 반란이 일어났다. 이에 원 정부는 중국을 포기하고 다시 몽골 초원으로 돌아갔다.

이민족을 몰아내고 한족 국가를 세운 명나라 주원장은 원이 실시한 중상주의적 정책을 폐지하고 다시 유교적 중농주의 노선으로 전환하였다. 상업 경제에서 비롯된 불평등을 없애고 소농 중심의 항산 체제를 회복하려고 했던 것이다. 이에 강남 부유층의 토지를 몰수하여 농민에 배분하기도 하고, 세금을 현물세로 통일하고 관리의 급여를 현물로 지급하는 등 과거의 정책으로 회귀하였다. 또 해상 사무역을 금지했는데 중국 화폐의 유출을 막아 경제를 안정화하려는 목적도 있었다. 주원장의 이러한 정책 하에서 명나라는 황제 중앙집권이 강화되면서 지방에서는 마을의 대표에게 행정을 위임하여 관리하는(이갑제) 이원적 체제가 정립되었다.

그 결과 행정비용이 절감되고 농민의 세금이 낮아지는 등의 성과

---

20   리처드 폰 글란, 『폰 글란의 중국경제사』, 503쪽.

를 거두었다. 명나라도 초원으로 물러난 몽골의 안보 위협에 직면하고
있었는데, 주둔지의 둔전을 경작하여 군사비 명목의 세금을 부가하지
는 않았다. 그러나 전체적으로 국가의 재정 수입이 줄어들고 세금을 현
물로 받는 비효율성으로 인해 경제가 위축되는 현상을 피할 수 없었다.
영락제 때에는 이러한 자급 자족적 경영에서 벗어나 대외팽창 정책을
취하였다. 몽골을 공격하고 북베트남을 점령했으며, 정화 함대를 해외
로 파견하였다. 정화 함대의 7차례 대규모 원정은 남중국해를 거쳐 아
프리카 해안까지 진출하는 역사를 남겼다. 하지만 경제적 이익보다는
제국의 위용을 과시하기 위한 정치적 목적이 강하여 막대한 재정 손실
을 남기고 중단되었다.

제국의 경제는 명 초기의 보수적 정책에도 불구하고 과거로 돌아
가지는 않았다. 중상주의적 정책은 사실 원이 아니라 안록산의 난 이
후 새로운 전통이 된 것이었다. 명 초기의 안정적 국가경영으로 평화가
이어지면서 16세기에 농업 생산량이 증가하고 상거래도 활발해지기 시
작했다. 도자기, 비단, 차를 비롯한 상품 전문 시장이 전국 규모로 형
성되어 지역별로 생산의 전문화가 촉진되었다. 농촌에서는 이갑제의 주
민 통제가 풀렸고, 해상에서는 사무역 규제를 피해 교역이 진행되었다.
1567년 사무역 금지 조치가 풀리고, 일본과 아메리카의 은이 대량 유입
되면서 교역 규모가 더욱 커졌다.[21]

강남의 대도시뿐만 아니라 지역에도 수많은 상업 거점도시가 생겼
고, 제국 곳곳에서 상품생산과 원거리 교역이 활성화되었다. 송원시대

---

21 리처드 폰 글란, 『폰 글란의 중국경제사』, 545쪽.

처럼 시장경제가 활성화되면서, 조세제도가 명 초기의 현물세에서 은으로 받는 일조편법으로 바뀌었다. 지역에서는 가문 기업, 동향 출신 상업 네트워크, 무역의 전문화 등이 진행되어, 국가가 담당하던 원거리 교역을 대행함에 따라 민간경제의 비중이 훨씬 커졌다.

시장경제의 성장으로 명말에는 다시 토지 겸병이 심해지고 사치 풍조가 일어났다. 그러나 이렇게 소득과 상거래가 증가함에도 불구하고 명 정부는 부실한 관리로 인해 재정 수입을 확충하지 못했으며, 이에 빈곤층을 구제할 복지 정책도 적극 시행할 수 없었다. 그리고 글로벌 교역으로 얻은 은화의 상당 부분은 북로남왜(北虜南倭)를 막는 안보 비용으로 들어갔고, 1592년 조일 전쟁에 참전하면서 막대한 재정을 소모하게 되었다. 이 때문에 만주족의 위협이 가시화되었을 때, 군사비가 재정 수입을 초과하여 백성에게 세금을 부가할 수밖에 없었다. 1630년 대에 흉년으로 대규모 반란이 일어났으며, 이자성이 이끄는 농민 반란군이 북경을 점령하였다.

명나라도 결국 안보와 경제의 딜레마를 피할 수 없었던 것이다. 주원장의 자립적 농업국가의 이상은 민생 파탄과 안보 위기로 인해 실패를 고하였다. 명말의 토지 겸병과 과도한 세금 그리고 농민 부채는 주원장의 이상과 완전히 상반된 결과였다. 시장경제가 성장하면서 농촌의 안정적 관리에 실패하고, 제국을 수호할 재정 수입도 확충하지 못한 것이 멸망을 초래했던 셈이다. 명의 내분 속에서 만주족 청나라가 손쉽게 중원을 차지할 수 있었다.

정치적으로 보면 청은 역대 최대의 영토를 정복하고, 중화문명과 유목문명 그리고 티벳불교를 융합한 문명제국을 지향하여, 자립적 한족국가를 추구한 명과 상당한 차이를 보인다. 그러나 경제적으로 보면, 16세기 이래 시장경제의 성장과 글로벌 교역의 확대 그리고 중상주의적 재정정책을 이어가고 있다는 측면에서 역사적 연속성을 지닌다.

청나라는 균전제와 같은 토지개혁은 실시하지 않았으며, 토지의 사적 소유를 인정하였다. 세금은 재산과 토지에 따라 현금으로 납부하게 했지만, 농업을 제국 경제의 근간으로 여기며 농민에게 낮은 세금을 부가하였다. 민간경제에의 개입은 최소한으로 하였으며, 지방 행정과 공공사업도 명나라와 같이 지방정부와 민간에 이양하였다. 이로 인해 지역의 민간기업과 금융, 생산의 전문화, 동향 교역 네트워크 등이 더욱 발전하였다. 민간경제의 자율성 차원에서 보면, 국가의 통제가 가장 완화된 시기가 청대라고 할 수 있다. 규정된 세금을 납부하면 자율적 상업활동을 보장한 것인데, 이는 몽골 원 정부의 중상주의적 성격과 상통하는 것이다.

여기서 중상주의적 성격이라는 것은 청대가 농업국가라는 점을 부정하는 말이 아니다. 가령, 청대 경제의 전성기인 1766년 국가 수입을 보면 73.8%가 토지세에서 나왔으며, 국가가 전매한 소금세는 8.2%, 글로벌 교역과 연결된 관세는 7.7%였다.[22] 토지세의 압도적 비중과 상업세의 핵심인 소금세와 관세의 상대적으로 낮은 비중은 청대 경제에서 차지하는 농업과 상업의 비중을 알려준다. 따라서 중상주의적 성격이라는 말은 재정 수입을 위해 상인에게 최대의 경제적 자유를 제공했다는

---

22 리처드 폰 글란, 『폰 글란의 중국경제사』, 558쪽.

뜻으로 이해해야 할 것이다.

또 하나 생각해야 할 점은 청대 GDP가 세계 GDP에서 차지하는 높은 비중에 대한 문제이다. 매디슨의 통계에 따르면, 1820년 세계 GDP에서 중국 GDP의 점유율을 32.9%로 보고 있다. 같은 시기 서유럽의 점유율이 23%인 점을 감안하면 세계 최고의 수치를 기록한 것이다.[23] 중국은 1820년을 정점으로 점유율이 하락하다가 1973년 4.6%로 최저점을 기록하였다.

	1	1000	1500	1600	1700	1820	1870	1913	1950	1973	2003
서유럽	13.7	9.1	17.8	19.8	21.9	23.0	33.1	33.0	26.2	25.6	19.2
중국	25.4	22.1	24.9	29.0	22.3	32.9	17.1	8.8	4.6	4.6	15.1

매디슨의 통계는 기원 1년에서 시작하고 있는데 이때 중국은 25.4% 기록한다. 이후 중국은 1000년 22.1%, 1500년 24.9%, 1600년 29%, 1700년 22.3%를 기록하다가 1820년에 최고점인 32.9%를 기록한 후 아편전쟁, 태평천국의 난 등의 혼란을 거치면서 급감하게 된다. 그런데 기원 1년부터 중국이 20%대를 유지한 반면, 서유럽은 기원 1년 13.7%를 기록한 후 1000년 9.1%로 하락했다가, 1500년 17.8%, 1600년 19.8%, 1700년 21.9%, 1820년 23%, 그리고 중국이 하락한 후인 1870년에 33.1%, 1913년 33%로 상승한다.

중국과 서유럽의 점유율 역사를 비교해보면, 중국은 규모의 경제

---

23   Maddison, *Contours of the World Economy 1-2030 AD.* New York: Oxford University Press, 2007, 343쪽.

에 비례하여 20%대를 유지하다가 1820년에 정점에 오른 것이며, 서유럽은 대항해를 시작한 1500년 이후부터 점유율이 상승하다가 1870년 이후 산업경쟁력 향상과 중국의 하락으로 인해 강세를 띤 것으로 보인다. 이러한 점은 1820년 이후 중국은 인구의 지속적 증가에도 불구하고 경제침체로 점유율이 낮아진 데 반해, 서유럽은 지속적인 경제성장으로 중국과 격차가 벌어지게 된 것임을 알려준다.

이 문제와 관련하여 경제사학계에서 논쟁이 되었던 주제가 "서유럽과 동아시아 사이에 경제발전 수준의 차이가 크게 벌어지기 시작한 것은 언제부터인가"의 문제였다. 포메란츠는 이 시작점을 '대분기(The Great Diverge)'라고 명명하는데, 서구중심주의 역사에서 강조하는 15세기 대항해의 시점이 아니라 공업혁명과 신대륙의 자원이 성장 동력이 된 1750년 중반 정도로 본다.

1750년 무렵에도 중국의 강남이나 일본, 인도 등의 선진 지역과 비교하면, 영국(과 서유럽)의 우위가 존재한 적이 없었다고 한다. 당시 세계적 선진 지역들은 모두 생태 위기에 직면해 있었는데, 영국만이 공업혁명과 신대륙의 자원을 기반으로 경제발전의 대분기를 이룰 수 있었다는 것이다. 포메란츠의 대분기가 매디슨의 1820년과 시간 차이가 있기는 하지만, 중국의 정체 원인을 과밀형 노동집약적 성장에서 벗어날 수 있는 기술혁신이 이뤄지지 않은 데 있다고 본 점은 동일하다.[24]

---

24 포메란츠의 대분기에 대해서는 포메란츠, 『대분기-중국과 유럽, 그리고 근대 세계 경제의 형성』(김규태 외 옮김, 에코르브르, 2016) 참고.

5. 국가 간 경쟁과 산업정책

매디슨의 통계에서는 1820년에 중국 GDP가 세계 최고 점유율을 기록하고 있지만, 1796년에 백년교도의 난이 터지면서 청 제국의 성세의 끝을 예고하고 있었다. 18세기 인구 폭증으로 인한 토지와 식량의 부족, 자원 고갈, 관리의 폭정 등이 겹치면서 사회불안과 경제불황이 시작된 것이었다. 민란이 퍼져나가는 과정에서 청 정부는 군사의 무능과 재정의 한계를 드러냈으며, 19세기 초에 흉년과 기근이 이어지면서 이른바 '도광불황'(1820~1850)의 시기에 접어들었다.

그렇다고 중국경제가 일시에 침체된 것은 아니며 차, 목화 등의 수출품은 여전히 세계적 경쟁력을 유지하고 있었다. 하지만 아편전쟁을 시작으로 열강과의 전쟁에서 연이어 패하면서, 안보 위기와 막대한 배상금으로 인한 재정 위기에 시달리게 되었다. 또 태평천국의 난과 변경 자치지역의 반란을 진압하는 과정에서 지방 세력이 독립적 정치집단으로 등장하게 되었다. 청 정부는 경제불황 속에서도 안보 위기를 우선하며 양무운동을 추진하는데 그 주축은 군수산업이었다.

서구 군사기술을 수용하여 대포와 함대 등을 생산하기 위한 계획으로 청 정부가 시도한 최초의 산업정책이라고 할 수 있다. 역대 왕조의 재정정책이 안보 비용과 연결되어 있었듯이, 청 정부의 산업정책도 군수산업을 육성하기 위한 안보의 목적에서 시작되었다. 그동안 청 정부는 자유방임 정책을 유지하며 재정 수입을 올리는 데 주안을 두었으나, 초유의 안보 위기에 직면하면서 근대적 군수산업을 육성하는 산업정책을 추진했던 것이다. 그러나 집중 육성한 군수 무기를 동원한 청일전쟁에서 패하면서 청 정부의 안보 산업정책은 한계를 드러내고 말았다.

청 정부는 군수산업 이외에 선박, 철도, 광산, 금융 등 근대산업 발전의 주축이 되는 분야에도 투자를 했지만, 경영 능력과 자본·기술의 부족으로 기대한 성과를 거두지는 못했다. 민간기업들은 서구의 상품과 자본이 밀려오는 상황 속에서도 차와 면직물 등의 분야에서는 경쟁력을 유지하면서, 새롭게 형성된 경제 네트워크를 활용하여 아시아 지역의 교역에 참여하고 있었다.[25] 그리고 중국 상인들은 중국에 진출한 서구기업들의 중개상이 되어 근대산업을 수용하는 데 매개 역할을 하였다. 이러한 흐름 속에서 20세기 초 청 정부가 신정 개혁을 추진하면서 경제 부흥의 시기를 맞이하게 되었다.

그러나 지방세력이 주도한 신해혁명이 일어나 청나라가 망하면서 다시 군벌이 할거하는 혼란의 시대로 들어섰다. 베이징 중앙정부는 재정의 중앙집권화를 추진했지만 지방 분권 체제로 인해 수입의 한계를 드러냈으며,[26] 상하이 등의 지역 대도시에서 근대적 산업 발전을 주도하였다. 중국에서 근대산업은 빠른 속도로 성장했으며, 1912년부터 1936년까지 연 성장률이 8% 이상이었다. 그러나 중국 GDP에서 근대산업이 차지하는 비중을 보면, 장제스의 난징 국민정부가 조세 개혁과 화폐 개혁을 통해 이른바 황금 10년의 경제성장을 이뤘음에도 불구하고,

---

25 이 점에 대해선 스기하라 카오루, 『아시아간 무역의 형성과 구조』(안병직·박기주 옮김, 전통과현대, 2002), 제1장 아시아간 무역의 형성과 구조 참고.

26 강진아, 「세계사의 시각에서 본 근현대 중국 조세 구조의 전환」, 『이화사학연구』 57권, 2018, 200~205쪽.

1933년의 비중은 여전히 GDP 대비 2.5%에 불과하였다. 이것은 중국경제가 자본주의 체제에 편입된 이후에도 농업과 전통 상공업에 의존하고 있었다는 사실을 뜻한다. 이렇게 근대산업 육성에 한계를 보인 주요 원인은 국가 재정 수입의 상당 부분을 내전 비용과 외채상환에 썼다는 점이다. 장제스 정부 역시 안보와 경제의 딜레마를 풀지 못했던 것이다.

근대산업의 기반도 1937년 중일전쟁과 이어진 국공내전으로 인해 심각하게 파손되었다. 신중국 건립 후 공산당은 국민당 정부의 화폐 남발로 인한 인플레 극복과 내전으로 파괴된 경제건설의 과제를 안고 있었다. 먼저 공산당 정부는 안록산의 난 이후 중단된 국가의 토지 수전제를 시행하여 인민의 대다수를 차지하는 농민의 생계 안정을 도모하였다. 그리고 도시에서는 민간기업과 자영업자, 상인의 시장경제 활동을 인정하며 경제 활성화를 촉진하였다. 공산당의 장기 목표는 중공업 중심의 경제발전이었지만, 건국 당시에는 여느 왕조의 초기처럼 정치안정과 경제상의 자유방임 정책에서 크게 벗어나지 않았다.

그러나 1950년 한국전쟁에 참전하면서 중국은 다시 안보와 경제의 딜레마에 빠지게 되었다. 민생을 위한 경제 회복 단계에서 안보 위기 상황이 발생하여 발전전략이 수정되었던 것이다. 소련에서 대규모 전쟁설비가 들어옴에 따라 군수중공업이 경제성장의 주축이 되었다. 민생회복에서 군수중공업 중심의 전시동원 체제로 전환되고 냉전 이데올로기가 작동하면서 시장경제 활동은 제한될 수밖에 없었다. 한국전쟁이 끝난 후에는 소련식 중공업 발전이 목표가 되어 소련의 자본, 기술, 인력이 중국 도시경제를 주도하게 되었다.

농촌에서는 토지개혁을 통해 1952년에는 농민 대다수가 자기 소유의 땅을 가질 수 있었다. 그러나 작물 생산량이 경작 비용보다 향상되지 않아 토지를 매각하거나 빚을 지는 농민이 증가하였다. 이러한 현상은 왕조시대에 반복적으로 나타나 지방 호족과 부호 들의 토지 겸병으로 이어진 문제였다. 중국 정부는 토지를 집체 소유로 만들어, 국가 관리하의 공동 생산 공동 분배의 방식으로 이 문제를 해결하려고 하였다. 이러한 정책은 중국 역사상 처음 시도한 것으로, 소농 경작에 익숙한 농민들에게는 불안한 방식이었다.

공산당의 농업 사회주의의 관건은 경작혁신과 공정분배를 통해 공동체가 다 만족할 수 있는 소득을 올리는 데 있었다. 그러나 여전히 전통적인 경작방식으로 인해 생산량은 기대한 만큼 늘지 않았고 공정분배도 이루어지지 않았다. 게다가 국가가 정한 낮은 곡물가와 상대적으로 높은 세금으로 인해 농민의 실질 소득은 더욱 줄어들었다. 농업 사회주의를 내세우면서도 도시의 산업 발전을 위한 비용을 농민들에게 전가한 것이었다.

도시에서도 1957년 중소 갈등으로 소련이 투자를 중단함에 따라 산업 발전에 커다란 위기가 발생하였다. 소련 투자에 의지한 중앙 재정이 전체의 80%를 차지하고 있었는데, 투자 중단으로 그 비중이 30%로 급감하게 된 것이었다. 중앙 재정의 악화로 인해 공업화 목표를 지방에 부가했지만, 아무런 기반이 없는 지방에서 성공을 거두기는 힘든 일이었다. 자력갱생에 의지한 대약진 운동은 참담한 결과를 초래할 뿐이었다.[27]

---

27   원톄쥔, 『백년의 급진』(김진공 옮김, 돌베개, 2013), 45~46쪽.

신중국 초기의 안보와 경제의 딜레마는 공산당 통치자들에게 뼈아픈 교훈을 전해주었다. 1960년대에도 국민당의 대륙 침공, 중국과 인도의 국경 분쟁, 인도차이나 지역의 긴장과 미군의 중국 영토 침범, 중소 분쟁 등이 지속되어, 중국경제는 안보에 발목이 잡힌 상태였다. 민생에 기반하지 않는 안보 정책은 국가의 위기를 초래한다는 사실은 중국 역사의 오랜 교훈이었다. 건국 이후 20여년 간의 아픈 경험은 중국을 새로운 길로 나아가게 했는데, 바로 1970년대 초기 미국과의 평화협력과 서구경제에 대한 개방이었다.

냉전 체제에서 벗어나 평화관계를 구축하고 아울러 서구 자본을 활용하여 민생경제 발전을 이루려는 목적이었다. 이 길은 중국이 직면한 안보와 경제의 딜레마를 푸는 최상의 해법이었다. 중국의 개혁개방과 경제성장은 바로 이 시기의 정책 전환으로 시작된 것이라고 해야 한다. 미래를 위한 신의 한수였던 셈이다. 참고로, 중국 왕조에서 가장 퇴보한 정책을 꼽으라면 명 주원장의 농업국가의 길을 들 수 있다. 그럼에도 불구하고 평화가 지속되면서 농업 생산량이 늘고 교역이 확대되어, 명청시대 시장경제가 활성화되는 기반이 되었다. 중국은 규모의 경제가 최대의 장점이며, 평화와 민생 정책이 지속되면 생산과 교역의 발전이 수반되는 사회경제 시스템이 형성되어 있었던 것이다.

6. 한계에 직면한 중국경제

개혁개방의 성공은 국가 주도의 산업정책이 성공을 거두었다는 것을 뜻한다. 청말 양무운동과 신중국 초기의 산업정책은 군수산업 중심의 안보적 성격이 강하여 경제성장에 한계를 지닐 수밖에 없었다. 왕조시대의 안보와 경제의 딜레마를 생각해보면, 국내외의 평화환경이 개혁개방이 성공하기 위한 선결 조건이었다. 역설적으로 이 점은 미중 패권경쟁이 시작되면서 중국경제가 위기에 처한 현재의 상황을 설명해준다.

개혁개방 시대 중국은 군수산업 중심에서 벗어나 경제 영역을 국유부문, 민간부문, 외국기업으로 세분하고 개방의 범위와 속도를 조절하였다. 중국에 유리한 규칙을 수립하고 각 경제 영역이 조화롭게 성장할 수 있는 시스템을 만들었는데, 그것이 바로 중국식 사회주의 시장경제였다. 이것은 서구의 제도가 아니라 중국이 수립한 규칙에 따르고(중국식), 기간산업과 전략산업은 국유부문에서 육성하며(사회주의), 민간부문이 외국기업과의 보호적 경쟁을 통해 성장역량을 키우는(시장경제) 경제질서를 총칭하는 것이었다.

개혁개방 이래 중국의 성장은 이러한 중국식 사회주의 시장경제가 주도한 것이었다. 그 결과 국유부문에서는 국가 주도의 안보 경제가 확립되었고, 민간부문에서는 세계시장에서 통할 산업경쟁력을 발전시켰으며, 외국기업은 중국의 성장에 필요한 자본과 기술을 제공하는 중국식 경제시스템이 만들어졌다. 이것은 중국 산업정책이 효율적으로 작동한 결과로서, 국가가 성장을 주도할 수 있다는 평가를 가능케 한다.

그런데 고속 성장이 끝이 나고 성장의 위기에 직면하고 있는 지금 중국의 문제는 국가가 성장을 지속시킬 수 있는지 의문이 들게 한다. 첫째, 국가가 전략적으로 육성하는 첨단기술 분야에서 최대 위기가 발생했다는 점이다. 중국의 전략산업이 급성장한 방식을 보면 대체로 다음과 같다. 국가가 기업에 막대한 자금을 투여하면, 기업은 선진기업의 인수 합병·최신 설비 구입·고급 인재 스카우트 등의 방식으로 기술 개발을 하고, 시장에서는 국가가 자국 기업에게 유리한 규칙을 만들어 외국기업과의 경쟁력을 높여주었다.[28] 국가 주도 산업정책이 바로 중국 기업이 급성장할 수 있었던 비결이라는 얘기다.

이러한 방식으로 중국은 철강, 조선, 스마트폰, 디스플레이, 배터리 등의 전략산업을 급성장시킬 수 있었다. 그런데 첨단기술의 핵심인 반도체 분야에서는 막대한 국고를 투여한 반도체 굴기에도 불구하고 별다른 성과를 얻지 못하고 있는 실정이다. 국가의 투자에만 기대어 성장할 수 없는 분야가 나타났을 뿐 아니라, 청화유니 파산·HSMC 사기 사건 등과 같이 기업의 도덕적 정신적 문제점까지 드러났다. 미국의 반도체 공급망 차단이 배경이 된 사태이지만, 국가의 보호에 길들여진 중국기업의 관행으로는 반도체 기술의 장벽을 넘을 수 없었던 것이다.[29]

제조업과 아울러 중국의 급성장을 이끈 분야는 부동산이었다. 부동산 시장은 중국 GDP의 약 25%를 차지할 정도로 중국경제를 활성화시키는 데 많은 공헌을 하였다. 중국의 부동산 시가 총액은 국가 GDP의 약 4~5배가 될 정도로 과열되어 있었는데, 코로나 사태와 경제침체로 현재 급락한 상태에 있다. 부동산은 가계 자산의 약 70%, 은행 대출의 약 30%, 국가 세수의 약 30%를 차지하고 있어서, 부동산 공화국이

---

28 마이클 베클리·할 브랜즈, 『중국은 어떻게 실패하는가』, 186~187쪽.

29 중국 반도체 굴기의 문제점에 대해서는 한청훤, 『차이나 쇼크, 한국의 선택』 (SIDEWAYS, 2022), 207~224쪽 참고.

라고 할 정도의 거대한 비중이다.

이러한 점은 중국의 경제성장이 은행 대출을 통한 부동산 투자와 부동산 시가 상승에 기대고 있었다는 점을 알려준다. 부동산 문제는 중국뿐만 아니라 자본주의 국가들이 다 짊어지고 있는 문제이지만, 중국 정부가 부동산 시장 육성을 통해 손쉽게 경제 활성화를 도모했다는 점은 분명한 사실이다. 이로 인해 중국경제는 부동산 시장에 발목이 잡혀있는 상태이며, 부동산 시장 붕괴가 자칫 중국의 경제위기로 이어질 위험성을 안고 있다. 현재 파산 상태인 부동산 기업들은 국가 보증을 통해 국유화하게 될 것으로 보이는데, 이 길 말고는 부동산 시장을 안정시킬 방법이 없다는 게 중국의 최대 문제이다.

중국의 부채 문제는 부동산 시장과 아울러 지방정부의 문제가 매우 심각하다. 지방정부의 부채 문제도 중국식 성장 과정에서 벌어진 예고된 사태였다. 1994년 중국은 세금을 중앙세, 지방세, 중앙과 지방의 공유세로 나누는 분세제 개혁을 하여, 중앙정부에 유리한 조세제도를 정립하였다. 이로 인해 지방정부는 재정을 주로 지방세인 토지세에 의존하게 되었고, 부동산 시장이 활성화되어야 재정이 확보되는 구조가 만들어졌다. 지방의 부동산 시장 과열은 이러한 구조가 초래한 국가적 문제였다.[30]

중앙정부가 경제성장 목표치를 지방정부에 할당하면, 지방정부는 목표를 달성하기 위해 모든 수단을 강구하였다. 부족한 재정은 중앙정부의 지원과 허용된 채권 발행 그리고 비합법적 방식의 채무를 통해 충당할 수밖에 없었다. 지방정부의 간부들에게는 목표 책임제가 시행되

---

30 한청훤, 『차이나 쇼크, 한국의 선택』, 207~209쪽.

112

어, 자신의 임기 내에 경제성장 등의 엄격한 지표를 달성하지 않을 수 없었다.[31] 이 과정에서 합법적 비합법적 부채를 통해 무리하게 사업을 추진하거나 성과를 과장하는 등의 각종 문제가 발생하였다. 현재 알려진 지방정부의 심각한 부채는 바로 이러한 일들이 누적된 결과라고 할 수 있다. 이러한 부채들이 중국의 급속한 경제성장을 이끌었던 것이다.

부채는 급속한 경제성장과 아울러 사회적 불평등을 만들었다. 대출을 받을 수 있는 사람들이 부자가 될 수 있었기 때문이다. 중국의 은행은 다 국유은행이다. 그래서 은행은 국유기업 위주로 대출을 해주며, 민간기업은 사업성이 밝아도 대출을 받기가 쉽지 않았다. 개인 대출도 대도시의 신분이 보장된 사람들이 받을 수 있었고, 그 이외의 사람들은 은행의 문턱이 매우 높았다. 이러한 은행의 관행은 우수한 민간기업이 성장할 수 있는 기회를 제한했고, 대도시 이외의 사람들이 부자의 꿈을 실현하는데 장애 요인이 되었다.

개혁개방의 성과는 대도시의 중국인들이 수혜를 받았다고 할 수 있는데, 도시와 농촌을 차별하는 호구 제도가 없어지지 않는 한 지역적 불평등은 지속될 수밖에 없다. 호구 제도는 지역의 인재들이 경제성장에 참여할 기회를 제한하는 것이지만 부분적인 개선만 이루어진 상태이고, 중국 대도시가 개방될 가능성은 여전히 보이지 않는다. 호구 제도는 지역 차별을 넘어 젊은 인재들의 성장 가능성을 제한하여 중국의 미래 경제에도 바람직하지 않은 일이다.

개혁개방 이래 중국은 국가 주도로 성장을 이루었지만, 이제는 그

31　조영남, 『중국의 통치체제: 공산당 통제 기제』 2, 21세기북스, 2022, 133~134쪽.

로 인해 생겨난 문제들을 극복하지 못하면 성장을 지속하기 힘든 상황에 놓여 있다. 중국에 우호적이었던 세계화는 미국의 첨단기술 공급망 차단이라는 난국으로 바뀌었다. 이러한 변화된 환경 속에서 중국은 첨단기술 개발의 길을 찾아야 하며, 부채로 성장을 이룬 부동산 시장을 안정화시키고 실물경제 발전에 주력해야 한다. 또 관치금융에서 벗어나 미래가 있는 주체에게 금융 서비스를 제공해야 하고, 지역 차별에서 벗어나 다양한 인재들이 성장할 수 있는 개방적 환경을 만들어야 한다.

중국 정부는 부동산과 지방정부의 부채 문제가 중앙정부의 재정력으로 조정 가능한 문제라고 보는 것 같다. 또 미국의 대중국 공세는 국가 주도 자립경제와 친중국 경제권 형성을 통해 대응해 나가고 있다. 중국의 자립화 방향은 장기적인 대응 전략인데, 이는 미중관계가 회복 불가능한 상태에 있다고 보는 것이다. 방대한 내수시장에 기반한 자립경제가 해법이 될 것처럼 보이지만, 중국은 첨단기술, 에너지, 식량 등의 상당 부분을 대외 수입에 의존하고 있는 나라다. 또 내수가 새로운 성장동력으로 부상하고 있지만, 중국은 인민이 안심하고 소비할 수 있는 사회안전망이 갖춰지지 않은 복지 후진국이다.

미국의 대공세는 분명히 중국의 붕괴를 목적하지 않는다. 패권 경쟁과 직결된 첨단기술, 금융 이외의 범용 부문에서 중국의 생산기지·소비시장의 역할이 미국의 이익에 매우 중요한 비중을 차지하고 있기 때문이다. 그동안 중국은 정부의 투자와 생산능력을 통해 경제대국으로 성장할 수 있었다. 지금 중국이 자립경제를 추구한다는 것은 성장동력을 외부 수출에서 내부 소비로 전환하겠다는 뜻이다. 중국인의 저축 규모와 방대한 소비시장을 고려하면 충분히 실현 가능하고 지속 성장을 위해서도 필요한 일이다.

그러나 소비는 심리적 요인에 큰 영향을 받는 행위이다. 지금 생활이 안정되고 노후가 걱정이 없다면 저축액이 적더라도 소비를 할 수 있다. 하지만 저축액이 많더라도 지금 생활이 불안정하고 노후 준비가 되어 있지 않다고 여긴다면 소비를 하기가 힘들다. 중국의 낮은 사회복지 수준은 중국인들의 저축을 주택, 의료, 노후 자금 등으로 향하게 하기 때문이다. 내수를 성장동력으로 만들려면 무엇보다 중국인들이 안심하고 소비할 수 있도록 사회안전망 수준을 높이는 일이 선행되어야 한다.

그런데 이상한 점은 핵심 사업이 되어야 할 이 문제에 공산당이 매우 소극적이라는 사실이다. 중국의 인구가 아무리 많고 국가 GDP가 세계 2위라 하더라도, 소비 여력이 있는 사람이 적으면 결코 내수가 성장동력이 될 수 없다. 특히 향후 중국 소비를 이끌어나갈 중산층 젊은 세대들이 안심하고 소비할 수 있는 소득과 사회안전망 환경이 갖추어져야, 공산당이 기대하는 내수 기반 자립경제가 이루어질 수 있는 것이다.

그럼에도 불구하고 공산당이 사회복지에 소극적인 것은 공산당의 이익과 상충되는 측면이 있기 때문이다. 역대 중국 국가는 사회복지에서 작은 정부를 지향했으며, 지금도 마찬가지다. 이것은 중앙의 통치집단이 국가목표보다 자신들의 이익을 우선했다는 뜻이다. 이러한 문제에 대한 개혁이 없다면 내수 중심의 발전 패러다임 전환은 한계에 봉착할 수밖에 없다.

또 역대 중국이 직면했던 안보와 경제의 딜레마로 보자면, 국방비와 일대일로에 쏟아부은 막대한 비용이 중국경제에 어떠한 딜레마로 돌아올지에 대해 주목해야 한다. 앞으로 중국은 미국의 동맹국 경제권에 맞서는 친중국 경제권 형성을 위해 더 공격적인 대외투자를 진행할 것이다. 그러나 국방비가 전쟁으로 이어지거나 대외투자가 부실 채권으로 돌아왔을 때, 그 후폭풍은 개혁개방의 성과를 날려버릴 충격이 될 수도 있다. 그 가운데는 인민의 분노도 담겨 있을 것이다. 편향된 정책으로 인민의 삶이 부유해지지 못한 것에 대한 분노가.

3장

공동부유, 불평등은
해결될 수 있는가

공동부유, 불평등은 해결될 수 있는가

1. 공동부유의 역설

최근 연예인을 비롯한 고소득자의 탈세를 엄벌하고 민간기업의 사회적 기부를 강제하는 일련의 사건은 공동부유에 대한 시진핑 정부의 강력한 의지를 드러내는 것처럼 보인다. 반부패운동도 권력층 내부의 불법적 부 축적을 타파하려는 것이기 때문에, 국가와 민간 두 영역에서 불평등 문제를 해결하려는 뜻이라고 할 수 있다. 그러나 시진핑 정부가 공동부유를 핵심 국정 목표로 내세우고 있지만, 중국의 제도를 보면 공동부유를 실현할 계획이 있는지 의문이 들게 한다.

반부패운동으로 수십만 명의 공직자들이 처벌되었어도 여전히 부정부패 문제는 해결되지 않았다. 그 원인 가운데 하나는 한 식구인 공산당 내부에서 부정부패 척결을 주도한다는 점이다. 공직자 재산 공개도 공산당 내부에 한정되며, 부정부패 전담 기구도 공산당이 운영하며, 공직자 급여 인상처럼 사전 예방을 위한 정책은 시행되지 않았다. 공직자 부정부패는 중국 내부의 국가 행정 시스템에 의해 장기 지속된 문제인데, 그것을 개혁하지 않은 상태에서는 좋은 결과를 기대하기가 어렵다.

고소득자 탈세에 대한 엄벌도 마찬가지다. 판빙빙 같은 유명 연예인을 본보기로 삼아 사회적 경종을 울리는 효과는 있지만, 이 역시 개인 소득세를 포함한 조세제도 개혁 위에서 이뤄져야 한다. 조세제도만을 놓고 보면 중국은 부자에게 우호적인 국가로 보인다. 부동산 보유세나 상속세가 아직 확립되지 않았고, 개인 소득세도 종합소득세가 도입되지 않아 다방면의 소득이 있는 고소득자에게 유리한 구조다. 종합소득세에 기반한 누진세가 없는 데다 개인 소득 자료도 신고에 의존하여 탈세할 통로가 열려 있는 셈이다.

공동부유를 하려면 먼저 불평등을 조장하고 있는 현행 제도를 개혁하는 것이 순리다. 중국 정부도 이 점을 알고 있지만 개혁은 계속 유보되고 있다. 경제발전을 위한 장기계획과 실천전략을 신속하게 내놓는 것에 비한다면, 불평등 해결의 실천은 정부의 의지가 있는지 의문이 들 정도로 속도가 느리다. 공동부유로 가는 길이 멀어 보이는 이유다.

중국 정부가 내놓은 실천 방안은 크게 세 가지다. 첫째, 인민의 소득을 높이는 길이다. 이를 위해 기업에게 고용 확대와 급여 인상(사회보험료 포함)을 하게 하고 개인 소득세를 감면해주었다. 이른바 소득주도

성장의 길로, 기업의 성장이 지속되는 상황에서 가장 무난한 방안이다. 정부의 입장에서는 비용을 기업에게 전가하면서 인민에게 소득세를 감면하여 민심을 얻을 수 있는 길이기도 하다.

2000년대 중반 이래 중국은 내수를 위해 감세정책을 유지하고 있는데, 소득세 감면기준이 계속 상향되어 중산층 상당수가 혜택을 볼 수 있는 상황이다.[1] 그리고 2006년 농민에게도 농업세를 전면 폐지함에 따라, 고소득자를 제외하고 인민 대부분이 소득세 감면의 혜택을 보고 있다. 고소득자의 경우도 소득 비중이 큰 이자, 배당 등의 자본소득은 세율(45%)이 높은 소득세 범위에 포함되지 않아 실질적인 감세 혜택을 보고 있다. 이로 인해 개인 소득세가 국가 조세 수입에서 차지하는 비중은 2000년대 이래 6~7%대에 불과하여[2] 선진국에 비해 매우 낮은 수준이다.

참고로 중국 4대 세수의 조세 수입 비중(2019)을 보면, 부가가치세 (41.94%), 기업 소득세(25.09%), 소비세(8.45%), 개인 소득세(6.99%) 순이다.[3] 이 가운데 제품과 서비스 등에 부가되는 부가가치세와 담배·술·광물 등 특정 상품에 부가되는 소비세는 간접세에 해당되고, 기업과 개인의 소득세는 직접세에 해당한다. 간접세는 납세자의 소득에 상관없

---

1   개인 소득세의 과세 기준점은 2005년 월 800위안에서 점차 상승하여 2011년에는 3,500위안으로, 2018년에는 5,000위안으로 상향 조정되었다.

2   참고로 2019년도 국가 재정에서 차지하는 세금 세목의 비중과 중앙과 지방의 세금 관계에 대해서는 박진오, 「중국의 조세제도 개편 방향과 그 한계에 관한 小考—소비세와 주택 재산세의 지방정부 세수원 귀속 추진과 한계를 중심으로」 (『한중사회과학연구』 56권, 2020), 116~117쪽 참고.

3   박진오, 「중국의 조세제도 개편 방향과 그 한계에 관한 小考—소비세와 주택 재산세의 지방정부 세수원 귀속 추진과 한계를 중심으로」, 125쪽.

이 모든 사람이 똑같이 내는 것이며, 직접세는 납세자의 소득에 따라 세금을 누진적으로 부가하는 것이다. 그래서 간접세 비중이 높으면 저소득자에게 불리하고, 직접세 비중이 높으면 소득 재분배의 효과가 생긴다. 중국의 경우 간접세의 비중이 높기 때문에 공동부유에 역행하는 상황이라고 할 수 있다.

그래서 불평등을 완화하기 위해선 직접세의 비중을 높여야 한다. 고소득자에 대한 과세 기준을 조정하고 부동산세·상속세 등을 부가하는 일이 중국 정부가 내놓은 두 번째 방안이다. 제일 민감한 세목이 부동산세인데, 2011년 상하이와 충칭에서 시범 시행을 해보았으나, 조세 저항과 아울러 부동산 시장 침체, 전국적 실시를 위한 데이터 등의 문제로 유보되고 있는 상황이다. 시진핑 3기 정부가 직면한 경제침체와 소비 불안으로 인해 직접세 시행은 앞으로도 유보될 가능성이 커 보인다.

세 번째 방안은 기부, 자선사업 등을 통해 민간이 자율적으로 소득 불균형을 조정하는 일이다. 역사적으로 볼 때 민간의 이러한 활동은 남송 이래 중앙정부와 지역의 신사층이 협력하여 빈곤과 재난을 구제해온 일련의 통치 행위였다. 그러나 사회주의 시대에 들어 국가 행정조직이 이러한 역할을 전담하면서 민간의 활동은 일상적인 일이 아니었다. 2021년 중국 빅테크 기업들의 연이은 기부 행렬이 있었을 때 이를 순수한 선행으로 보는 사람들은 거의 없었다. 2019년 중국의 사회기부 총액 규모는 GDP 대비 0.15%에 불과했고,[4] 같은 해 영국 자선지원재단

---

4   鄧國勝, 「第三次分配的價値與政策選擇」, 『人民論壇』 第24期, 2021年. https://d.

이 발표한 세계기부지수(WGI)도 중국은 조사 대상 126개국 가운데 꼴찌였다. 그렇지만 기업의 사회적 책임은 중국기업 역시 예외가 아니므로, 기부가 지속되기 위해선 사회재단과 같이 이를 권장할 수 있는 제도가 갖춰져야 한다.

세 가지 방안 가운데 중국 정부가 추진하고 있는 것은 소득주도 성장의 길이며, 직접세 강화와 민간의 사회적 책임은 아직 성과를 논할 단계가 아니다. 소득주도 성장의 길도 경제침체로 인해 기업 성장이 둔화되고 실업률이 높아지고 있는 상황이라, 이전과 같은 성과를 거두기는 힘들 것으로 보인다. 코로나 사태에서도 드러났듯이 대재난이나 경제침체기에는 국가의 사회복지 시스템이 어느 때보다 중요해진다. 인민의 삶의 위기를 보호하는 사회안전망의 수준이 바로 국가의 리더십을 평가하는 기준이 된다는 것이다.

대체로 국가의 사회복지 수준은 GDP 대비 복지 지출의 비중으로 평가한다. 2019년 OECD 38개국을 대상으로 한 복지 순위를 보면 전체 평균은 20%였다. 38개국 가운데 1위는 프랑스 31%, 2위는 핀란드 29.1%, 3위는 벨기에 28.9%였고, 미국은 20위로 18.7%, 한국은 35위로 12.2%였다. 중국은 OECD 회원국이 아니어서 이 조사에서 빠져있는데, 『중국통계연감(中國統計年鑑)』에 따르면, 2019년 중국의 GDP 대비 복지 지출 비중은 2.96%라고 한다.[5]

중국의 이렇게 낮은 복지 지출은 소득 불균형을 나타내는 지니계

wanfangdata.com.cn/periodical/rmlt202124010.

5   유은하, 「중국 지역별 사회보장재정 투입과 도시 편향성 차이에 관한 연구」(『국제지역연구』 제25권 2호, 2021), 167쪽.

수가 세계 최고 수준인 점과 상통한다. 중국의 사회복지 문제는 고속성장에 가려있다가 2002년 사스 사태가 발발하면서 의료복지 문제로 드러나기 시작했다. 중국 정부도 사스 사태를 계기로 사회복지의 중요성을 인지하며 지속적인 개선을 했지만, 2019년 코로나 사태가 발발했을 때 의료복지의 수준이 여전히 후진적 상태에 있다는 사실이 확인되었다. 게다가 노령연금은 국유기업이나 공무원 퇴직자 이외의 대다수 인민의 노후 생활을 불안하게 하고, 도시의 주택 가격은 젊은 세대의 중산층의 꿈을 좌절케 하고, 실직자들은 실업보험으로 재취업 시기를 버티기가 힘들고, 의료보험은 실질적인 의료 혜택과 거리가 멀어 병원 진료를 두렵게 하고 있다.

사회복지 수준만을 놓고 보면 중국은 지금 미국과 패권경쟁을 벌이거나 일대일로와 같은 대외 정책에 큰 비용을 쓸 단계가 아니다. 의지가 있는지 의문이 들기는 하지만, 공동부유를 전면에 내세운 것 자체는 시의적절한 선택이었다. 그러나 시진핑 정부의 실행 방향은 안보와 통제 정책을 우선하였고, 사회복지보다는 산업고도화를 위한 투자에 중점을 두었다. 그러한 정책이 현재와 같은 상황을 만든 것이다.

여기서 주목할 점은 사회복지 문제가 중국 지식계의 주요 이슈가 아니고, 또 인민 내부에서도 공동부유가 실현될 것이라고 환호하지도 않는다는 사실이다.[6] 고성장을 지속한 중국에서 성장이 곧 분배였기 때

---

6 최근 퇴직자들이 중심이 된 백발시위는 지방정부가 기존의 의료복지 비용을 삭감한 데 다른 반발이었다. 지방정부가 부채로 인한 재정 궁핍으로 퇴직자들의 의료복지 비용을 삭감한 것인데, 이러한 정부 행정은 공동부유에 대한 인민의 불신을 키운다.

문에 주된 관심이 아니었다고 볼 수도 있다. 그러나 자본주의 국가 어디에서도 성장이 곧바로 분배로 이어진 적은 없었다. 1차 분배로 불리는 소득주도 성장이 이뤄지더라도, 소득 불균형은 갈수록 커졌다. 성장의 결실이 자본-권력을 지닌 집단으로 흘러가는 구조가 만들어졌기 때문이다. 이에 사회적 갈등이 일어났으며, 국민 대타협을 통해 2차 분배인 조세제도 개혁과 3차 분배인 사회적 기부가 확립된 국가가 지금의 사회복지 선진국이 될 수 있었다.

중국의 분배 방안도 이러한 복지국가의 길을 수용한 것이다. 하지만 중국이 복지국가로 나아갈지 확신하기 어려운데, 이는 중국의 역사 경험 때문이다. 사회복지 차원에서 보면 중국 왕조는 작은 정부에 가까웠으며, 빈곤 구제와 공공사업은 지방정부와 민간 엘리트의 몫이었다.[7] 국가는 안보(전쟁)를 위한 재정에 대해서는 특별세를 수시로 부가했지만, 민생을 위한 정책은 상평창 이상으로 발전하지 못하였다. 낮은 세금을 유지하는 것이 바로 최대의 사회복지 정책이었던 것이다.

2. 도시와 농촌의 차등질서

이러한 중국의 역사를 보면 사회주의 시기의 복지 정책은 예외적인 경우에 해당한다. 그러나 당시 복지 정책이 중국 전역에 시행된 것은 아니었으며, 도시에서 단위 체제의 방식으로 진행되었다. 농촌에서

---

7   왕조시대 중국의 사회복지 역사에 대해서는 원석조·이성기, 『중국 사회복지의 역사: 고대에서 개혁개방까지』(공동체, 2018), 13~32쪽 참고.

는 토지개혁을 통해 땅을 지급했기 때문에 농민의 생계가 안정화되었다고 본 것이다. 땅이 바로 복지라는 전통적인 생각이 작용한 셈이다. 당시 농촌에서는 국가 정책이 인민공사를 통해 추진되고 있었고, 도시에서는 단위라는 조직 형태를 통해 이뤄지고 있었다. 단위는 농촌에서의 인민공사와 마찬가지로 생산을 중심으로 하는 경제적 공간인 동시에 노동자 개인과 그 가족의 생활복지 및 행정관리를 포괄하는 복합적 체제였다.

주지하듯이 중국 사회주의는 농촌혁명이 주도한 것으로 도시는 혁명의 외각 지대였다. 노동자계급 역시 중국혁명에서는 특별한 역할을 하지 못했고 농민들이 주도적인 역할을 담당하였다. 항일 민족주의에 기반한 중국혁명은 변혁 세력 내부의 통합이 우선시되어 계급 간의 갈등이 표출되지 않았으나, 신중국 건립 이후 사회주의 국가를 건설하는 과정에서 노동자계급의 취약성이 딜레마가 되었다.

마오는 「인민민주주의 독재에 대하여」에서 "인민민주주의 독재는 노동자계급의 영도가 필요하다. 노동자계급만이 가장 멀리 볼 수 있고 공평무사하며 혁명의 철저성을 지니고 있기 때문이다"[8]라고 하며, 사회주의 건설에 있어서 노동자계급의 영도성을 역설하였다. 이에 반해 중국혁명의 주체였던 농민들에 대해서는 영도계급이라는 찬사를 쓰지 않는 것은 물론이고, 오히려 계급적 성향으로 인해 사회주의 교육을 받아야 하는 개조 대상으로 인식하였다. 당시 정치적 영향력이 미비하고 또 대규모 노동자계급이 형성되지 않은 상태에서, 노동자계급의 영도성을

---

8 마오쩌둥, 『모택동선집』 4(김승일 옮김, 범우사, 2001), 401쪽.

내세우는 것은 신중국의 지향성을 공표하는 정치적 수사에 불과할 뿐
이었다.

이러한 상황에서 노동자계급을 양성하는 일은 산업 생산자이면서
사회주의 정치 계급을 육성하는 중대한 과제였다. 그러나 신중국 초기
경제 활성화 정책에는 노동자계급 양성과 상반되어 보이는 문제가 있었
다. 즉 경제건설과 공업화를 추진하기 위해선 일반적인 생산노동자보다
는 전문적인 경영능력과 고급기술을 지닌 엘리트가 더 필요했던 것이
다. 공업화는 노동 분업에 기반하고 있어서 노동자는 엄격한 생산 규율
에 복종해야 했으며, 동료들 사이에 서로 다른 임금과 직위가 생겨나고
있었다. 숙련노동자는 공장의 작업조를 관장하거나 자신의 동료였던 노
동자들에게 권위를 행사하는 현장감독이 되었다.

임금정책의 경우 기술·전문성·생산성을 제고시킨 노동자에게 상
여금을 지급하는 식으로 물질적 인센티브를 주는 방법이 점점 더 강조
되었다. 이런 임금정책은 1956년 '임금개혁'으로 절정에 달했다. 이로써
기술과 생산량에 기초한 광범위한 차별적 임금이 공식적으로 승인되었
다. 노동자는 공업화로 인해 경제적 물질적 이익을 얻었지만, 생산 공장
은 노동자가 공장 운영에 대해 발언권을 가질 수 없는 곳이 되었다. 권
위주의적 관리제도는 노동자의 경영 참여라는 사회주의 원칙 실현을
위한 희망을 주지 않았다. 이와 동시에 관료화된 정치는 노동계급을 정
치권력의 중심—이론상으로는 노동계급이 '영도하는' 국가와 프롤레타리
아 당인 공산당—에서 멀어지게 만들었다.[9]

---

9   모리스 마이스너, 『마오의 중국과 그 이후』 1(김수영 옮김, 이산, 2007),

마오가 「농업합작화 문제에 관하여」라는 연설을 통해 농업 합작화 운동을 가속한 데에는 농촌에서의 빈부격차뿐 아니라 도시에서 나타나기 시작한 관료화의 문제가 배경으로 작용하고 있었다. 농촌에서의 합작화 운동에 조응하여 도시에서도 1956년에 이르면 규모가 큰 상공업 기업들은 모두 국유화되었다. 개인이 혼자 일하는 수공업 노동자, 직인, 소 점포주, 행상인 등을 제외하면 사적 경제 부문은 더 이상 존재하지 않게 되었다.

도시에서 소유제의 사회주의적 개조가 완성되면서 한시적으로 허용하던 시장경제가 실질적으로 사라져버렸다. 국가가 모든 경제적 자원을 독점함에 따라, 행정적 방식에 의한 '노동력의 수요와 공급의 통일 관리체계(統包統配)'가 정착되었다. 국가가 통일적으로 노동력을 관리하려는 목표는 도시에서 가능한 한 실업이 없는 완전고용 상태를 유지하고, 노동자 및 그 가족에게 생활복지를 제공하여 평균주의적 분배를 실현하는 것이었다.

국가의 이러한 노동력 관리는 단위라는 조직적 매개를 통해 실행되었다. 단위 체제는 대약진 운동과 문화대혁명을 거치면서 국가 주도의 중앙집중적 관리체제가 붕괴되고, 그 권한이 대폭 단위로 이전되는 과정에서 형성된 역사적 산물이라고 할 수 있다. 단위는 노동자에게 종신 고용을 보장하고, 안정된 임금을 지불하고, 사회보장을 제공하는 공간이었다. 아울러 각자의 신원을 보장하고, 일상생활을 영위케 하며, 문화교육의 기회를 부여하고, 정치적 통제를 관철하는 제도이기도 했다.

176~177쪽.

국가와 지방정부를 대신해 단위가 맡은 주요한 사회적 기능에 오포(五包)라고 부르는 것이 있다. 이는 종업원 주택 공급, 종업원 자녀의 교육, 종업원 자녀 취업 알선, 종업원 가족의 의료·위생 책임, 종업원 가족의 집단 복리 후생 등을 정부를 대신해 단위가 책임진다는 뜻이다. 이러한 사회적 기능으로 인해 단위는 정부 기능과 행정 업무를 포함하여 복합적인 역할을 담당한 '소사회'였고, 국가는 단위를 통해 경제적 정치적 사회적 통제를 달성할 수 있었다.[10] 중국의 저명한 인문학자 이중톈은 중국인에게 단위가 지니는 독특한 문화적 의미를 다음과 같이 설명한다.

> 더욱 중요한 것은 단위가 밥그릇뿐만 아니라 체면이고 인정이며, 부모이고 가정이며, 심지어 요람이자 포대기라는 점이다. 개혁개방 이전 중국에서 중등 규모의 단위는 모두 업무, 학업, 생활, 오락, 관혼상제, 자녀양육, 자료 보존, 심지어 가족계획 기능까지 있었다. 또한 남녀를 불문하고, 어떤 일이든지 모두 단위에서 책임을 졌다. 이를테면, 부부싸움을 했을 때는 단위에 가서 소란을 피웠고, 이웃 간에 문제가 생겼을 때는 단위에서 화해시켰으며, 사고를 치고 파출소에 억류되면 단위에서 나서야만 문제를 해결할 수 있었다. 물론 상부의 표창을 받는 사람은 단위에서 자동차를 내주거나 상을 받으러 갈 수 있도록 경비를 지출했다. 요컨대 단위는 한 사람의 의식주, 생로병사, 희로애락에 이르기까

---

10 단위의 사회정치적 기능에 대해서는 장영지, 「중국 단위제도와 변화 분석 연구」, 서울대학교 박사논문, 2009, 제3장 '중국 단위제도의 형성과 기능 그리고 영향' 참고.

지 모든 '책임'을 졌으며, '세세한 것까지 아우르는 세심한 관심'을 보여주었다. 지나친 요구와 관심만 없다면, 지나친 '자유'와 '주장'을 할 생각이 아니라면, 단위에서 어머니의 품과 같은 따스함을 느낄 수 있었다.[11]

농촌의 합작사가 농민들에게 사회안전망을 제공한 것처럼, 단위는 도시 주민들에게 대가족의 어머니 품과 같은 보호 역할을 수행하였다. 이것은 단위가 개개인의 능력이나 실적에 상관없이 큰솥(大鍋飯)을 공평하게 나누어 먹고, 한번 취업하면 깨어지지 않는 철밥통(鐵飯碗)처럼 평생 고용이 보장되는 제도였기 때문이다. 생활공동체로서 단위의 이러한 역할로 인해 구성원들은 노동 생산에 관한 공적인 문제뿐만 아니라 개인적인 문제도 단위에 상의하게 되었다. 이에 단위에서는 구성원들의 사생활까지 가족처럼 챙겨주는 관행이 만연하였다. 이중톈의 말처럼 "개인적인 '지나친 '자유'와 '주장'을 할 생각이 아니라면", 단위는 더 할 수 없이 편안하고 자족적인 공간이 될 수 있었다. 이 때문에 개인 중심의 고립된 생활이 일반화된 도시의 풍경과 달리, 중국의 단위에서는 구성원들의 생활이 서로 밀착되어 있는 집단적인 형태를 띠게 된 것이다.

그러나 이러한 혜택은 인민들에게 균등하게 제공되는 것이 아니라 도시의 국영 단위에 국한된 것이었다는 점은 주목해야 한다. 단위 체제는 호구 제도를 통해 농촌에서 도시로의 이주를 차단하고, 도시 주민에게만 국가의 복지 혜택을 제공한 것이었다. 도시의 공업화를 위한 자본이 농촌의 수탈을 통해 축적된 것이라는 점까지 고려하면, 도시의 발전

---

11 이중톈, 박경숙 옮김, 『이중톈, 중국인을 말하다』, 은행나무, 2008, 271쪽.

은 국가 주도의 농민 불평등을 기반으로 이뤄진 것이었다.

단위는 국가가 담당해야 할 재생산의 임무가 단위에 의탁·이전된 형태이기 때문에, 임무 수행 능력의 상당 정도를 단위 자체의 역량에 의존할 수밖에 없었다. 이로 인해 단위 내부에서는 비교적 평등한 분배가 이루어지더라도, 상이한 단위들 사이에는 불평등한 관계가 지속되는 이중 체제가 형성되었다. 또 상급 기관은 단위 지도자에 대한 임명권을 보유하며 단위가 이용할 수 있는 자원과 기회에 대한 배분의 권한을 지니고 있었다. 그래서 단위와 단위의 지도자들은 상급 기관에 의존적이었고, 상급 기관과 단위 사이에는 온정주의적 관계가 형성되었다.

단위 간의 독립성이 높고 자체 직공의 생활을 책임져야 했지만, 상급 기관으로부터 자율적인 조직이 되지는 못하였다. 단위는 '독립체'로 인식되지 않았고 상급 기관은 수많은 '시어머니들'로 간주되었다. 단위와 상급 기관 간의 관계에서 중요한 것은 공식적 관계보다 비공식적 관계였으며, 단위의 관리자는 상급 주관 관료와의 공식적 비공식적 관계망을 통해 필요한 각종 자원의 확보량을 늘릴 수 있었다.

단위는 구성원들의 조직 인사, 생활복지 및 개인의 합법적 지위를 보장해주는 등 삶의 모든 측면을 보장하고 있었기 때문에, 도시에서 개인의 삶은 단위를 벗어나면 의존할 수 있는 공간이 없었다. 또한 단위가 모든 자원의 분배를 맡고 있었기 때문에, 자원 분배 과정에서 내부에 불균등한 권력관계가 형성되었다. 작업장 내에서 위계적 관리체제가 존속되는 동시에, 단위 중심의 고용, 배분 및 복지 체제가 유지됨에 따라 '온정주의'나 '피후견주의'라고 하는 상호의존적인 권력망이 형성

되었던 것이다.[12]

신중국 건립이후 지속된 도시 공업화 정책 및 단위 노동자의 사회 복지 덕분에 중국은 1952~1977년의 공업 생산이 연평균 11.3%씩 증가하였다. 이것은 같은 시기 다른 나라에서 이룩한 것보다도 빠른 공업화 속도였다. 마오 시대 전체를 보면, 중국의 물질 순생산에서 공업이 차지하는 비중이 23%에서 50%로 증가했으며 농업의 비중은 58%에서 34%로 감소하였다.[13] 이러한 통계는 마오의 농민 사회주의에도 불구하고, 중국 사회주의의 방향이 도시의 공업화 쪽으로 흘러갔다는 점을 역설한다.

마오는 사회주의를 통해 노동자와 농민, 도시와 농촌, 정신노동과 육체노동의 '3대 차별'을 해소하여 서구 자본주의 국가와 다른 평등하고 풍요로운 사회를 건설하려고 하였다. 하지만 마오의 사회주의 정책은 이에 반하는 정치적 관료화와 계급 격차 그리고 지역 차별의 결과를 낳고 말았다. 사회주의 주체로서 인민을 배양하려는 목표 역시 급진적 집단화 과정으로 인해, 공공정신을 지닌 사회적 인간보다는 집단의 보호 속에 자족하는 인간을 양산하고 있었다.

---

12 백승욱, 『중국의 노동자와 노동 정책: '단위체제'의 해체』, 문학과지성사, 2001, 38~39쪽. 단위 내부에서 구성원 사이의 권력관계가 어떻게 작동하고 있고, 이러한 과정에서 구성원들이 어떻게 권력적이면서도 자족적인 모습으로 변모하고 있는지를 이해하려면 류전원의 소설 「직장[單位]」(김영철 옮김, 『중국 현대 신사실주의 대표작가 소설선』, 책이있는마을, 2001)을 참고할 것.

13 모리스 마이스너, 『마오의 중국과 그 이후』 1, 583쪽.

3. 조세제도, 불평등의 기원

중국의 불평등은 조세제도뿐만 아니라 도농 간의 차별 구조에서 더욱 심화되었다고 할 수 있다. 그런데 이러한 도농 간의 불평등은 사회주의 시기뿐만 아니라 역대 왕조에서부터 지속된 일이었다. 고대 중국에서 도시와 농촌의 위계적 관계는 정복 전쟁을 통해 국가의 영토가 확장되는 과정에서 형성된 것이었다. 도시는 통치집단이 거주하는 정치 군사 의례의 중심지였고, 농촌은 피통치 생산자인 농민이 거주하며 경작과 부역을 담당하는 땅이었다. 농촌은 통치집단이 소유한 땅이어서 생산물은 도시의 땅 소유자에게 귀속되었고, 농민은 생계를 위해 일정량이 할당되었다. 경작방식이나 생산물의 분배 비율(세금)은 시대마다 달랐지만, 도농 간의 위계적 관계는 변하지 않았다.

주나라 왕의 직할지(왕기)에 있는 왕실의 땅이나 귀족 관료에게 분봉한 영지, 제후에게 위임 통치한 새로운 개척지는 다 이러한 농촌의 땅이었다. 토지의 측면에서 보면 주나라 질서는 오래 지속되기 힘든 제도였다. 주 왕의 직할지는 한정되어 있어서 분봉을 할수록 축소되었는데, 이는 왕의 권력을 스스로 약화시키는 일이었기 때문이다. 이에 반해 제후에게 위임 통치한 개척지는 주변에 정복할 땅이 많아서 권력이 강해질 수 있는 위치에 있었다.

주 왕실이 낙양으로 천도했을 때 주나라 땅은 소 제후국 수준으로 축소되었지만 진(晉), 제, 초, 진(秦) 등은 넓은 땅을 소유한 강국으로 성장해있었다. 제후국의 영토 전쟁이 국가 총력전이 되면서 농촌은 전쟁 승리를 위한 기반이 되었다. 이에 분산되어 있던 땅을 중앙집권적 행정조직에 통합하여 일정한 단위로 구획한 후, 농민에게 분배하고 국가가 책임 관리하는 시스템이 출현하였다. 국가가 토지를 지급하고 농민은 세금과 부역을 담당하는 수전제가 시행된 것이었다.

수전제는 가구 단위의 소농 체제에 기반한 것으로, 국가는 전쟁의 관건인 경제력과 인력을 얻을 수 있었고, 농민은 안정적인 생활을 누릴 수 있었다. 선진시대에서 수전제를 성공적으로 시행한 시기는 제 환공과 진 효공 때였다. 국가마다 환경은 달랐지만, 수전제 성공의 관건은 국가의 토지 수용에 반발하는 귀족·부호를 통제하고, 생산 의욕과 경작혁신을 통해 생산량을 높이며, 농민과 토지를 안정적으로 관리하는 일이었다.

군주는 중앙집권적 조직을 통해 농민을 관리했는데, 이는 권력 경쟁자인 귀족·부호의 토지 겸병을 통제하는 일이기도 하였다. 또 공적에 따라 토지를 차등 지급하고 사여하여 생산 의욕을 고취하였다. 중국의 수전제는 균일한 분배가 아니라, 공적과 작위에 따른 차등 분배였으며, 능력껏 경작하여 부유해지도록 권장되었다. 이를 위해 국가는 철기 농기구, 우경, 수로 관개 등을 지원하여 소농 생산으로도 안정적으로 살 수 있게 하였다.

아울러 일정한 수의 가구를 단위로 하여 상호 협력하고 공동 책임을 지며, 상위 조직의 수장이 하위 조직을 관리하는 피라미드와 같은 시스템을 만들었다. 이것은 기층 농민을 한 단위의 공동체로 만들어 경작에 협력하고 마을 문제에 공동 대응하는 효과가 있었다. 국가의 입장에서는 농민의 지역 이탈을 방지하여 세금과 부역의 안정화를 도모할 수 있었다. 연좌제나 감시체제와 같은 부정적 기능도 내재되어 있었지만, 관중 시대 제나라와 진 효공 이래의 진나라가 다른 제후국에 비해 농민이 안정적인 삶을 누렸다는 점은 긍정적인 측면이 더 컸다고 해야 할 것이다.

수전제는 국가가 백성에게 안정적 생활을 보장하고 백성은 국가를 위해 생산과 부역을 담당하는 농업-군사 공동체의 이상을 함축하고 있었다. 그래서 수전제가 이상적으로 작동할 때는 평화와 안정의 시기가 되었지만, 실제 현실에서는 그렇지 못한 경우가 많았다. 제 환공 시기에도 환공 사후 세족들이 다시 득세하여 중앙집권이 약화되었는데, 이는 토지 겸병이 이루어져 농민의 안정적 삶이 흔들리게 된다는 것을 뜻한다. 진나라의 경우에도 진시황이 통일 후 육국에 수전제를 실시하려 했으나 토호들의 반발로 실패하고 말았다.

한나라 시대에도 초기에 수전제를 실시했으나 이후에는 귀족·부호의 토지 겸병이 사회문제가 되었는데, 이러한 현상은 수전제가 중단된 안록산의 난까지 반복되었다. 여기서 주목해야 할 점은 동일한 현상이 역사에서 반복된 원인이 무엇인가 하는 문제이다. 수전제를 부활시킨 신중국 초기에도 얼마 후 토지 겸병이 일어나 집체 소유로 전환한 사실을 포함하면, 전 역사적으로 지속된 문제라고 볼 수 있다.

먼저 수전제 세금 문제에 대해 살펴보자. 중국의 토지세는 맹자가 이상적인 토지제로 말한 정전제의 경우, 9등분한 토지 한 곳(공전)을 공동 경작하여 세금을 내기 때문에 세율이 1/9이 된다. 모두 사전으로 배분한 경우는 생산량의 1/10을 세금으로 낸다. 수전제를 처음으로 시행한 관중은 토지세를 5/100로 정했으며, 진한대에는 1/15이었다. 역대 왕조에서 중국의 토지세는 대체로 1/10 전후의 낮은 세율로 정하였다. 그러나 지주 땅을 소작하는 경우는 생산량의 반을 소작료로 내어 수전제에 비해 높은 세금을 부담하였다.

이론적으로 보면, 1/10 전후의 토지세를 내고 경작혁신을 통해 생산량을 높이면 한 가구가 먹고 살기에 부족하지 않을 것으로 보인다. 실제로 관중 시대의 제나라에서는 농경 이외에 공유지에서 부수입을 올리게 하고, 가축을 기르게 하며, 또 국가가 물가를 조절하여 농민들이 부유하게 살았다고 한다. 그런데 전국시대 위나라 이회의 계산에 따르면, 농민은 늘 빚에서 벗어나지 못하는 삶을 살고 있었다.

전형적인 농민 가정의 구성원은 5명인데, 이들이 경작할 수 있는 토지는 100무(畝)였다. 여기서 수확하는 곡식은 연간 150석(石)이다. 국가에서 부과하는 세금은 1/10로 15석이고, 농민 1가구의 생계에 필요한 곡식은 연간 90석이다. 그러면 45석이 남는다. 시장 가격은 곡식 1석에 동전 30전(錢)이다. 따라서 농가의 잉여 수확량은 동전 1,350전이다. 공동체의 의례를 위해서 연간 300전이 필요하고, 1가구 5명의 옷값으로 연간 1,500전이 필요하다. 그러면 한 가정에서 연간 450전의 적자가 발생한다. 이는 질병, 사망, 장례 등의 불상사에서 들어가는 비용이나 정부에서 요구하는 특별 징수 등 특별 사항은 고려하지 않은 계산이다.[14]

---

14   班固, 『漢書』「食貨志」上. "今一夫挾五口, 治田百畝, 歲收畝一石半, 爲粟百五十石, 除十一之稅十五石, 餘百三十五石. 食, 人月一石半, 五人終歲爲粟九十石, 餘有四十五石. 石三十, 爲錢幹三百五十, 除社閭嘗新春秋之祠, 用錢三百, 餘千五十. 衣, 人率用錢三百, 五人終歲用千五百, 不足四百五十. 不幸疾病死喪之費, 及上賦斂."

수전제 100무는 공식적인 규정이며 실제로는 훨씬 적은 토지가 지급되었다는 점을 감안하면 농민의 삶은 더 곤궁해진다. 사실 이회의 계산은 농민 소득을 위해 집약적인 토지 이용과 국가의 물가 조절이 필요하다는 자신의 주장을 위해 제시한 것이었다. 그래서 의복비처럼 자급자족할 수 있는 생활 비용까지 부가하여 실제보다 더 과장된 계산을 한 것이었다.[15] 그러나 역대 농민 가구에서 경작과 아울러 수공업 생산을 겸했다는 사실은 농사만 가지고 생계를 유지하기가 힘들었다는 점을 알려준다. 농민들 가운데 빚을 견디지 못하는 이들은 토지를 매각해야 하는 궁지에 몰렸다.

관중 시대에 수전제가 시행되었지만 제나라의 모든 토지가 수전제 토지로 수용되지는 않았다. 귀족·부호 등 대토지 소유자들의 반발로 인해 일부 토지와 개간한 황무지, 새로 병합한 토지 등이 수전제 토지로 수용되었던 것이다. 수전제 토지를 받지 못한 농민들은 지주의 땅을 소작해야 했는데, 생산량의 반을 소작료로 내어 수전제 농민보다 불리한 처지에 있었다. 지주의 경우 토지세는 일반 농민과 같은 세금을 내면서도, 소작을 주면 세금보다 훨씬 많은 생산물을 얻을 수 있었다. 그 수익으로 농민들에게 돈을 빌려주고 이자를 받고, 빚에 몰린 농민들의 토지를 매수하여 땅을 늘릴 수 있었다.

효공 이래 진나라에서는 세습 토지를 폐지하고 전쟁으로 정벌한 땅을 수용하여 더 광범위하게 수전제를 실시하였다. 귀족들의 특권을 제한하여 다른 제후국에 비해 개인의 능력을 중시하는 사회를 만들었다.

---

15 박기수 외 역주, 『중국 고대 사회경제사』, 청어람미디어, 2005, 323~324쪽.

그러나 진나라에서도 차등에 기반을 둔 경쟁시스템이 작동하고 있었다는 점을 잊어선 안 된다. 진나라는 17등급으로 나눈 작위에 따라 땅을 차등 지급했는데, 서민들은 최대 8등급까지 올라갈 수 있었다. 그래서 고위 등급은 귀족들의 차지가 되었고, 그에 따라 서민들보다 많은 땅을 지급받을 수 있었다. 이 점이 진나라 귀족들이 자신들의 특권을 제약한 상앙을 처형하면서도 수전제는 그대로 유지한 이유였던 것으로 보인다. 또 특별한 공적을 세우면 왕이 세습 영지를 내려주어 대토지를 소유한 명문 가문으로 자리할 수 있었다.

중국의 토지세는 소농이나 대지주나 같은 세율을 적용받았으며, 사람에게 부가하는 인두세도 서민이나 부자나 동일한 세금을 부가하였다. 즉 현대적 의미의 누진세가 없어서 부자에게 유리한 조세제도였다는 것이다. 중국의 토지세는 세율로 보면 낮은 편이지만, 실제로 세금을 내는 백성의 입장에서는 낮은 게 아니었다. 중앙정부에서는 낮은 세금을 정했지만, 세금을 걷는 지방관은 세곡을 운송할 비용과 아울러 지방관이 별도의 세금을 부가할 권한이 있었다. 그리고 토지세 이외에 인두세, 전쟁을 위한 특별세 등을 포함하면 백성의 부담은 한층 가중되었다. 게다가 몸으로 때워야 하는 부역은 경작에 차질을 빚어서 민생에 부작용을 끼쳤다.

이러한 사정 때문에 일부 농민들은 수전제 토지를 경작하며 빚을 지는 것보다, 토지를 매각하고 지주의 땅을 소작하는 길을 선택하였다. 지주들은 소농과 동일한 세율을 적용받는 데다가, 관직을 얻은 사람들은 세금과 부역의 면책을 받아 부를 축적하기가 더욱 용이하였다. 백성의 생계를 위해 낮은 세금을 정한 것인데, 결과적으로 그 혜택은 부호들에게 돌아갔던 것이다. 이 점이 바로 수전제가 토지 겸병으로 이어진 내부 원인이었다.

이러한 병폐가 개혁되지 않았기 때문에, 왕조 초기에 수전제를 시행하더라도 다시 토지 겸병의 문제가 발생할 수밖에 없었다. 결국 송대 이후 수전제는 중단되었지만, 고대의 조세제도는 오히려 전통이 되어 현재까지 지속되고 있다. 누진세가 세금 전체에 적용되지 않고, 부동산세·상속세·부유세와 같은 직접세가 시행되지 않는 것은 고대 중국에서부터 이어진 조세제도의 문제라고 할 수 있다. 낮은 세금과 만인에게 동일한 적용이라는 전통이 현재의 불평등을 초래한 기원이 된 셈이다.

2021년 시진핑 정부는 전면적 소강사회를 실현했다고 선언했지만, 그 기준은 절대빈곤층의 해소였다. 그 자체로 의미있는 일이지만, 중산층 사회 구현이라는 소강사회 본래의 목표와는 거리가 있는 선언이었다. 중산층 사회를 위해선 불평등을 지속시키는 전통적 제도의 개혁이 선행되어야 한다. 사회복지에 특별한 관심을 가지지 않는 지식계나, 부자들을 존중하며 빈부를 개인적 능력의 차이로 수용하는 중국인들의 사고방식 역시 이러한 전통의 산물이라고 할 것이다.

4. 개혁개방과 성공의 위기

개혁개방의 총설계자라 불리는 덩샤오핑은 '흑묘백묘론(黑猫白猫論)'을 통해 중국을 현재와 같은 시장경제 사회로 바꾸어놓았다. '흑묘백묘론'은

검은 고양이든 흰 고양이든 쥐를 잘 잡는 고양이가 좋은 고양이라는 뜻으로, 사회주의든 자본주의든 인민을 잘 살게 만드는 체제로 전환해 나가겠다는 논리였다. 이러한 실용주의적 노선 덕분에 중국은 이념과 분배가 중심이 된 사회에서 자본과 성장을 위주로 하는 사회로 변모할 수 있었다.

개혁개방 이후 중국 정부는 연평균 7%대 이상의 고도성장을 목표로, 생산과 수출 부문을 성장 동력으로 삼아 재정을 집중 투자하고, 파격적인 지원 정책을 실시하였다. 이에 따라 중국 전역에 저임금을 바탕으로 한 제조업 생산 공장이 건설되고, 능력 있는 사람이 먼저 돈을 벌 수 있도록 사영기업을 육성하였다. 수출을 장려하기 위하여 수출부가가치세 환급제도와 같은 장려책을 시행하고, 외국기업을 유치하기 위하여 대대적인 세제 감면과 금융 혜택을 제공하였다. 그 결과, 정부의 목표치를 초과한 연평균 9.6%의 고속성장을 이루었을 뿐만 아니라, made in China가 세계시장을 석권하는 경제대국으로 부상하게 되었다.

하지만 세계를 놀라게 한 성장지표에도 불구하고 90년대 중국의 모습은 덩샤오핑이 궁극적으로 의도한 발전궤도에서 상당히 벗어나 있었다. 덩샤오핑은 흑묘백묘론을 통해 중국을 실용적인 사회체제로 전환한 다음, 온포(溫胞)-소강(小康)-대동(大同)의 단계로 발전해나가는 장기적 비전을 제시하였다. 온포는 생존을 위한 기본적인 의식주를 해결하는 단계이며, 소강은 경제발전과 소득증대를 바탕으로 가전제품·주택·자동차를 구입하여 안락하게 생활하는 단계이며, 대동은 사회구성원 전체가 현대적 생활을 영위하는 복지사회의 단계를 나타낸다.

90년대 중국은 1인당 GDP 1000달러를 목표로 한 온포 단계를 뛰어넌어 소강사회로 나아가고 있었다. 그러나 수단과 방법을 가리지 않고 쥐를 잡는 고양이처럼, 중국은 발전주의의 함정에 빠져 혹독한 성장통을 앓고 있었다. 무엇보다, 능력 있는 사람이 먼저 부자가 되어도 좋다는 '선부론(先富論)'은 본래 '아랫목이 따뜻해지면 윗목도 자연스레 따뜻해질 것'이라는 확산효과를 기대하며 주창한 것이었다. 그런데 이 정책이 부정적으로 작용하면서 빈부격차와 지역 간의 불균형이 갈수록 심화되었던 것이다.

후진타오 시대에 들어 중국은 외형적 성장에 치중해온 정책에 대해 성찰하며, 질적인 발전을 이룰 수 있는 방안을 모색하였다. 2006년부터 시작한 11차 5개년 계획에서 후진타오는 과학발전관을 통해 그간의 양적인 성장에서 벗어나 지속 가능한 질적인 성장을 제기하였다. 계층 간 지역 간 불균형에서 벗어나 사회구성원 전체가 소외되지 않는 균형발전을 하여, 인간이 중심이 된 조화사회로 나아가는 것을 새로운 목표로 설정한 것이었다.

후진타오 시대의 이러한 방향 전환은 '성공의 위기'에 대한 국가적 차원의 대응이라고 할 수 있다. 1989년 천안문사태 이후 중국은 덩샤오핑의 남순강화를 통해 중국식 사회주의 시장경제를 내세웠다. 이 과정에서 추진된 국유기업 개혁은 노동자들의 대규모 실직 사태를 초래하였다. 또 지지부진한 농촌개혁은 광범위한 삼농위기를 불러왔고, 시장화를 지향했던 사회보장체제는 사회복지의 위기를 가져왔다.[16]

---

16 왕후이, 「충칭사건-밀실정치와 신자유주의의 권토중래」(성근제 옮김, 『역사비평』 여름호, 역사비평사, 2012), 168쪽. 이 글은 유럽외교관계위원회 위원장 마크 래너드가 편한 『CHINA 3.0』(2012.11)에 「Political repression and the

이러한 위기적 상황 속에서 2000년에 삼농문제 토론을 통해 농업세 감면과 신농촌건설 운동이 시작되었고, 2003년에는 사스 사태를 계기로 사회보장제도 개선의 필요성이 제기되었다. 2005년 국유기업에 관한 란셴핑−구추쥔 논쟁은 국유기업 개혁에 긍정적인 역할을 했고, 의료·주거·교육에 관한 토론을 통해 민생을 위한 여론이 형성되었다. 이러한 여론에 대한 반응으로 중국 공산당의 정책 조정이 시작되었다.[17] 후진타오 시대의 조화사회론, 과학발전관, 포용적 성장 등은 바로 이러한 민의를 정책에 반영한 것이었다.

개혁개방 이후 중국의 급성장은 자본주의적 시장개혁이 계급투쟁이나 문화혁명보다 더 효과적인 근대화 전략이었음을 증명하였다. 그러나 개혁개방 이후 중국은 우승열패의 생존경쟁이 가속화되어 심각한 사회적 불평등이 발생하였다. 후진타오 정부의 조화사회 정책은 이렇게 지역 간 계층 간 불평등이 심각한 상태에서 제기된 것이었다.

후진타오 정부는 새로운 국정 목표를 위해 소득세를 감면하고 사회보장제도를 개선하는 등의 성과를 거두었다. 그러나 여전히 분배보다는 성장이 정책의 중심에 있어서, 조화사회의 기반이 되는 복지 재정과 조세제도 개혁이 이뤄지지는 않았다. 특히 사회복지의 개선 방향이 국가의 공공부조보다 개인의 사회보험이 중심이 되어 고소득자에게 유리한 구조를 만들었다.

개혁개방에 가장 성공적인 광동성의 경우, GDP 규모에서는 중국

---

resurgence of neoliberalism in China」라는 제목으로 요약 소개되어 있다.

17 왕후이, 「충칭사건−밀실정치와 신자유주의의 권토중래」, 169쪽.

최고의 수준을 기록하고 있었다. 하지만 사회안전망에 있어서는, 정부가 주도하는 공공부조보다 개인이 시장원리에 따라 보험금을 부담하는 개인보험 위주여서, 공공부조 재정이 전국 최저였다. 광동성이 기층민중의 저항 사태가 가장 심각한 것도 이러한 불평등한 사회복지 문제와 연결되어 있었다. 당시 광동성 당서기였던 왕양은 '행복광동'을 구호로 내세웠지만, 이러한 상황에서 행복한 공동체 사회를 실현하기가 쉽지 않은 일이었다. 이것은 중국 정부가 내세운 조화사회의 목표와 인민이 체감하는 현실 사이에 간극이 크다는 점을 뜻한다.

간극의 차원에서 보면, 조화사회보다 한층 진전된 공동부유를 내세운 시진핑 정부도 마찬가지였다. 공동부유를 내세우기는 했지만 그에 걸맞는 사회복지 정책이 있는지 모호하기 때문이다. 시진핑 3기는 미중 경쟁의 난관 속에서 여러 가지 정책을 내놓고 있지만, 그 핵심은 여전히 공산당 영도 하의 정치안정과 경제성장이다. 이것이 공산당이 생존할 수 있는 유일한 길이기 때문이다. 특히 경제 회복의 문제가 관건인데, 5% 이상의 경제 성장률을 기대하고 있다. 이 수치는 안정적 고용을 위한 일자리 창출과 아울러 재정 적자에 시달리는 국가 재정 확충을 위한 최저선에 가깝다.

중국의 재정 적자의 주요 원인 가운데 하나는 지방정부의 부채 문제이다. 지방정부에 이렇게 부채가 쌓인 이유는, 세금은 중앙정부에 유리하게 편성되어 있는데 사업은 지방정부 부담으로 추진하는 일이 많기 때문이다. 사회복지 사업도 마찬가지다. 중국의 복지 지출은 매우 낮은 수준인데, 그나마도 지방정부의 지출이 96%를 차지하고 있다.[18] 최저생활보장을 위한 공공부조를 제외한 주요 사업은 다 지방정부가 주관하여 지출하는 상황이다.

5. 복지사회와 작은 정부의 딜레마

사회복지 차원에서 보면 중국은 권위주의 정부가 아니라 작은 정부이자 후진국에 속한다. GDP 대비 복지 지출 2.96%, 그 가운데 지방정부 지출이 96%, 낮은 소득세와 직접세, 지역 간 격차, 개인보험 위주의 고소득자에 유리한 사회보장제도 등이 그 대표적 원인이다. 공동부유를 내세운 중국이 실제 현실에서는 복지 후진국에 가까운 것이다. 왜 이렇게 된 것인가.

중국의 사회복지는 2000년대 조화사회를 내세운 후진타오 정부에 들어와 정비되기 시작하였다. 사회적 불평등이 심각해지면서 사회복지의 중요성을 인지한 것이었다. 복지 후진국에서 탈피하기 위해 중국식 사회주의 복지사회 건설을 목표로, 2011년 사회보험법[19]을 수립하고 단계적 발전전략을 마련하였다. 2021년까지 도시 주민과 농촌 주민들을 대상으로 하는 사회보장 체계를 수립하고, 모든 사람이 사회보장 혜택을 누릴 수 있는, 선별적 복지에서 보편적 복지로의 발전을 목표하였다.

---

18 유은하, 「중국 지역별 사회보장재정 투입과 도시 편향성 차이에 관한 연구」, 167쪽.

19 중국의 사회보험법 제정 배경과 경과 및 주요 내용에 대해서는 김동하, 「중국 사회보험법 제정과 그 정책적 함의」, 『중국학』 제37집, 2010 참고.

그리고 2049년에는 개인의 생존보장에서 인간의 자유·평등·존엄을 발전시키는 중국식 사회주의 복지사회 건설을 목표하였다.[20] 두 단계의 사회복지 목표는 전면적 소강사회와 사회주의 현대화 강국의 목표에 조응하는 것이었다.

중국의 사회복지 전문가 쩡공청에 따르면, 2006년 중국의 GDP 대비 복지 지출은 5.2%였는데, 2012년 7%, 2020년 15%, 2049년 25%로 향상되어야, 중국이 목표하는 복지국가 수준에 도달할 수 있었다.[21] 2049년에 25%의 목표를 달성하려면 매년 0.5% 정도 향상되어야 하며, 25%는 바로 OECD 중위권 수준의 복지국가가 되는 것이었다.

문제는 복지사회 실현에 필요한 재정을 어떻게 마련할 것인가에 있었다. 복지사회를 추진할 주체로서 인민의 정치참여가 제한되어 있고, 정부가 여전히 경제성장 우선 정책을 지속한다면, 복지재원이 늘어날 방안이 없었기 때문이다. 이 점은 중국식 복지사회가 국가 주도의 시혜가 아니라, 인민이 주체가 되는 정치발전(20세기식 인민동원 정치가 아닌 시민권에 기반한 사회민주 정치)이 있어야 실현 가능하다는 점을 역설한다.

중국은 북유럽 복지국가를 높은 수준의 복지와 국가경쟁력을 갖추고 있다는 점을 승인하면서도, 중국이 따라야 할 모델로 삼지는 않는다. 중국은 아직 북유럽 수준의 복지서비스를 제공할 만한 경제력이 부

---

20 중국의 사회복지 전략과 목표에 대해서는 쩡공청, 『중국 사회보장 개혁과 발전전략』(김병철 옮김, 한국보건사회연구원, 2010) 제3장 전략 목표와 절차 그리고 조치 및 김병철, 「중국 사회보장제도의 개혁과 발전전략」, 『국제노동브리프』 2011년 9월호 참고.

21 쩡공청, 『중국 사회보장 30년』(김병철 외 옮김, 공동체, 2013), 401쪽.

족하다는 이유를 대고 있지만,[22] 이는 경제력의 차이 때문만이 아니라 중국 정부의 분배 의지와 연결된 문제이다.

북유럽 복지국가는 수평적 연대의 원리를 바탕으로 국가가 주도적으로 공공 서비스를 제공하였다. 그리고 시장을 민주적으로 통제하여 누진적 조세제도로 재분배를 실현하고, 경제민주화를 통해 국민 모두가 보편적 복지를 향유하는 사회공동체를 만들었다. 이에 비해 중국의 사회복지는 국가 주도의 공공 서비스보다는 고소득자에게 유리한 사회보험 중심으로 설계되어 있고, 복지서비스를 지방정부에게 일임하여 지역 간 도농 간 서비스 격차가 생길 수밖에 없는 구조다. 이러한 차이는 경제력의 문제도 있지만, 사회복지에 대한 국가의 인식과 의지에서 기인하는 문제라고 할 수 있다. 경제성장에 있어서 중국은 자국의 산업을 보호하는 국가 주도의 발전을 취했으나, 사회복지에서는 오히려 신자유

---

22 쩡공청의 경우도 이와 같은 입장을 취하고 있다. "중국은 인구가 많고 자원이 풍부하지 않을 뿐 아니라 물질적인 축적이 매우 제한되어 있는 개발도상국에 속한다. 인구와 자원적 요소는 단기간에 바뀌기 어렵고, 물질적인 부도 여전히 장기적인 발전과 노력을 거쳐야만 풍부해질 수 있다. 이러한 국내 실정은 중국이 빠른 시일 내에 북유럽 복지국가들과 동일한 경로를 선택할 수 없는 현실적 여건이다."(『중국 사회보장 개혁과 발전전략』, 68쪽). 필자가 '중국식 사회주의 복지사회'를 접하면서 느낀 것은 중국 정부와 지식인들이 북유럽 복지국가와 사회민주주의(중국에서는 민주사회주의라고 부른다)에 대한 거부감이 생각보다 크다는 점이다. 그 이유는 북유럽이 국가가 국민의 복지를 보편적으로 책임지는 사회이면서 국민 개개인의 정치 참여를 바탕으로 한 개방형 사회복지정책을 시행하고 있는 점 때문이라고 생각된다. 이러한 점은 당-국 체제를 유지하고 있는 중국에게 상당히 부담스러운 모델일 수밖에 없을 것이다. 그래서 중국에서는 복지국가를 주로 북유럽식 복지모델로 지칭하고 이는 중국 실정에 부합하지 않는 모델이라고 간주한다. 중국은 복지국가보다 복지사회라는 용어를 선호하며 현재의 당-국 체제 속에서 시행 가능한 제도를 구상한다고 볼 수 있다.

주의적인 방식을 취하고 있는 것이다.

이러한 요인 때문에 중국의 사회보장 제도에는 재분배 기능이 미약하다. 중국의 사회보장은 개인 소득에 기반한 사회보험이 중심이어서, 소득 재분배 기능을 해야 할 사회보장이 오히려 소득 역진적인 성격을 지니게 되었다. 시장소득에 사회적 급여(사회보험, 교육, 보건의료 등)를 합할 경우 불평등 지수가 더 악화되고, 소득이 높을수록 사회적 급여를 더 많이 분배받는 실정이다. 지역 간 도농 간 격차까지 포함하면 중국 사회복지의 재분배 문제는 더 심각해진다.[23]

2019년 중국의 GDP 대비 복지 지출이 2.96%인 것은 상당히 충격적인 수치다. 사회복지 정책이 막 추진된 2006년의 5.2%에서 절반 정도로 하락하여, 2020년 목표치인 15%의 1/5 수준이기 때문이다. 이렇게 되면, 2049년에 25%로 향상되어 중국식 사회주의 복지사회를 구현하려는 목표는 불가능한 일이 된다. 왜 이렇게 된 것일까. 후진타오 정부의 조화사회보다 더 진전된 공동부유를 내세운 시진핑 정부에서 이러한 수치가 나온 것도 충격적이지만, 저성장 경제침체 시대에 필수적인 사회안전망에 대한 준비가 이렇게 부실하다는 점이 더 충격적이다.

시진핑 정부는 공동부유를 역설했을 뿐 아니라 실제로 국무원이 저장을 공동부유 시범지구로 설정하여 실행을 위한 작업을 하고 있었다. 2021년 6월에 발표한 〈저장 고질량 발전 지지 및 공동부유 시범지구 건설에 관한 중공 국무원의 의견〉에 공동부유 실현을 위한 구체적

---

23   유은하, 「중국 지역별 사회보장재정 투입과 도시 편향성 차이에 관한 연구」, 177~179쪽.

방안이 제시되어 있다. 어떤 상을 그리고 있는지 전체적으로 살펴보자.

① 발전의 질과 효율을 높여 공동부유의 물질적 기초를 다진다.

　－자주적 혁신 능력을 향상한다.

　－산업경쟁의 새로운 비교우위를 만든다.

　－경제 순환효율을 향상한다.

　－각 시장 주체들의 활력을 촉발한다.

② 수입 분배 제도개혁을 심화해 경로를 다변화하여 도농 주민의 수입을 늘린다.

　－취업 기회를 확대하고 취업의 질을 높인다.

　－인민의 수입 수준을 부단히 향상한다.

　－중등 수입 집단을 확대한다.

　－재분배 제도를 완비한다.

　－건전한 사회적 환원에 대한 격려 메커니즘을 구축한다.

③ 도농 간의 발전격차를 축소하여 공공 서비스와 양질의 혜택을 누리게 한다.

　－기본적 공공 서비스의 균등화를 솔선 실현한다.

　－도농 일체화 발전을 솔선 실현한다.

　－도농 주민의 거주조건을 지속적으로 개선한다.

　－사회안전망을 촘촘하고 굳건히 한다.

　－선부(先富)가 후부(後富)를 이끄는 지원 메커니즘을 완비한다.

④ 새 시대의 문화 고지를 조성해 인민의 정신문화 생활을 풍부하

게 한다.

　－사회적 문명 수준을 높인다.

　－중화민족의 우수한 전통문화를 전승·발양한다.

⑤ 자연이 곧 가치라는 이념을 실천해 아름다운 주거생활 환경을
　조성한다.

　－높은 수준의 아름다운 저장(浙江)을 건설한다.

　－생산 및 생활방식의 녹색 패러다임으로의 전환을 전면적으로
　추진한다.

⑥ '펑챠오(楓橋)경험'[24]을 새 시대에 계승·발전해 안전한 사회환경
　을 구축한다.

　－디지털화를 통해 사회관리의 효과를 높인다.

　－법치저장(浙江), 평안저장(浙江)을 전면적으로 건설한다.(이상
　요약)[25]

　사업 목표로 보면, ①은 공동부유를 위한 물질적 기초로 산업고도
화를 이루겠다는 뜻이다. ②는 1차 분배·2차 분배·3차 분배를 개선하
여 소득향상과 재분배를 이루고, ③은 공공 서비스를 통해 도농 간의

24　1960년대 초 저장성 주지시(諸暨市) 펑챠오진(楓橋鎭)에서 실시된 사회안전
　　망 구축에 관한 경험으로, 주민 간에 분쟁 발생 시 공권력을 불러들이지 않
　　고 현지에서 자율적으로 당사자들의 화해를 이끌어내어 문제를 해소하는 방
　　식을 가리킨다.

25　中共 國務院, 〈中共中央國務院關於支持浙江高質量發展建設共同富裕示範
　　區的意見〉, 2021.6.10. http://www.gov.cn/zhengce/2021-06/10/content_5616833.
　　htm.

격차를 줄이겠다는 뜻이다. ④는 문화생활 향상, ⑤는 주거환경개선, ⑥은 안전한 사회환경을 이루겠다는 뜻이다. 문건의 내용은 사회복지 사안에만 국한되는 것이 아니며, 저장을 시범 대상으로 공동부유를 향한 국가 발전방안을 전체적으로 실험하기 위한 것에 가깝다.

이 가운데 사회복지 관련 사안은 ②와 ③이다. ②와 ③의 내용은 앞에서 필자가 말한 중국 사회복지의 문제점을 개선하겠다는 뜻으로 봐도 무방하다. 그렇게 하려면 무엇보다 복지 재정을 확대하고 관련 제도를 개선해야 하는데, 국정의 중점이 ①의 산업고도화와 ⑥의 사회통제에 있다면, 사회복지 수준이 향상되기는 어려워 보인다. 산업고도화를 통해 좋은 일자리와 소득향상을 이루고, 극빈층에 대해서 최저 생활비를 보조하는 지금과 같은 방식을 유지할 것이라는 얘기다. 게다가 중국에서 가장 부유한 동남부 지역이 사회복지 지출이 제일 낮다는 점이 중국 특색인데, 저장에서 이러한 문제를 바꿔나갈 수 있을지도 의문이다.

그런데 재미있는 점은, 중국 지식계뿐만 아니라 국가발전개혁위원회와 인민일보 사설에서도 '복지의 게으른 함정'에 대한 경각심과 '속도 조절'을 당부하는 목소리가 나오고 있다는 사실이다.[26] 사회복지 지출은 역대 최악의 상태에 빠져있는데, 어떻게 이런 목소리가 나오고 있는지 이해하기가 힘들다. 공동부유로 인해 인민의 복지비용이 증액되는 것에 반발하는 세력일 터인데, 오히려 지출이 축소되고 사회안전망이 부실하여 중국을 위기에 빠뜨릴 수도 있는 작금의 현실은 보이지 않는 것일까.

---

26 이와 관련해서는 「中 '공동부유' 속도조절하나…당 기관지 "점진적 추진해야"」, 『연합뉴스』, 2022.2.22.일자 참고. https://www.yna.co.kr/view/AKR20220222 075000083?input=1179m.

중국에 복지사회는 없었다. 경제성장은 국가 주도로, 인민의 삶은 신자유주의적으로, 이것이 중국식 사회복지의 실체다. 공산당 통치하에서 아이러니하게도 사회주의 복지사회를 기대하기가 힘들게 된 것이다. 복지사회의 실천은 중국 문명국가를 강조하는 논리로는 불가능하다. 역대 중국 왕조도 사회복지에 있어서는 공산당과 같은 작은 정부를 추구했기 때문이다. 인민의 참정권이 제한된 국가에서 복지사회는 없었다.[27]

27 인민의 정치참여가 제한된 중국과 같은 체제에서는 장기적으로 민주공화국 건설을 위한 사회운동을 하면서, 단기적으로는 복지사회의 전망을 지닌 세력들이 연대하여 정책 제안을 하는 일이 중요하다. 복지사회는 이념 대립이 아니라 생활 정치 속에서 인민의 이익을 대변하는 정책을 추진하는 과정에서 건설될수 있다. 복지사회 연대 세력들이 이러한 정치운동을 수행할 때, 비로소 국가 주도의 발전전략을 넘어 진정한 의미의 공동부유로 나아갈 수 있다. 이것이 영미식 신자유주의와 중국식 사회주의를 넘어 인류의 더 나은 삶을 상상하는 길이 될 수 있을 것이다.

4장

민심, 민주 없이
민심을 얻을 수 있는가

4장
민심, 민주 없이 민심을 얻을 수 있는가

1. 신중국 시대의 민심

지금은 공산당 일당 체제가 확립되었지만, 신해혁명을 통해 아시아 최초의 공화국을 세운 중화민국 시기에는 선거와 다당제가 헌법에 명시된 권력 창출 방식이었다. 수천 년의 전제군주 시대를 끝내면서 열린 근대적 공간에는 자유와 민주 그리고 지방자치를 내세운 다양한 정치 실험들이 진행되었다. 그러나 위안스카이나 장쉰처럼 황제가 되려는 야욕이 끊이지 않았고, 지방 군벌들이 집권을 위해 할거하는 모습을 보면, 역대 왕조가 몰락한 후 분열의 시대가 출현하는 양상처럼 보였다. 1928년 장제스가 난징 국민정부를 세웠으나 도시를 넘어 광범위한 농촌 지역까지 통치력이 미치지는 못했다.

장제스의 집권은 공산당 토벌과 맞물려 있었는데, 이는 다당제와 선거를 통해 권력을 창출할 의사가 없다는 것을 뜻하였다. 그러나 1937년 시작된 중일전쟁으로 국공합작이 이뤄지고 1945년 전쟁에 승리하면서, 중국의 정치 세력들이 연합정부를 구성하기 위한 협상을 시작하였다. 1946년 정치협상회의에서 '헌법초안'을 만들었지만, 그 핵심이 장제스의 권력을 제한하는 의원내각제였기 때문에, 국민당이 반발하여 이에 국공내전으로 치달았다.[1] 1949년 공산당이 불리한 전세를 뒤집고 승리를 눈앞에 둔 시점에서 다시 국공 협상이 벌어졌다. 이번에는 공산당이 국민당의 제안을 거부하고 무력으로 대륙을 통일하였다.

1946년과 1949년 두 차례의 협상 결렬은 선거에 기반한 다당제 도입이 중국에서 실패한 것을 의미하였다. 결국 공산당이 내전을 통해 경쟁자를 물리치고 신중국을 건설함으로써, 전쟁 승리자가 새 왕조의 주인이 되는 전통적 방식을 벗어나지 못하였다. 황족이 왕조를 지배한 것처럼, 당이 국가를 통치하는 당국 체제는 이러한 국가 건설과정의 산물이었다.

외세로부터 민족을 구하고 가난으로부터 인민을 구하는 일은, 부패하여 민심을 잃은 국민당을 대신하여 새 국가 건설의 주체가 되는 정당성을 얻는 것이었다. 공산당이 새로운 통치이념으로 사회주의를 내세웠지만, 그 핵심 내용은 독립된 주권국가를 건설하고 인민을 부유하게 만드는 일이었다. 이는 인민 누구나 환영하는 일로 민심을 얻을 수 있는 길이었다. 민심은 지도자를 선택할 수 있는 민주 권리를 약속하지

---

1   샤오젠싱, 『송나라의 슬픔』(조경희·임소연 옮김, 글항아리, 2022), 538~539쪽.

않은 공산당이, 자신의 통치 정당성을 얻는 통로였다.

선거를 통해 통치 정당성을 얻는 민주주의 사회와 달리, 신중국에서는 당–실적–민심이 결합된 국가 시스템이 정착되었다. 이는 천명–덕치–민심이 연결된 왕조시대 통치 정당성을 계승한 것이었다. 뒤에서 살펴보겠지만, 장웨이웨이 등의 문명국가론에서는 공산당이 중화민족 부흥의 '천명'을 받은 당이라고 주장한다. 신중국 건설로 주권국가 건설의 과제를 완수한 후 당이 해야 할 과제는 인민을 부유하게 만드는 일이었다. 대만을 흡수하여 통일국가를 재건하고, 영국과 미국을 따라잡아 세계 최강국이 되는 목표도 선전되었지만, 전쟁으로 붕괴된 경제를 활성화하는 일이 무엇보다 우선적인 과제였다. 가난한 사회주의로는 민심을 얻을 수 없었기 때문이다.

신중국 초기 공산당의 주력 과제는 경제 회복을 위한 5개년 계획의 시행이었다. 제1차 5개년계획의 과제를 보면, 중공업 발전에 주요 역량을 집중하여 국가의 공업화와 국방현대화의 기초를 건립하고, 교통운수업·경공업·농업·상업을 발전시키는 일이었다. 그리고 경제발전의 기초 위에서 점차 인민의 물질생활과 문화생활 수준을 높이려고 하였다.[2] 제1차 5개년계획과 과도기 총노선을 보면, 중공업 육성을 위한 국가 자본주의적 발전을 우선하면서, 사적 소유가 허용되는 농업·수공업·상업에 대해서는 "상당히 긴 기간" 점진적인 과정을 통해 사회주의적 개조를 하려고 했음을 알 수 있다. 아래의 글은 이러한 공산당의 뜻

---

2   周恩來, 「把我國建設成爲强大的社會主義的現代化的工業國家」, 『周恩來選集』
     下卷, 人民出版社, 1984, 133쪽.

을 잘 보여준다.

농업 생산력의 진일보한 향상을 위해 당 농촌 공작의 가장 근본적인 임무는, 농민이 쉽게 알아들을 수 있고 충분히 받아들일 수 있는 이치와 방법으로 교육하는 일이다. 이를 통해 농민 군중이 점진적으로 조직을 연합하고 농업의 사회주의적 개조를 점진적으로 실행하도록 촉진한다. 농업을 낙후한 소규모 개체경제에서 선진적인 대규모 합작경제로 탈바꿈함으로써 공업과 농업이 두 경제 부문의 발전에 맞지 않는 모순을 점진적으로 극복하게 한다. 아울러 점진적으로 농민을 빈곤 상황에서 완전히 벗어나게 하여, 공동부유와 보편번영의 생활을 누릴 수 있도록 한다.[3]

이 글은 1953년 12월 16일 마오쩌둥이 주도한 「농업생산합작사 발전에 관한 결의」의 주요 내용이다. 당시 마오는 농업을 낙후한 소규모 개체경제에서 선진적인 대규모 합작경제로 전환하여, 농민이 가난에서 벗어나 공동부유를 누리게 하려고 했다. 소규모 개체경제는 토지개혁을 통해 농촌이 자영농 중심의 소농사회가 된 것을 말하는데, 정부는 토지 소유자에게 땅문서를 발급하여 법적으로 자유롭게 땅을 매매 임대할 수 있게 하였다. 이는 농촌에서의 경제적 민주화와 생산성 향상을 위해 취한 정책이었다.

그런데 농촌의 현실은 마오의 의도와 달리, 빈농은 빚을 지거나 땅

---

3   中央共産黨中央委員會, 「關於發展農業生産合作社的決議」, 『人民日報』1954年 1月 9日.

을 팔아버리고 부농은 빈농의 땅을 사들이는 양극화 현상이 심각해졌다. 이에 마오는 자영농 중심의 개체경제에서 집체 소유에 기반한 합작경제로 전환하는 것이 농민을 부유하게 하는 방안이라고 생각하였다. 사회주의적 소유제 개조를 장기적이면서 점진적으로 진행하겠다는 초기의 방침에서 벗어나게 된 것인데, 그 목적이 생산성 향상을 통한 공동부유 실현에 있었다는 점은 주목할 필요가 있다.

집체 소유로의 급진적 전환이 중국 사회주의 경제가 실패한 요인으로 간주되지만, 당시 중국에는 지금과는 다른 생각이 자리하고 있었다. 1920년대 중국 사회주의 논전에서 생산수단의 사회화는 빈부격차 해결의 길이면서 아울러 자본주의보다 우수한 생산방법이라고 인식되었다.[4] 그리고 1930~1940년대에는 자본주의 국가가 세계 대공황의 위기에 빠져있는 동안 소련이 계획경제를 통해 고도성장을 이룩함에 따라, 맑스주의가 생산력 발전에 있어서 더 유능한 이념이라고 여겼다.[5] 당시

---

4 1920년대 중국 사회주의논전에 대해서는 蔡國裕, 『一九二0年代初期中國社會主義論戰』(臺灣商務印書館, 1989) 참고.

5 20세기 중국의 자유주의자와 사회민주주의자들은 1930~1940년대 전 세계적인 자본주의 폐해 속에서 소련식 '계획경제'를 공정사회를 실현하는 방안으로 수용하였다. 이 점에 대해서는 쉬지린, 『왜 다시 계몽이 필요한가』(송인재 옮김, 글항아리, 2013), 제7장 자유와 공정 사이에서: 중국의 사회민주주의 참고. 그러나 쉬지린은 계획경제의 수용을 세계 자본주의의 불황으로 인한 일시적인 환상이라고 평가하며, 이를 중국 자유주의자와 사회민주주의자의 한계라고 비판한다. 홉스봄은 『극단의 시대: 20세기 역사』(이용우 옮김, 까치, 1997)에서 1930년대부터 신자유주의로 전환하는 1980년대 이전의 역사를, 인류 공공의 적인 파시즘에 맞서 자본주의와 사회주의가 일시적인 연대를 하여 경제 황금시대를 이룩하고, 인류사회가 직면한 위기를 두 체제의 경쟁과 협력으로 해결해가는 과정이었다는 관점을 제기한 바 있다. 홉스봄의 시각을 참고할 때 쉬지린의 관점은 사회주의 및 계획경제의 시대적 의미를 과소평가한 것이라고 볼 수 있다.

마오가 집체 소유로 전환을 한 것도 한국전쟁 직후 냉전 국면 속에서 이것이 생산성 향상의 길이라고 믿었기 때문이다.[6] 대만을 수복하고 15년 내에 영국을 따라잡고 30년 내에 미국을 따라잡는다는 꿈도 이러한 자신감에 기반한 것이었다. 생산수단의 사회화가 자본주의보다 더 풍요로운 물질 생산이 가능하다고 여겼던 것이다.

이렇게 마오 시대에 이미 인민을 위한 공동부유, 통일국가 재건, 세계 최강국의 꿈을 내세우고 있었는데, 이것이 민심을 얻는 길이자 공산당의 통치 정당성이 유지될 수 있는 길이라고 보았기 때문이다. 하지만 마오의 믿음과 달리 사회주의 정책은 인민을 부유하게 하지 못했을 뿐 아니라, 오히려 그에 반하는 관료화와 계층 격차 그리고 지역 차별의 결과를 낳고 말았다. 가난과 불평등은 민심의 이반을 초래하였고 정치개혁을 요구하는 목소리로 나타났다.

민심 이반의 목소리는 당의 통치 정당성이 흔들리고 있었다는 점을 뜻한다. 이러한 위기적 상황 속에서 집권한 덩샤오핑이 선택했던 출로도 인민을 부유하게 만드는 일이었다. 이를 위해 덩은 마오의 실책과 당이 이룬 업적을 분리하며, 개혁개방 시대를 이끌어나갈 주체로서 당의 정체성을 재확립하였다. 1981년 6월 11기 6중전회에서 만장일치로 채택한 「건국 이래 당의 약간의 역사문제에 관한 결의(關于建國以來黨的若干歷史問題的決議)」[7]에서 당의 업적으로 명시한 내용이 바로 그러하였다.

---

6   필립 쿤, 윤성주 옮김, 『중국 현대국가의 기원』, 동북아역사재단, 2009, 180쪽.

7   이 문건의 번역은 중공중앙문헌연구실, 허원 역, 「건국이래 당의 약간의 역사문제에 대한 결의」, 『정통 중국현대사』, 사계절, 1990. 참고.

특히 세 가지 업적은 신중국을 이끌어간 당국 체제의 정통성을 부각하는 것이었다. 1. 인민이 주인인 새로운 형태의 국가를 건설하여, 부강하고 민주적이고 문명적인 사회주의 현대화 국가로 나아가는 기반이 되었다. 2. 전국적 범위(대만 등 섬을 제외하고)에서 국가통일을 실현하여 구 중국의 사분오열된 국면을 근본적으로 바꾸었다. 3. 제국주의와 패권주의의 침략을 물리치고 국가의 안전과 독립을 수호하였다.

덩은 공산당이 인민을 위한 국가를 건설하여 통일 과업을 이뤄가고, 패권국가로부터 중국의 안전을 지킨 일을 부각하여, 당의 정통성을 재확립했던 것이다. 그리고 "나날이 증대하는 인민의 물질적 문화적 욕망과 낙후한 사회적 생산 사이의 모순" 해결을 당면한 과제로 설정하였다. 개혁개방은 바로 경제건설과 생산력 발전을 통해 인민의 물질적 문화적 생활을 개선하기 위한 정책이었다. 덩은 시장경제를 성장의 수단으로 활용하고, 선부론을 통해 인민이 능력껏 욕망을 충족할 수 있는 공간을 열어놓았다.

선부론의 방식으로 공동부유를 이루려는 뜻이었다. 그런데 향후 나타나게 될 현실은 덩도 미처 예상하지 못할 정도로 빈부격차가 극심해진 상황이었다. 이렇게 개혁개방으로 인한 불평등 문제는 1989년 인민의 거센 분노를 초래하였고, 당이 무력 진압을 선택하면서 천안문사태의 비극이 벌어졌다.

공산당은 반체제 불순분자를 진압한 것이라고 선전했지만, 인민의 당이 인민에게 무력을 행사한 사실은 당의 정당성을 위태롭게 하는 사건이었다. 세계는 이에 항의하여 중국을 봉쇄하는 강경 조치를 취하였다. 글로벌 자본과 기술의 이탈은 지속적인 개혁개방을 불가능하게 했고, 이는 인민을 부유하게 할 경제환경이 사라진다는 것을 뜻하였다. 게다가 1991년 소련의 붕괴는 중국의 안전마저 위협할 수 있는 국제정치적 사태였다.

국가 존립의 위협과 민심의 이탈로 인해 공산당은 건국 이래 통치 정당성을 잃어버릴 수 있는 최대의 위기에 직면하였다. 이때 덩이 내놓은 해법은 당국 체제를 굳건히 하면서 경제성장을 위한 개혁개방을 지속하는 일이었다. 1992년 덩은 개혁개방이 시작된 남방 도시를 순례하며 세계에 중국이 안전한 투자처라는 점을 약속하였다. 그리고 인민에게는 중국 사회주의가 "생산력의 해방과 생산력의 발전, 착취의 소멸과 양극화의 소멸, 그리고 최종적으로 공동부유에 도달할 것"이라는 점을 약속하였다.[8] 개혁개방 시대의 중국식 사회주의 시장경제를 통해 인민이 부유한 세상을 만들겠다는 목표를 확고히 한 것이었다.

이후 중국은 집단지도체제를 기반으로 한 정치안정과 경제성장을 지속하여 인민의 지지와 신뢰를 받았다. 경제성장 과정에서 국유기업 노동자 실직 문제, 도농 격차로 인한 삼농 문제, 사스 사태로 인한 의료체계 문제, 불평등으로 인한 사회복지 문제 등이 대두되었다. 하지만 경제대국으로의 굴기와 전반적인 삶의 수준 향상이 통치 정당성을 위한 실적으로 더 부각되었다. 1996년 마카오 반환과 1997년 홍콩 반환은 통일국가의 목표를 환기하였고, 2008년 미국발 경제위기와 중국의 세계자본주의 구원은 미국을 넘는 세계 최강국의 꿈을 되살려 주었다.

---

8   이희옥, 『중국의 새로운 사회주의 탐색』, 창비, 2004, 178쪽.

2. 고대 중국의 천명과 통치 정당성

2022년 10월 20차 당대회에서 총서기 3연임을 확정한 시진핑은 자신의 측근으로 구성된 상무위원들과 함께 옌안 혁명성지를 방문하였다. 100년간 경제만 생각하라는 덩의 유훈에서 벗어난 시진핑이, 당의 세 가지 목표-사회주의 완성, 통일국가 재건, 세계 최강국 지위-를 열어놓은 마오를 찾은 것이었다. 2012년 첫 총서기를 확정한 18차 당대회 직후에는 선전을 방문하여 남순강화 30주년을 기념했는데, 이는 덩의 뜻에 따라 개혁개방을 지속할 것이라는 선언이었다.

옌안에서 시진핑은 선전에서와 달리 자력갱생의 정신을 강조하였다. 이는 국민당과 제국주의 세력의 봉쇄를 뚫고 오롯이 신중국을 건설한 마오 정신을 계승하여, 미국의 대공세를 극복하겠다는 뜻이다. 시진핑이 당의 세 가지 목표를 처음으로 공식화 한 것은 2017년 연임을 확정한 19차 당대회 보고였다. 시진핑 1기에서 개혁개방의 지속성을 표방하다가, 2기에서 세 가지 목표를 공식화하는 '전환'이 이뤄진 것이었다. 이러한 전환은 2008년 중국 굴기 이후 그 징후가 보이기 시작했으며, 1기에서 당내 부정부패 척결로 권력을 강화한 시진핑이 2기에서 현실로 만든 것이다.

세 가지 목표가 공식화된 이후 미국의 대중국 공세가 시작되었으며, 세계화 시대에서 이익을 공유하던 미중 사이에 급격한 탈동조화가 이뤄졌다. 시진핑이 강조한 자력갱생의 정신이 마오 시대와 같은 고립적 분투를 의미하지는 않지만, 세계화 시대와 확연히 다른 비우호적 환경

하에서 미국과 장기간 맞서야 한다는 점은 분명해 보인다. 이제 중국의 미래는 불확실해졌다. 하지만 세 가지 목표가 마오 시대부터 내세운 것이고 또 인민이 지지하는 소망이기 때문에, 이로 인해 통치 정당성 문제가 발생하지는 않을 것이다.

관건은 어떠한 방식으로 위기를 헤쳐 나가며, 인민이 만족할 성과를 낼 수 있느냐에 있다. 중국 공산당이 국가 미래목표를 기획하고 실천해가는 것을 보면, 민주주의 국가의 다당제 정당과는 확실히 다르다. 민심을 얻는 세력이 통치 정당성을 지닐 수 있다는 것은 공통된 일이지만, 다당제 정당은 민심과 아울러 선거에서 표심을 얻어야 집권할 수 있다. 그래서 다당제 정당은 원대한 국가목표보다는 표심의 기반인 지지 세력을 위한 정책에 중점을 두곤 한다. 장웨이웨이의 문명국가론에서는 다당제 정당과 다른 공산당의 정체성을 다음과 같이 설명한다.

> 판웨이는 매우 흥미로운 얘기를 한 적이 있다. 그는 "중국 역사에서 깨어 있는 황제 한 명이 하나의 왕조를 대표하지만 일을 수행하는 것은 유가의 집권 그룹이었다. 좋은 왕조는 수백 년 동안 지속되었다. 이는 미국의 전체 역사보다 훨씬 긴 시간이다. 하나의 왕조와 유가의 집권 그룹이 대표하는 것은 '천명(天命)'이다. 이러한 '천명'이 퇴색하고 타락하면 민심을 잃게 된다. 백성이 봉기해 왕조를 교체하면 새로운 왕조가 탄생하고 새로운 유가의 집권 그룹이 왕조를 유지한다. 이렇듯 '천명'은 일반적으로 수백 년 동안 이어진다"는 견해를 제시하였다. 오늘날 중국의 집권당은 중화의 부흥을 소임으로 하는 천명으로 집권한 그룹이다. 중국 공산당은 미국의 공화당이나 민주당이 아니다. 영국의 보수당이

나 노동당도 아니다. 중국의 집권당이 계승한 것은 중국 고대의 '천하'로 대표되는 유가의 정치사상일 뿐 어느 특정한 일부를 대표하는 정당이 아니다. 중국의 정치문화는 보편적으로 무리를 지어 사리사욕을 탐하는 것에 반감을 품고 있다. 군자는 무리를 짓거나 당을 만들지 않는다고 인식한다.[9]

장웨이웨이는 왕조시대에 천명을 받은 황제와 유가 그룹이 집권한 것처럼, 지금의 중국 공산당은 중화민족 부흥의 천명을 위해 집권한 것이라고 인식한다. 서구의 다당제 정당처럼 일부 계층이 아니라 천하의 이익을 대변하는 공당(公黨)이라는 얘기다. 외세로부터 민족을 구원하고 가난으로부터 인민을 구제한 공로가 있고, 또 중화민족의 부흥을 소임으로 내세운 것을 보면 '천명당'이라고 불러도 이상할 건 없다. 그만큼 공산당이 국가와 민족 부흥의 사명감을 운명공동체처럼 깊숙이 내재화하고 있다는 뜻이다.

여기서 필자가 논의하려는 것은 통치 정당성을 천명과 연결시킨 점이다. 천명은 중국에 새로운 왕조가 들어설 때마다 자신의 통치 정당성을 위해 내세운 것이었다. 한족 왕조뿐만 아니라 남북조 시대 북중국과 요·금·원·청과 같은 이민족 왕조가 등장할 때도 천명은 왕조 정당성의 최고 명분이었다. 이민족 통치자가 내세운 화이지변(華夷之辨)은 종족이 아니라 중화 문명을 계승한 주체를 강조하는 것[10]인데, 그 핵심은 천명

9   장웨이웨이, 『중국은 문명형 국가다』(성균중국연구소 옮김, 지식공작소, 2018), 136쪽.

10   역대 중국의 화이지변 논쟁에 대해서는 요코야마 히로아키, 『중화민족의 탄생』 (이용빈 옮김, 한울, 2012), 제1장 화이지변과 대일통: 배외와 융화의 중화사상 참고.

을 받았다는 주장에 있었다.

주지하듯이 천명은 주나라가 상나라 무력 정벌과 새 왕조 건립에 대한 정당성을 위해 창안한 개념이다.[11] 주나라 창건이 사사로운 욕망이 아니라, 민심을 잃은 상나라 주왕을 처벌하라는 하늘의 뜻에 따라 이뤄진 행위라는 주장이다. 이 천명 개념에는 부덕한 왕에 대한 무력 정벌의 정당성뿐만 아니라 새 왕조는 반드시 덕으로 백성을 다스려야 한다는 통치 정당성의 함의도 포함되어 있다. 유가 사상은 이에 기반하여 천명-덕치-민심을 연결한 통치 규범을 만들어, 왕조시대에 헌법과 같은 권위를 부여하였다.

천명은 통치 정당성을 하늘의 권위와 연결한 것인데, 문제는 통치자가 천명을 받았는지 어떻게 알 수 있느냐 하는 것이다. 천명을 받지 못하면 통치자로서 자격이 주어지지 않기 때문에, 자신이 천명을 받았다는 것을 주장(입증)하는 일이 왕조시대를 관통하는 핵심적 정치 사안이 되었다. 천명 개념을 창안한 주나라 문왕에게는 천운이었는지 천명을 입증할 만한 기이한 천문 현상이 있었다.

기원전 1059년 5월 말, 태양계의 다섯 주요 행성(목성, 토성, 화성, 금성 그리고 수성)이 주 도성의 북서쪽 하늘 적위 2°에서 7° 사이로 측정되는 좁은 공간에 모였다. 『죽서기년(竹書紀年)』 상나라 주왕 32년을 보면, "오성이 천체에 모이고, 적오 별자리가 주나라 제단에 내려왔다(五星聚于房, 有赤烏集于周社)"[12]는 구절이 있는데, 이것이 바로 위의 오성취

---

11 천명에 대한 논의는 이종민, 『중국, 만들어진 정체성-고대 중국의 진실』, 1장 천명, 누구를 위한 것인가-서주시대를 보는 시각 참고.

12 『竹書紀年前漢記後漢記』, 臺灣商務印書館 영인, 18쪽.

현상을 기록한 내용이다. 이 기록을 별자리 시간을 측정하는 프로그램으로 조사해본 결과, 기원전 1059년 5월 말 상나라 주왕 32년 차에 실제로 일어난 천문 현상으로 확인되었다. 문왕은 오성취 현상을 천명의 계시로 받아들인 후 왕권을 선언하고 상나라에 대한 도전을 시작하였다.[13]

그러나 도중에 문왕이 사망하여 상나라 정벌을 완수한 것은 그 아들 무왕이었다. 무왕이 천명을 완수함에 따라 선조가 받은 천명을 후손이 이어가는 승계 시스템이 구축되었다. 이 과정에서 하늘(상제)·조상 제사와 종족 신화가 왕실의 상징적 권위를 만들었고, 군사력이 왕위 승계를 위한 권력 기반이 되었다. 그리고 통치 방면에서 백성이 편안하게 살도록 덕을 베푸는 일이 왕의 주요 책무가 되었다. 부덕한 왕이 되어 민심을 잃으면 새롭게 천명을 받은 도전자가 나타날 수 있었기 때문이다.

이상이 상주 교체기에 정립된 천명의 개념이다. 그런데 천명이 통치 정당성만 부여한 것이 아니라 이후 중국 사회에 지속될 통치 질서도 만들었다는 점을 주목해야 한다. 주나라 통치자가 천명을 통해 만든 질서는 왕을 중심으로 신분에 따라 서열 관계를 형성하는 차등질서였다. 통치자들은 지상의 차등질서가 북극성을 중심으로 뭇별들이 도는 우주 질서를 본받은 것이라고 여겼다. 이렇게 차등질서가 우주 질서로 받아들여지면서 차등질서 자체에 대해 근본적인 의문을 표하는 이들이 없

---

13 David W. Pankenier, The Cosmo-political Background of Heaven's Mandate, Early China, Vol. 20(1995) 및 리펑, 『중국고대사』(이청규 옮김, 사회평론, 2017), 142쪽 참고.

었다. 차등질서 안에서 어떻게 각 구성원이 만족할 수 있는 조화로운 관계를 만들 것인지가 바로 현실 정치의 목표가 되었다.

그러나 현실 정치에서 조화로운 차등질서를 이루는 것도 쉬운 일이 아니었다. 민생을 위한 덕치가 천명의 당위적 목표였지만, 통치자의 최우선적인 관심은 늘 자신의 권력과 부의 보존 강화에 있었기 때문이다. 그래서 천명과 그에 기반한 질서 하에서는 민주 개념이 발전하기 힘들었다. 종족 단위로 경쟁하는 사회에서 누구보다 믿을 수 있는 사람은 바로 혈족이었다. 권력에 도전하는 타 종족을 누르고 정권을 유지해야 하는 상황에서, 통치자는 혈족을 중심으로 통치 질서를 구축하는 것이 가장 안정적인 방안이라고 여겼다. 하나라가 혈족 세습을 이룬 것이나 상나라가 형제 계승과 부자 계승을 혼합한 것, 그리고 주나라가 부자 계승과 형제 분봉을 결합한 것도, 권력 안정을 위한 혈족 중심의 통치 방안이었다.

서주 초기 점령지에 대한 분봉은 동족 형제들 중심으로 이루어졌는데, 그 과정에서 관숙과 채숙의 난이 있기는 했지만, 형제들의 협력 덕분에 주나라의 판도를 확장할 수 있었다. 봉건제는 수가 적은 통치 인원이 근거지를 중심으로 넓은 지역에 거주하는 많은 이족 토착민을 다스리는 것인데, 왕실 및 제후국 간의 군사적 정치적 협력이 있어야 유지 가능한 제도였다. 서구의 봉건제처럼 확정된 영지를 분봉 받아 계약 통치하는 안정된 구조가 아니었다. 그 실재는 대외 정복전쟁을 지속하며 힘으로 세상의 평화를 유지하는 것으로, 주나라 초기 성강지치(成康之治)는 바로 전쟁 승리에 기반한 평화의 국면이었다.

중국에서 천자의 칭호가 처음 사용된 시기는 성강지치의 강왕 때였다. 천명을 받은 주 문왕이나 상나라 정벌을 완수한 무왕, 대외 정복 전쟁을 시작한 성왕 때에는 천자의 칭호가 쓰이지 않았다. 이것은 주나라의 초기에 천자의 권위를 인정받을 만한 권력 기반이 형성되지 않았다는 점을 뜻한다. 지속적인 정복 전쟁을 통해 주나라 세력권이 형성되면서 천자의 칭호가 등장하였고, 본격적으로 사용된 것은 중후기 때였다.[14]

천명은 통치 정당성을 부여하지만, 그것이 지속되기 위해선 반드시 상응하는 권력 기반이 필요했던 것이다. 그런데 서주 중기에 이르면서 대외 전쟁이 중단되고, 왕실과 제후국 가족의 구성원이 늘어나면서 잠재되었던 위기가 표출되었다. 공동의 사업이 중단되자 제후국들은 협력보다 자신의 세력을 확장하는 데 주력하기 시작했다. 또 가족 구성원이 늘어나면서 대종-소종의 분가 문제가 발생했는데, 대종 중심의 종법 질서에 따라 분가한 소종들은 관직과 토지 배분에 있어 불리한 위치에 놓여 있었다.

서주시대의 군주 계승은 장자(대종) 중심의 부자 상속이 원칙이었지만, 실제로 장자가 순조롭게 군주의 자리에 오른 경우는 별로 없었다. 그리고 혈족 간의 신뢰와 협력의 시대가 균열되면서, 오히려 가까운 혈친이 자신의 권력과 부를 위협하는 상황이 벌어졌다. 유왕 때 서주가 몰락한 것도 태자 폐위로 인한 혈족 갈등이었으며, 춘추시대 서막이 정

---

14 이종민, 「상주(商周) 전환과 천명의 진실─서주시대를 보는 시각」(『중국학보』 제98집, 2021), 188~190쪽.

장공에 대한 동생 공숙단의 도전으로 시작한 것 역시, 서주 중기 이래의 내부 위기가 지속된 결과라고 할 것이다.

잦은 전쟁, 가혹한 조세, 토지 분쟁으로 백성의 안전과 생계가 도탄에 빠지면서 차등질서의 원천인 하늘에 대한 원망이 쏟아졌다. 이것은 주나라의 천명이 권위를 상실한 것을 의미하며, 이에 춘추시대의 제후들은 주 왕실이 아닌 자신의 천명을 주장하기 시작하였다. 제후들은 천명을 받은 위대한 조상을 만들고 자신이 그 천명을 이어받은 것이라고 하였다. 주 왕실이 문왕의 천명을 이어받는 방식을 모방한 것이다. 진(秦)나라의 경우 양공의 천명을 내세웠는데, 주 평왕에게 영지를 분봉받아 제후가 된 게 아니라 양공의 독자적인 천명으로 진의 영토를 다스린 것이라고 만든 것이다. 이렇게 천명을 받은 위대한 조상을 만드는 과정에서 황제, 염제, 전욱, 요, 순, 우 등 신화 전설 속의 인물들이 군주와 귀족들의 조상으로 연결되었다.

위대한 조상의 천명과 연결되어 군주들은 천하 경쟁을 위한 상징적 권위를 얻을 수 있었다. 그리고 주 왕실에게만 허용되던 하늘(상제) 제사를 지내고, 위대한 조상에게 제사를 지내며 천명을 기원하였다. 춘추시대 패자들의 경우 제 환공은 천자의 의식인 봉선제를 지내려 했고, 진 문공은 천자와 같은 묘도를 가지려고 했으며, 초 장왕은 주 왕실이 보유한 구정(九鼎)을 만들 능력이 있다고 과시하였다. 춘추시대 군주들은 주 왕실의 권위를 인정하고 있었지만, 자신의 천명의 꿈을 애써 숨기려 하지는 않았다.

춘추시대에 천명을 실현할 수 있는 현실적 기반은 영토 국가였으며, 이에 땅과 백성을 확보하기 위한 전쟁이 끊임없이 벌어졌다. 이 전쟁은 대부분 혈족 사이인 이웃 제후국을 병합하는 것이었다. 그리고 한 나라 안에서도 군주권 승계를 둘러싸고 무력 충돌이 벌어져 이른바 동족상잔의 비극이 지속되었다. 전쟁의 승패는 땅과 백성에 기반한 군사력에 달려 있었다. 춘추시대 영토 국가는 전쟁에서 승리하기 위한 부국강병을 이루는 일이 국가 발전의 원동력이 되었다.

춘추시대에는 농업이 경제력의 근간이었고 또 백성 동원이 전쟁의 관건이었기 때문에, 백성을 정치공동체로 결속시키는 일이 통치의 주요한 과제가 되었다. 국경이 엄격히 정해져 이동이 제한된 근대국가와 달리, 당시 영토 국가는 살고 싶은 곳을 찾아 이동하는 사람들이 많았다. 그래서 나라 안의 백성들이 만족스런 생활을 하고 나라 밖의 사람들이 살고 싶어 찾아오게 만드는 일이 통치의 관건이었다. 백성이 좋아하고 싫어하는 바를 잘 이해하여 백성의 욕구를 충족시켜주는 일이 통치자의 책무가 되었던 것이다.

서주시대의 천명에도 백성을 편안하게 다스리는 덕치가 포함되어 있었지만, 실제로는 엄격한 신분질서 하에서 피통치자로 살아가는 경우가 많았다. 백성의 정치참여가 제한된 신분사회에서 백성의 삶은 통치자의 덕에 의해 결정될 수밖에 없었다. 춘추시대 영토 국가에서 비로소 백성의 욕구 충족이 통치의 과제로 인식되었던 것인데, 국가의 기반으로서 백성의 존재가치가 인정되었기 때문이다.

그러나 근대국가처럼 백성에게 참정권을 부여한 것은 아니며, 부국강병을 추구하는 군주에 의해 정치공동체로 승인된 것이었다. 이러한 통치의 모범을 만든 사람이 바로 춘추시대 첫 번째 패자인 제 환공과 관중이었다. 이 시기에 바로 민심을 통치 정당성의 근본으로 보는 생각이 형성되었다. 이들은 민심을 얻기 위해 세족이 보유하던 토지와 황무지를 수용하여 일정 단위로 정비한 후 백성에게 지급하였다. 국가 주도의 토지개혁과 경작혁신이 성공을 거두면서 백성이 살기 좋은 나라라는 소문이 널리 퍼졌고, 이에 제나라의 인구가 증가하게 되었다.[15]

관중 시대 제나라는 군주와 민심이 연결된 통치 정당성을 영토 국가에서 구현한 모범이 되었다. 중앙집권적 군주제와 토지개혁이 부국강병을 위한 비결로 알려지면서 많은 나라들이 이를 모방하였다. 진나라 문공의 군현 설치와 농민의 군사화, 정나라 자산의 토지개혁, 위나라 이회의 개혁정책 등이 그러하며, 진시황의 통일 기반을 구축한 상앙의 변법도 연속선상의 정책으로 볼 수 있다.

상앙의 변법의 핵심인 작위제와 수전제는 작위와 땅이 없는 백성의 의욕을 고취하면서, 세족의 권력 기반을 통제하여 군주권을 강화하는 데 그 목적이 있었다. 이는 군주의 운명과 백성의 이해관계가 긴밀히 연결된 것을 의미한다. 백성은 국가로부터 작위와 토지를 받은 만큼 그 의무로서 세금과 부역을 짊어져야 했다. 그리고 상벌을 규정한 국가의 엄격한 법령과 사적인 일탈을 허용하지 않는 통제 정책을 따라야 했다. 후대인들이 이것을 냉혹한 법치라고 비난하지만, 당시 진나라 백성은 냉혹함보다는 변법이 주는 명예와 이익이 더 크다고 여겼다.

군주와 민심이 밀착한 진나라가 결국 전쟁을 통해 중국 최초의 통

---

15 이종민, 「관중(管仲)과 고대 중국의 질서」(『중국학보』 제101집, 2022), 150~152쪽.

일제국을 건설하였다. 그러나 진나라는 작위제와 수전제를 통해 백성의 의욕을 끌어내는 데는 성공했지만, 전쟁을 해야 백성이 부유해지는 기형적 사회구조를 만들었다. 전쟁 수행에는 효율적이었으나 국가 간 세력균형이나 국제평화에 관한 사유는 발전하지 못했다. 전쟁이 끝난 후 평화의 국면이 도래했을 때, 이 문제는 결국 진 제국이 육국의 민심을 얻지 못하고 급망하는 원인이 되었다.

3. 국가 정책과 민심의 딜레마

천명-덕치-민심이 연결된 통치 정당성은 한 무제 때 유교가 국가 철학이 되면서 왕도와 인정(仁政)의 통치 규범으로 정립되었다. 유교 관료들은 규범을 내세우며 덕치와 민생을 강조했지만, 현실 정치에서는 황제의 권력을 통제할 제도가 없었다. 민심이 천심이라고 했지만, 백성의 참정이 제한되어 있어서 민심을 표출할 통로가 없었다. 황제는 대부분 자신의 천명이 대일통 제국을 건설하는 것이라고 여겼으며, 유교 규범으로서 천명과는 거리가 있었다. 오히려 유교 규범으로 황권을 제약하려는 관료들을 멀리하며, 황제 측근으로 구성된 '내정(內庭)'으로 제국을 통치하려고 하였다.

그래서 황제가 천명에 따라 통치를 한다고 하더라도, 민심과 일정한 간극이 생길 수밖에 없었다. 황제의 관심은 자신의 천명을 어떻게 지속시킬 것인가에 있었지만, 민심은 어떻게 안심하고 부유하게 살아갈 것인가에 있었기 때문이다. 문경지치, 정강지치, 개원성세, 선영지치, 강건성세 등 이른바 태평성세에는 국가와 민심이 근접되어 있었지만, 그 기간이 짧고 왕조 중후기로 갈수록 분열의 시대가 기다리고 있었다.

　왕조시대에 국가와 민심은 토지를 매개로 연결되어 있었다. 관중 시대 제나라에서 수전제가 시행된 이래, 수전제 토지와 낮은 세금은 왕조의 대표적 민본 정책이 되었다. 국가가 백성의 생계를 책임지고 백성은 국가를 위해 세금과 부역을 담당하는 농업-군사 공동체가 중국 왕조의 이상적 질서로 정립되었던 것이다. 당나라 때까지 매 왕조는 초기에 수전제를 실시하여 백성의 민생이 안정될 수 있는 기반을 제공하였다.

　수전제는 황제의 통치력이 미칠 수 있어야 했기 때문에, 왕조의 모든 지역에서 실시되었던 것은 아니다. 황제의 직할 지역인 북중국 이외에 동부와 남부 중국의 토호 세력이 강한 곳에서는 토지를 통제할 수 없었던 것이다. 그럼에도 불구하고 수전제가 시행되던 왕조 초기는 대부분 민심이 안정된 시기였다.

　당나라 안록산의 난 이후 수전제(균전제)가 중단되면서, 국가는 백성의 재산과 토지에 따라 세금을 부가하기 시작하였다. 이후 송나라는 수전제를 포기하여 관료-지주의 대토지 소유자인 관호형세호(官戶形勢戶)가 출현했으며, 재정 수입을 위해 농업과 상거래에 대한 중상주의적 세금 정책을 시행하였다.[16] 요·금·서하에 대한 조공과 군사비로 막대한 안보 비용이 지출되었기 때문이다. 그렇지만 유교 관료국가 체제가 정

16　이 문제에 대해서는 스도 요시유키·나카지마 사토시, 『중국의 역사: 송대』(이석현·임대희 옮김, 혜안, 2018), 제3장 관호형세호의 토지소유와 화폐경제·재정의 확대 참고.

립된 송나라에서 전통적 민본 정책이 후퇴한 것은 역설적인 일이라고 할 수 있다.

3장에서 살펴보았듯이, 중국 왕조 역사를 보면 수전제 시행 이후 토지 겸병의 문제가 반복적으로 출현하였다. 이러한 현상은 수전제가 민본 정책이기는 하지만, 부호에게 유리한 조세제도로 인해 토지 겸병이 이어지는 고질적인 문제가 해결되지 않았기 때문이다. 이러한 문제를 인지한 정치가들이 개혁을 시도하기는 했지만 기득권 세력의 저항에 막혀 번번이 실패하였다. 결국 당대 이후 수전제는 중단된 반면, 조세제도는 오히려 전통이 되어 현재까지 지속되고 있다.

송대는 농업혁명과 상업혁명이 일어나고 해상 교역이 발전한 시대라고 평가하지만, 일반 백성에게는 민본 정책이 후퇴하고 불리한 조세제도가 형성된 시대였다. 남송 군대가 북중국의 금나라와 대적했을 때 북중국 한인들이 호응하지 않았던 것도 이러한 요인이 작용되었을 것이다.[17] 또 몽골 원나라 치하에서 남중국 상인들은 남송 시대보다 더 자유로운 경제활동을 보장받아, 활발하게 사업 투자를 하고 해상 교역에 적극적으로 뛰어들 수 있었다.

송대 이후 중국은 양적으로는 농업국가였지만, 상공업과 해상 교역

---

17 남송 재상이었던 한탁주(1152~1207)는 16만 대군을 이끌고 금나라로 쳐들어 가서 13만 명가량의 금나라 군대와 대적하면, 금나라 영토에 살고 있던 한족들이 금나라보다는 자기 편을 들어줄 것으로 예상하였다. 그러나 정반대의 일이 벌어졌다. 금나라 군대에 이미 한족 병사들이 여진족보다 많을 뿐 아니라, 7만여 명의 남송 병사들이 오히려 금나라로 이탈하였다. 비슷한 맥락에서 1206년에도 북중국인들이 금나라에 맞서 봉기하지 않자, 남송 장군들은 몹시 실망한바 있다(김영민, 『중국정치사상사』, 사회평론아카데미, 2021, 400쪽).

이 발전하고 국가의 재정 수입도 중상주의적 방식으로 취하였다. 명나라 창업주 주원장이 강남 대부호의 토지를 몰수하여 전통적 농업국가로 회귀하려고 했지만, 중국경제의 발전 방향을 되돌리지는 못하였다. 민본 정책이 후퇴하면서 국가는 백성에게 세금을 걷는 수취자 집단이 되어갔다. 과거에 합격한 지방관은 세금을 걷고 소송을 판결하는 것이 주된 일이었다. 남송 이래 신사 계층이 성장하여 지역 행정과 공공사업을 담당하게 되면서, 지역의 백성은 점차 국가의 보호에서 멀어지게 되었다. 경작지가 없는 백성은 지역 부호들의 소작이 되거나 황무지를 개간하여 생계를 꾸려갈 수밖에 없었다.

명청시대 향촌에는 만인이 성인이 될 수 있다는 성리학에 기반한 신사사회가 형성되었다. 그러나 지역 리더는 신사층이 담당하고 일반 백성은 공무에 참여할 수 있는 권한이 주어지지 않았다. 성인의 공부를 한 신사층이 통치자가 되고 백성은 생산에 종사하는 전통적 신분 관념이 지속되었던 것이다. 신사층은 소작 농민에게 생산량의 반을 세금으로 받았고, 이들에게 빌려준 돈의 이자를 받아 부를 축적할 수 있었다. 농민 가구는 경작과 아울러 수공업 생산을 겸했는데, 농사만 가지고는 생계를 유지하기가 힘들었기 때문이다.[18]

명말 청초 황종희, 고염무 등은 토지 겸병을 비판하며 토지 소유 제한과 균등 분배를 주장하였다. 그러나 국가나 신사층 누구도 과거의 수전제처럼 백성에게 토지를 나눠주는 세력은 없었다. 토지 부족으로 인

---

18 페이샤오퉁, 『중국의 신사계급』(최만원 옮김, 갈무리, 2019), 6장 농촌의 생계수단: 농업과 가내수공업 참고.

한 민생 파탄이 왕조의 멸망으로 이어졌지만, 청조에서도 수전제는 부활되지 않았다. 낮은 토지세를 유지하는 것이 민본 정책의 최대치였다.

이러한 상황은 신중국 초기에 토지개혁을 실시하기 전까지 지속되었다. 토지개혁은 국가가 인민의 이익을 대변하는 주체가 되어, 송대 이래 중단된 전통적 민생 정책을 부활시킨 것이었다. 그러나 얼마 후 수전제 토지가 집체 소유의 토지로 바뀌었다. 국가가 토지 겸병의 주체가 되어 개인 토지를 집체 소유의 토지로 귀속시켰던 것이다. 집체 토지 속의 농민은 낯선 경작방식과 아울러 도시 공업화를 위한 국가의 수탈이라는 이중의 고초를 겪어야 했다. 소농으로 생활을 유지할 수 있는 정치 경제적 여건이 갖춰지지 않은 상태에서 수전제는 늘 붕괴의 운명에 놓여 있었던 것이다.

공산당은 집체 소유로의 전환을 공동부유를 위한 것이라고 했지만, 민심과는 일정한 간극이 있었다. 무엇보다 인민의 의사보다는 당의 결정에 의해 추진된 것이었기 때문이다. 국가의 사회주의 정책과 민심 사이에 어떠한 간극이 있었던 것인지, 저우리뽀(周立波)의 소설 『산향거변(山鄕巨變)』을 통해 살펴보자.

4. 농민의 슬픔

『산향거변』은 1955년 초겨울, 후난성의 궁벽한 산촌인 칭시향에 농업생산합작사가 건립되는 과정에서 어떠한 거대한 변화가 일어나는지에 관해 묘사한 소설이다. 신중국 초기 공산당은 토지개혁을 통해 농민들에게 토지를 분배했으나 이후 부농들이 토지를 합병하면서 빈부격차가 나타나기 시작했다. 이에 마오는 생산성 향상과 공동부유를 내세우며 개인 농지를 집체 소유의 합작농장으로 전환하였다. 『산향거변』은 이 과정의 민심을 드러내고 있어서, 당의 정책 전환과 민심이 어떠한 관계에 있는지 살펴볼 수 있다.

합작사가 건립될 당시 이 마을은 신중국 성립 이후 6년의 시간이 흘렀음에도 불구하고 여전히 구세계의 사상과 관습이 잔존해 있었다. 토지신, 재신 등의 전통적인 미신이 마을 사람들의 의식에 영향력을 행사하고 있었으며, 농민들은 개인(가족)의 근면한 삶을 통해 부농이 되려는 꿈을 간직하고 있었다. 이 마을에 신사—지주 계급의 지배구조가 사라진 것은 분명하지만, 구세계와 확연히 구분되는 새로운 사상과 관습이 형성되지는 못했다. 이 마을의 향 정부가 있는 건물은 본래 사당이었던 곳을 개조하여 사용하고 있으며, 신상을 모시던 곳에 마오쩌둥, 류샤오치, 저우언라이, 주더의 커다란 초상이 걸려있는 것은 이러한 혼재성을 잘 드러내고 있다.

이 마을의 거대한 변화는 현위원회에서 파견한 덩슈메이가 등장하여 합작사를 건설하면서부터 시작된다. 사실 덩슈메이가 출현하기 전에도 이 마을에는 이미 낮은 수준의 합작방식인 호조조 운동이 진행되고 있었다. 그러나 호조조 활동을 경험한 나이 지긋한 농민들은 "철 맞춰 일하고, 유리한 때 불 맞추는 게 모두 거지 불 쬐듯 하니, 자기 것들만 챙겨. 어느 집이고 양보하려 하지 않는다"[19]고 불평을 하며, 합작의

---

19 저우리뿨, 『산향거변』 상(조관희·이우정 옮김, 중앙일보사, 1989), 26~27쪽.

효율성에 대해 회의적인 태도를 보이고 있었다. 이들은 조상이 물려준 땅이나 자신이 피땀 흘려 개간한 땅에 대해 목숨과도 같은 애착을 지니며, 이 땅을 성실하게 경작하여 가족의 생계를 책임지려는 전통적인 농민의식을 지니고 있었던 것이다.

이들에게 땅은 가족의 생계와 안전을 보장하는 자산이었기 때문에, 가족의 복지를 책임질 사회안전망이 불확실한 상태에서 자신의 땅을 집체 소유로 전환하는 것에 주저할 수밖에 없었다. "일이 잘못되면 우리 식구는 누구에게 의지하지?"[20]라는 생각은 당시 농민이라면 누구나 지니고 있던 우려였다. 합작사 건립은 이러한 호조조 운동의 내부 갈등과 농민들의 강한 토지애를 극복해야 실현 가능한 일이었다.

농민들의 합작사 입사를 설득하기 위해 당 간부들이 제기한 논리는 합작사의 생산력 증대와 풍요한 미래에 대한 약속이었다. 생산력 향상 방법으로서 합작사는 고립 분산된 자작농이나 소규모의 호조조와 달리, 사람이 많고 역량이 크기 때문에 공동경작으로 이모작을 할 수 있다. 또 공동으로 저수지를 만들어 황폐한 전답을 비옥한 전답으로 만들고, 철우(트랙터)·종자 개량 등과 같은 기술혁명을 통해 농업 생산력을 획기적으로 높일 수 있다. 이렇게 합작 생산방식을 장기간 추진하게 되면 가난한 농촌의 모습을 탈피하여 도시 못지않은 부유한 미래가 다가올 것이라는 낙관적 기대감을 심어주었다.

5년이나 10년도 안 돼서 그렇게 될 거야. 그때가 되면 우리들 농업사의 저축금을 가지고 트럭을 한 대 사서 너희 여자들은 차

---

20 저우리뽀, 『산향거변』 상, 170쪽.

176

를 타고 도시에 연극을 보러갈 수 있어. 전등, 전화, 트럭, 트랙터가 모두 준비된 뒤에는 우리들의 생활은 도시보다 훨씬 편안할 거야. 우리 마을은 산수도 좋고 공기도 신선하기 때문이지. 일 년 사계절, 미처 다 피지 못한 꽃들과 미처 먹지 못한 과일, 도토리, 밤알 등이 모든 산과 골짜기에 가득 할 거야.[21]

미래에 대한 희망과 증산의 약속 덕분에 자작농들은 자신의 토지를 들고 합작사에 찾아가 입사를 결심하게 된다. 궁극적으로 이들이 토지를 소유하려는 목적은 생계 걱정 없이 가족들과 안락한 삶을 누리는 것인데, 이를 합작사에서 더 잘 보장해준다면 자작농을 고집할 필요가 없었던 것이다. 당시 농촌에서 단시간 내에 집체 소유로 전환하여 합작사가 건설될 수 있었던 것도 이러한 약속에 대한 농민들의 기대감이 있었기 때문이었다. 항일 민족운동과 토지개혁 과정에서 보여준 공산당의 헌신적 활동에 대해 농민들이 신뢰를 보내고 있었던 것이다.

이러한 맥락에서 볼 때 농민들이 합작사에 가입한 주된 목적은 농산물 증산을 통해 부유한 가정을 만들기 위한 것이었다고 할 것이다.

---

21 저우리뽀, 『산향거변』 상, 202~203쪽. 이 구절은 마르크스가 꿈꾸던 공산주의 사회의 이미지로 널리 알려진 다음의 구절을 떠오르게 한다. "아무도 하나의 배타적인 활동의 영역을 갖지 않으며 모든 사람이 그가 원하는 분야에서 자신을 도야할 수 있는 공산주의 사회에서는 사회가 전반적 생산을 규제하게 되고 바로 이를 통하여 내가 하고 싶은 그대로 오늘은 이 일 내일은 저 일을 하는 것, 아침에는 사냥하고 오후에는 낚시하고 저녁에는 소를 치며 저녁식사 후에는 비평을 하면서도 사냥꾼으로도 어부로도 목동으로도 비평가로도 되지 않는 일이 가능하게 된다." 그런데 이 구절은 마르크스의 생각이라고 알려져 있지만, 사실은 생시몽주의자들이나 푸리에주의자들이 했던 말을 마르크스가 옮겨 놓은 것이다.

즉 사유제가 착취와 빈부격차의 원천이라는 이데올로기적 차원을 넘어, 합작화가 개인 농경보다 생산력을 높여 삶을 좀 더 풍요롭게 만들 수 있는 방식이라는 점에 기대를 걸었던 것이다.

집체 소유제를 선택하여 합작사에 입사한 농민들은 자작농 시절과 다른 새로운 일상생활을 습득하기 시작한다. 공산당의 입장에서 볼 때 이것이 사회주의 인민을 형성하는 과정이라고 한다면, 농민의 입장에서 볼 때는 낯선 생활방식에 적응하는 과정이라고 할 수 있다. 무엇보다 농민들이 곤혹스러워 한 것은, 자신의 토지를 경작할 때는 자신의 오랜 농사 경험과 습관에 따랐는데, 대규모의 합작사 토지를 공동경작할 때는 간부의 작업지시에 따라 필요한 곳에 배치된다는 점이었다. 이는 고립 분산적으로 운영되던 소농 경작에서 벗어나 대규모 집단 경작을 수행하는 과정에서 발생할 수밖에 없는 일이었다.

나아가 개인적으로 생활해온 농민들을 집단경작 속에 배치하여 노동의 효율성을 높이기 위해선 엄격한 규율이 요구되었다. 초창기에 이러한 작업방식에 익숙지 않은 합작사 농민들은, 어찌해야 할 바를 몰라 간부의 지시만을 기다리는 자신의 모습에 당혹스러움을 느끼게 되었다. 그러나 농민들 개개인의 전문성을 활용하여 작업에 배치하고, 소규모의 개인 경작이 따라올 수 없는 대규모 경작의 장점을 알게 되었다. 아울러 간부들의 헌신적 활동과 정부의 지원을 통해 생산력 향상이 실현되면서 점차 합작사가 농민들의 생활공동체로 자리하게 되었다.

이러한 과정에서 농민들은 합작사를 공동의 생계를 책임지는 대가정과 같은 공간으로 인식하고, 그 구성원들에게 가족과 같은 연대감을 느끼게 되었다. 가령, 개인 가정에 해결해야 할 일이나 어려운 일이 생기면 집안의 어른이나 친구들과 상의하기보다 합작사의 간부들을 찾아갔으며, 합작사의 간부들도 사원들의 가정에 각별한 관심을 가지면서 어떠한 문제가 생기면 솔선하여 문제 해결에 도움을 주었다. 이로 인해 루쉰의 소설 속에 등장하는 구경꾼처럼 타인의 불행을 구경거리로 삼아 쾌락을 즐기는 이들의 모습은 사라지고, 생활공동체에 소속된 구성원으로서의 유대감이 점차 확산되어 갔다. 공동으로 난관을 극복하고 풍년을 위해 솔선수범하며 행복한 미래를 건설하기 위해 노력하는 과정에서 대가족과 같은 집단의식이 배양된 것이다.

하지만 합작사 내부의 집단의식을 이해할 때 간과해서는 안 될 점이 있다. 구성원의 사생활에 대한 지나친 관심과 공개화로 인해 개인이나 가족의 사적 영역이 보호받지 못하고 간섭받을 가능성이 잠재되어 있었다. 특히 출신 성분과 가계 혈통이 의심스러운 사람들은 요주의 인물로 지목되어 집중적인 감시의 대상이 되었다. 이는 구성원 내부의 결속을 강화하고 합작사의 단합을 파괴할 수 있는 외부세력을 차단하려는 생각에서 비롯된 현상이었다.

이러한 자기 보호적인 집단의식으로 인해 내부 구성원의 개인적이고 돌출적인 행위는 비판의 대상이 되었다. 외부에서 온 새로운 요소나 낯선 사람은 경계의 대상이 되어, 집단 내부의 경쟁이나 외적 개방을 추구하기 어렵게 만들었다. 집단의식 내부의 이런 문제는 증산의 기대감이 지속될 때에는 봉합이 되어 있었다. 하지만 생산물의 공정한 분배를 둘러싸고 갈등이 생기거나, 만족할 만한 수준의 증산이 이루어지지 않아 생계의 위협이 느껴질 때, 표면 위로 부상하였다.

실제로 대규모 경작이 그 효과를 발휘하기 위해선 농업기술 발전과 현대화된 경작방식이 수반되어야 하는데, 합작사에서는 대부분 자력갱생의 방식에 의존하여 생산력 향상에 한계를 지닐 수밖에 없었다. 더군다나 재분배 과정에 있어 공정한 분배를 위한 평가 시스템을 갖추어야 했지만, 국가의 지침이 모호하여 구성원 사이의 분쟁을 피하기 어려웠다. 합작사 자산에 대한 관리 및 회계의 책임 소재가 불분명하여 효율적인 조직 운영을 하기도 힘들었다. 예상치 못한 자연재해가 닥쳐 생산력이 하락하고 구성원 전체가 생존의 위기에 처하게 될 때에는 집단의 결속을 유지하기가 더욱 어려웠다.

이 때문에 운영의 방식에 따라 어떤 합작사는 번영을 누리고 어떤 합작사는 참담한 실패를 겪었지만, 대부분의 경우 초창기에 기대했던 경제적 성장은 이루어지지 않았다. 외부로부터의 안전 보장, 빈곤층과 장애자를 위한 복지시설, 농촌지역의 교육 및 의료 시설 확충, 농촌의 공업화 시도 등과 같이 농민의 소득통계에 잡히지 않은 사회안전망은 과거에 비해 확충되었다. 하지만 구성원들의 삶의 질이나 공동체로서의 연대감이 각별히 진전되었다고 말하기는 힘들다. 이렇게 된 원인은 무엇보다 대부분의 합작사가 농민의 생산활동을 촉진시킬 수 있는 물질적 도덕적 인센티브를 제공하는 데 실패했다는 점에 있을 것이다.[22]

수전제 토지의 부활은 공산당 입장에서 볼 때, 민생의 안정과 도

---

22 모리스 마이스너, 『마오의 중국과 그 이후』 1, 217쪽.

시 공업화를 위한 재정 수입을 얻는 데 있었다. 농민들은 자기 소유의 토지를 보며 부농의 꿈을 꾸었으나, 곧 이은 집체 소유로의 전환은 불확실한 미래로 들어가는 것이었다. 농민들은 낯선 정책을 믿고 따랐지만, 국가는 안보와 산업 발전의 이름으로 농민의 부유의 꿈을 외면하였다.

인민을 위한 사회주의 정부에서 농민을 담보로 국가 발전을 우선하는 정책이 추진되었기 때문이다. 국가 발전이 농민의 이익으로 이어진다는 공동부유의 구호를 내세우기는 했지만, 그것이 허망한 약속이라는 점이 드러나기까지는 많은 시간이 필요하지 않았다. 개혁개방 이래 40년의 경제성장을 공산당은 자신의 유능함이라고 선전했지만, 그것은 농민에게 전가한 오래된 빚을 숨기는 일이었다.

5. 불안한 사회안전망

장이머우 감독의 영화 〈인생〉에서 주인공 푸꾸이가 현대사의 온갖 풍파를 겪으면서도 내려놓지 않았던 것이 있는데, 바로 안심하고 사는 삶(安心日子)이었다. 이러한 삶을 위해선 생계 걱정 없이 살 수 있는 물질과 아울러, 예측할 수 없는 질병과 재난 그리고 노후의 삶이 보호될 수 있는 사회안전망이 잘 구축되어 있어야 한다. 물질은 개인의 노력에 의해 어느 정도 해결될 수 있지만, 사회안전망은 인민의 삶을 보호하는 국가의 수준에 의해 결정된다. 사회안전망은 코로나 사태나 경제침체기와 같은 불안전한 시기에 그 가치를 드러내는데, 개인적 차원에서 보면 질병을 얻었을 때가 가장 절실히 다가오는 순간이다. 이때 필요한 사회 안전망이 바로 의료복지를 포함한 사회복지이며, 그 혜택을 받은 인민은 국가에 대한 강한 신뢰를 느끼게 될 것이다.

국가에 보내는 이러한 신뢰/불신이 바로 민심이다. 중국 인민이 국가의 사회안전망에 대해 어떻게 느끼고 있는지 문제를 들여다보기 위해, 원무예(文牧野) 감독의 영화 〈나는 약신이 아니다(我不是藥神)〉(이후 〈약신〉으로 간칭)를 살펴보자. 영화 〈약신〉(2018)은 백혈병 환자였던 루융이라는 인물의 실화를 각색한 작품이다. 루융은 고가의 약값을 감당하지 못하여 인도에서 불법으로 만든 복제약을 수입했는데, 정품약과 약효가 같아서 이를 가난한 환자들에게 저가로 판매하였다. 루융은 가짜 약을 판매한 죄로 5년 형을 받았으며, 환자들의 탄원으로 2015년 3년 만에 석방되었다.

〈약신〉은 이러한 루융의 실화를 기반으로, 주인공 청용이 환자들의 생명을 살리는 의인이 되고, 청용이 체포되어 이 사건이 알려지면서 중국의 의료복지 개선을 이끌어낸 이야기로 만들었다. 〈약신〉의 주인공 청용이 불법 밀수를 하면서도 의인으로 불릴 수 있는 것은 환자들이 처한 딜레마 상황 때문이다. 딜레마의 사전적 의미는 두 가지 가운데 어느 길을 선택해도 바람직하지 못한 결과가 벌어지는 곤란한 상황을 뜻한다. 〈약신〉의 행위자들은 이러한 딜레마 상황에 직면해 있는데, 행위자들의 선택 속에는 딜레마에 대한 공감과 고민이 내재되어 있다.

청용의 경우 복제약 밀수가 불법이어서 걸리면 처벌을 받게 되지만, 밀수를 하지 않으면 환자들의 생명이 위태로워진다. 또 자신의 행위가 의로운 일이라 해도 불법을 저지른 것이기 때문에, 특히 아들이 아빠를 나쁜 사람으로 보지 않을까 신경을 쓴다. 환자들의 경우 청용이 불법 밀수를 하도록 권해야 하지만, 잘못되면 자신들 때문에 청용이 처벌을 받을까 걱정이다. 환자들은 생명의 위협을 받는 상황이지만, 그들 역시 불법 약 복용으로 체포될 처지에 있다. 경찰의 경우 불법을 엄정하게 단속해야 하지만, 법을 집행하면 환자들의 생명을 위태롭게 한다. 환자들을 체포할수록 양심에 걸려, 경찰 차오빈은 체포된 환자들을 풀어주고 복제약 사건 수사를 포기하려고 한다. 유일하게 제약회사 사장만이 악인 역할을 하며, 약은 환자를 위해 만든 것인데 그 가격이 너무 비싸면 정작 환자들이 사 먹지 못한다는 딜레마를 인정하지 않는다.

이러한 딜레마 상황으로 인해 〈약신〉은 선/악이 대립되는 이분법적 구조를 벗어나 있다. 청용은 복제약을 밀수하는 과정에서 중국사회의 부조리한 모습을 발견하는데, 중국 제도와 법이 중국 인민의 생명을 지켜주지 못한다는 사실이다. 정품약은 가격이 너무 비싸 가난한 환자들이 구매하기 힘든데, 중국 제약회사가 일방적으로 불공정한 가격을 결정하고 있다. 환자들은 제약회사의 불공정성에 항의하지만 제도 개선은 이루어지지 않고, 경찰은 불법 복제약을 판매하거나 복용하는 사람들을 엄중하게 처벌할 뿐이다. 이 때문에 엄정하게 법을 집행하여 법 정의를 지킬수록 환자들의 생명이 위태로워지는 역설적인 상황이 벌어진다.

이러한 상황에서는 불법의 밀수가 정의로운 일이고 합법적인 단속은 오히려 부조리한 일이 될 수 있다. 만일 정품약이 환자들이 구입할 수 있는 공정한 가격이고 국가의 의료 복지제도가 구비되어 환자들을 보호해 줄 수 있었다면, 의인 청용의 이야기는 생기지 않았을 것이다. 그러나 환자들을 보호해주는 법과 제도가 결핍된 상황에서 생명을 지키는 일은 고스란히 환자들 자신의 몫이었다. 법을 피해 불법의 밀수를 하는 것이 그들의 최선의 자구책이었다. 이러한 자구책은 국가가 인민의 삶을 보호하지 못하는 상황에서, 인민 스스로 생존공동체를 구성하여 문제를 해결하는 전통적 방식에 다름아니다.

중국의 법과 제도가 인민 전체의 이익을 대변한 것이라면 〈약신〉과 같은 문제는 발생하지 않았을 것이다. 그러나 이해관계 충돌을 조정하는 법과 제도의 속성상, 아무리 공정하더라도 특정 세력의 손을 들어주기 마련이며, 〈약신〉에서는 제약회사의 이익을 반영한 것이었다. 〈약신〉 이후 인민을 위한 제도 개선이 이루어진 건 사실이지만, 현실은 여전히 안전한 삶을 보장하는 제도의 수준과는 거리가 멀다.

〈약신〉의 청용은 복제약 밀수를 자구책으로 삼아 생존공동체를 만들었는데, 주목할 점은 국가나 법을 대상으로 한 적극적 항의가 없다는 사실이다. 제약회사 사장에게 환자들이 오물을 투척하기는 하지만 이는 악덕 업주에 대한 항의 표시라고 할 수 있다. 청용의 행동 양상을 보면, 법을 피해 능력껏 밀수하는 데 주력하며 제도나 법의 문제에 대해서는 묵인한다. 환자들도 경찰의 동정심에 호소하거나 펑하오처럼 청용을 지켜주기 위해 자신을 희생하는 것이 생존공동체가 할 수 있는 일이다.

서로 숨겨주고 보호해주는 일만으로는 엄중해진 법망을 피할 수 없었으며, 결국 청용은 경찰에 체포되고 만다. 청용의 체포는 생존공동체의 해체를 뜻한다. 이제 누가 청용을 대신하여 환자들의 생명을 지켜줄 것인가. 청용에게 복제약 판매권을 넘겨받은 가짜약 판매상은 청용의 의로운 행위를 인정하면서도, 이 문제는 인민이 가난하여 생긴 일이기 때문에 청용 개인이 해결할 수 없는 일이라고 말한다.

영화는 청용의 자리에 엔딩 크레딧이 보여주듯이 국가를 올려놓고 있다. 엔딩 크레딧에서 영화는 루용 사건 이후 중국 의료복지 제도가 개선되어 온 과정을 열거한다. 이 영화가 개봉된 후에는 리커창 총리가 수입 항암제에 대한 관세를 철폐하고 부가가치세를 낮추었으며, 수입약도 의료보험 적용이 가능하도록 하는 등 의료보험 적용 대상의 범위를 확대하였다.

영화는 이 사태의 원인이 제약회사의 불공정성에 있고, 국가는 청용의 의로운 행위를 대신하여 의료복지 제도를 개선하는 주체로 부각된다. 국가를 어떻게 보든, 제도 개선은 결국 국가가 담당해야 할 공적 영역이기 때문이다.[23] 하지만 국가가 인민의 이익을 전면적으로 대변할 것인지는 확신하기 어렵다. 중국의 GDP 대비 복지 지출이 OECD 최하위 수준인 한국(12.2%)에도 한참 미치지 못하는 현실(2.96%)이 이를 반증한다.

---

23 이종민, 「〈나는 약신이 아니다(我不是藥神)〉와 중국식 스토리텔링의 가능성」(『미래문화』 제5호, 2022), 21쪽.

〈약신〉은 중국 영화 평점 사이트인 더우반에서 최근 10년간 개봉한 중국영화 가운데 가장 높은 평점인 9.0을 받았다. 이것은 주인공의 의로운 행위에 대한 감동을 표현하는 것인데, 그렇다면 관객들은 〈약신〉을 보며 공동부유에 대한 국가의 약속은 어떻게 보았을까. 자본가에게 유리한 법과 인민을 보호하지 않는 의료 복지제도는 국가의 약속이 지켜지지 않았다는 것을 뜻하는데, 영화에 대한 감동은 국가에 대한 불신을 표출한 것이었을까.

2020년 7월 하버드대 케네디스쿨 애쉬센터(Ash Center for Democratic Governance and Innovation)는 2003년에서 2016년 동안 중국 도시와 농촌 주민 3만 1천여 명을 대상으로 실시한 중국 각급 정부에 대한 만족도 조사 결과를 발표하였다. 그 가운데 중앙정부에 대한 만족도는 2003년 86.1%에서 2016년에는 93.1%를 기록하였다.[24] 애쉬센터의 조사는 인민의 국가(중앙정부)에 대한 만족도가 80~90%를 기록하고 있는데, 중국의 사회복지 수준을 고려하면 믿기 힘들 정도의 높은 수치다.

조사의 오차를 감안하더라도, 이것은 중국 인민이 복지수준이나 불평등에 대한 불만보다는 공산당 통치에 대한 전반적인 만족을 표출한 것이다. 경제성장으로 인한 전반적인 소득수준의 향상과 절대빈곤의 해소가 바로 중국 인민에게는 복지의 향상이면서 불평등 해소라고 느껴졌던 것으로 보인다. 공산당이 주력한 1차 분배인 소득주도 성장이 성과를 거두었다는 얘기다. 이 점은 선부론의 낙수 효과가 있었으며,

---

24 인민망 한국어판, 「하버드大 조사 보고서, "중국 국민, 對정부 만족도 93.1%"」, 2020. 07. 17.

불평등 지수가 높았음에도 불구하고 중국에서는 '좋은 불평등'으로 받아들여졌다는 점을 뜻한다.

그러나 공산당 통치가 아무리 만족스럽다 하더라도, 제로 코로나 정책과 같은 장기간의 통제를 견딜 수 있는 인민은 없다. 백지 시위를 비롯하여 곳곳에서 터져나온 중국 인민의 불만은 인내의 한계치를 보여주는 것이다. 공산당의 정치 통제로 인해 대안 세력이 없고 인민의 민주의식이 성장하지 못했지만, 중국 역사는 민심의 힘을 알려준다.

경제침체가 민심의 이반으로 이어지는 사태는 공산당이 가장 우려하는 일이다. 현재 세계가 직면한 경제침체는 중국도 예외가 아니다. 문제는 공산당의 최고 치적으로 자부했던 성장의 방식 내부에서 시한폭탄 같은 문제들이 불거져 나오고 있다는 점이다. 민심이 흔들리고 있는 지금, 공산당은 이제 무엇으로 인민의 마음을 붙잡을 것인가. 경제 회복에 사활을 걸고 있는 공산당, 그것이 민주 없이 민심을 얻을 수 있는 유일한 길이기 때문이다.

5장
법치, 권력은 제한될 수 있는가

5장

법치, 권력은 제한될 수 있는가

1. 헌법과 공산당 딜레마

중국 정부가 중산층 사회 건설을 목표하는 전면적 소강사회를 추진하는 동안, 류샤오보(劉曉波)를 포함한 중국의 인권운동가와 지식인 303인은 중국의 민주화를 위한 헌장을 준비하고 있었다. 그들은 2008년 12월 UN 세계인권선언 60주년을 기념하여, 중국의 민주화와 인권 개선을 촉구하는 「08헌장」을 발표하였다. 서구 자유민주주의 이념에 기초한 「08헌장」은 자유·평등·인권은 인류 공동의 보편적 가치이고, 민주·공화·헌정은 현대 정치제도의 기본구조이며, 이러한 보편적 가치와 정치제도의 기본구조에서 벗어난 '현대화'는 사람의 권리를 박탈하는 탄압일 뿐이라고 주장하였다.

「08헌장」의 주장 가운데 특히 삼권분립, 사법 독립, 군대의 국가화, 공직 선거, 연방제 등 공산당 일당제를 정면 비판하는 내용은, 당시 후진타오 정부뿐만 아니라 현행 시진핑 정부에서도 수용되기 힘든 민감한 사안이었다.[1] 그렇지만 「08헌장」의 전체 내용이 새롭게 제기된 주장이라거나 공산당 정부가 전혀 수용할 수 없는 급진적인 사항이라고 볼 수는 없다.[2]

중국 정치개혁의 핵심사안 가운데 하나인 법치에 대해 「08헌장」은 "법률은 있지만 법치는 없고, 헌법은 있지만 헌정은 없는" 것이 중국 정치의 현실이라고 주장하였다. 그러나 법치가 인치에 상대하는 개념으로 법에 의한 통치를 의미하는 것이라면, 중국에서도 이미 실시하고 있는 제도라고 할 것이다. 공산당은 1997년 15차 당대회에서 사회주의 법치국가의 수립과 의법치국(依法治國)을 새로운 당 방침으로 결정하였다. 1999년 전국인민대표대회에서는 헌법 수정을 통해 서문에 "중화인민공

---

1 류샤오보는 2010년 노벨평화상을 수상하게 되지만 08헌장으로 인해 옥고를 치르다가 2017년 7월 간암으로 사망하게 된다. 그의 죄명은 국가정권 전복선동죄, 형벌은 징역 11년, 정치권리 박탈 2년이었다. 판결 이유는 이제까지 인민민주주의 독재 정권 및 사회주의 체제에 불만을 품고 계속하여 인터넷상에 문장을 공표하여 정권 전복을 선동했고, 특히 「08헌장」에서 일당에 의한 집정 특권의 독점을 폐지하고 민주적 헌정의 틀 아래에서 중화연방공화국을 수립하자는 등의 선동을 했다는 것이다.

2 「08헌장」 본문은 류샤오보, 『류샤오보, 중국을 말하다』(지식갤러리, 2011) 참고. 「08헌장」은 19개 항목의 개혁을 요구하는데 그 내용은 다음과 같다. 헌법 수정, 삼권분립의 수립, 사법 독립, 군대의 국가화와 공무원 및 무장 역량의 중립화, 인권 보장, 공직 선거, 도농 평등을 위한 호적제도 철폐, 집회 언론 종교의 자유 보장, 사유재산의 보호, 세제 개혁, 사회보장의 완비, 환경보호, 홍콩 마카오 대만을 포괄할 수 있는 민주적 연방공화제의 수립. 이 가운데 공산당 일당제와 관련되지 않은 사항은 「08헌장」 발표 당시 이미 시행되거나 개선되고 있었다.

하국은 의법치국을 실시하여 사회주의 법치국가를 건설한다"는 내용을 추가하였다.

이러한 과정을 통해 법치는 새로운 국가 통치의 방침이 되었으며, 정책 결정과 집행이 법률에 의거하여 이루어지는 다양한 개혁정책이 추진되었다. 즉 정부의 의법행정, 법원과 검찰의 사법개혁, 공산당의 의법집정 등을 통해 당정 간부의 부패와 정책 실패를 바로잡고, 경제발전에 필요한 법률 시스템과 행정서비스를 구축하고 있었다. 시진핑 정부의 의법치국 역시 이를 계승한 것이다.

현재 중국의 법치가 추구하는 것은 인치가 아닌 법에 의한 통치 방식으로의 전환이다. 하지만 국민의 권리를 보호하고 권력을 제한하는 선진사회의 법치 개념과는 상당한 격차가 있다. 중국 통치의 근본 문제인 공산당 권력 독점과 국민의 참정권 제한 문제를 해결할 의향이 없기 때문이다. 시진핑 정부가 강력히 시행하고 있는 당내 권력남용과 부정부패 척결이 법치의 현실적인 목표라고 할 수 있다.

그렇지만 법치의 제도화가 진행되면서 수많은 대중 시위 및 각종 권리침해소송이 법에 근거하여 주장되고 있다는 점을 고려한다면, 중국의 법치가 통치 수단을 넘어 인민의 정치 사회적 권리 신장에 기여하고 있다는 점 역시 간과해서는 안 된다.[3] 이러한 맥락에서 볼 때 이제 중국 사회에서 주목할 점은 법치 여부가 아니라 법의 공정한 적용 여부가 되어야 한다.

---

3   이 점에 대해서는 다카미자와 오사무·스즈키 겐, 『중국법의 역사와 현재: 통치의 도구에서 시민의 권리로』(이용빈 옮김, 한울, 2013), 제6장 현대 중국의 입헌주의 참고.

류샤오보의 주장은 민주화를 위한 입법 통제는 물론이고, 현행 헌법과 법률에 규정되어 있는 조항조차 실천하지 않는 공산당 독재에 대한 비판이었다. 가령, 민주화와 관련된 사안으로 중화인민공화국 헌법 제1장 제3조에는 다음과 같은 조항이 있다.

> 중화인민공화국의 국가기구는 민주집중제의 원칙을 실행한다. 전국인민대표대회와 지방 각 차원의 인민대표대회는 동시 민주 선거에 의해 탄생하며, 인민에게 책임을 지고, 인민의 감독을 받는다. 또한 국가의 행정기관, 사법기관, 검찰기관은 일률적으로 인민대표대회에 의해 조직되고, 전인대에 대해 책임지며, 전인대의 감독을 받는다.[4]

전국과 지방의 인민대표는 인민 각계각층의 이해관계를 대변하는 정치 주체인데, 중국 헌법에서도 민주 선거에 의해 선발하는 것으로 규정되어 있다. 이들은 인민의 이익을 대변할 책임을 지면서 아울러 인민의 감독을 받는다. 그리고 국가 권력기관은 인민의 대표 기구에 의해 조직되고 책임을 지며 감독을 받는다. 이러한 조항을 보면 중국의 헌법 역시 여느 민주국가처럼 인민이 권력의 원천이며, 선거를 통해 인민을 위한 대변인과 권력기관을 조직하도록 규정하고 있다.

그러나 실제 현실에서는 이 헌법 조항이 지켜지지 않는다. 인민대표는 인민이 아니라 공산당에 의해 선발된다. 당의 보증이나 추천이 없

---

[4] 중국 헌법 전문은 강효백, 『중국법 기초 중국헌법』(좋은땅, 2021), 〈부록〉 중국 헌법 원문 및 한글 대조본 참고.

으면 인민대표가 될 수 없다. 당의 입장과 다른 생각을 가진 사람이 인민대표가 될 가능성은 전혀 없다. 국가 권력기관과 국가의 주요 어젠다 역시 인민이 아니라 최고 의사결정기구인 정치국 상무위원회에 의해 내밀하게 결정된다. 인민의 이익은 인민의 선거가 아니라 당의 결정에 의해 규정되는 것이다.[5]

그렇다고 공산당이 임의적으로 이러한 행위를 하는 것은 아니다. 중국 헌법에 "공산당 영도는 중국특색 사회주의의 가장 본질적인 특징이다"는 조항을 명시하여, 공산당의 어떠한 통치행위도 정당화시킨다. 류샤오보와 「08헌장」은 이처럼 헌법의 민주 조항을 종잇장에 불과하게 만든 공산당 독재를 겨냥한 것이다.

개인의 권리도 마찬가지다. 중국 헌법 제2장 공민의 기본 권리와 의무를 보면, "중국 공민은 언론·출판·집회·결사·시위의 자유를 갖는다." 이번 코로나 사태를 통해 중국인들은 사회복지가 자신의 안전하고 건강한 삶을 위해 얼마나 중요한 문제인지 자각하게 되었다. 그리고 국가 공공정책의 중요성을 인지하면서, 국가는 인민을 통치할 뿐 아니라 인민의 삶의 질을 위해 복무해야 한다는 헌법 제45조의 중요성을 깨닫게 되었다. "중화인민공화국 공민은 연로하거나 질병이 있거나 노동력

---

5   공산당 내부 사정도 마찬가지다. 공식적으로 약 8천만 명의 당원을 대표하는 대의원이 2천 2백여 명의 전국대표를 뽑고, 이들이 200여 명의 중앙위원과 170여 명의 후보위원을 선출한다. 이들 중앙위원이 25명의 정치국 위원을 뽑고, 정치국 위원들이 7명의 중앙 정치국 상무위원을 뽑고, 여기서 공산당 총서기를 선출한다. 절차상으론 상향식 민주 조직으로 보일 수 있지만, 실제에서는 7인의 상무위원이 위에서 주요 인사를 결정한다. 시진핑 3기에서 상무위원 전원이 시진핑 측근으로 구성된 것을 보면, 1인 결정권이 더 강해진 것이다.

을 상실할 경우, 국가와 사회로부터 물질적 도움을 얻을 권리가 있다. 국가 발전은 공민이 이러한 권리가 필요로 하는 사회보험과 사회 구제 및 의료와 보건 서비스를 누릴 수 있게 하기 위한 것이다."

중국 헌법에서도 인민 행복의 근간이 되는 사회복지를 국가가 제공해야 하고, 인민은 필요한 공공 서비스를 국가에 요구할 수 있는 권리가 있다는 점을 명시하고 있다. 그동안 이러한 헌법 규정을 알고 있는 사람은 소수였고, 사회복지 문제를 공론화해야 할 학계와 언론에서는 작은 정부를 신봉하는 시장주의자들이 많았다.

이러한 문제를 심각하게 인식한 중국인들이 최근 백지 시위와 같은 행위를 하는 것은 헌법에 보장된 정당한 권리 행사라고 할 수 있다. 그러나 중국 헌법에는 "공민은 자유와 권리를 행사할 때, 국가적·사회적·집단적 이익과 기타 공민의 합법적 자유와 권리에 손해를 끼칠 수 없다"는 조항이 명시되어 있다. 이것은 중국인 개인이 비판행위는 할 수 있지만, 국가·사회·집단의 이익과 타인의 자유와 권리를 손상시키는 일이라면 금지된다는 뜻이다. 문제는 이러한 판단을 하는 주체가 공산당이며, 공산당에 반하는 어떠한 행위도 허용하지 않는다는 점이다.[6]

중국 헌법은 중국인의 민주·자유·권리를 보장하고 있지만, 아울러 공산당이 그것을 통제할 수 있도록 허용하고 있는 셈이다. 물론 공산당 독재라고 하여 인민의 이익을 대변하지 못하는 것은 아니다. 개혁개방 이래 40년의 경제성장은 인민 다수의 지지를 받았다. 경제성장 과정에서 개발독재의 성과는 한국을 포함한 여러 나라에서 이미 증명된 바 있다.

---

6 조영남, 『중국의 통치체제: 공산당 영도 체제』 1, 21세기북스, 2022, 63~64쪽.

그러나 통치 규범인 헌법과 현실 정치 사이의 간극이 중국처럼 심한 나라는 찾아보기 힘들다. 이것은 중국의 최고 통치 규범이 헌법이 아니라 헌법 위에 군림하는 공산당과 그 당헌이라는 점을 뜻한다. 법치는 법에 의한 통치이지만, 권력이 법 위에 군림하면 법에 의한 인치가 될 수 있다. 법을 만들고 집행하는 주체도 공산당이고 그것을 감시하는 주체도 공산당이라는 점, 그것이 바로 중국 법치의 딜레마이다.

2. 고대 중국의 규범과 법

왕조시대 통치 철학인 유교는 법으로 국가가 잘 다스려지거나 권력을 통제할 수 있을 것이라고 생각하지 않았다. 유교는 법이 아닌 천명과 민본주의 규범으로 통치 정당성을 부여했으며, 이를 통해 황제의 권력을 제한하려고 하였다. 이러한 유교의 영향력 때문에 우리는 법치와 상대되는 개념으로서 예치가 중국 통치의 근간이며,[7] 또 법이 아닌 현자의 덕에 의존하는 인치가 중국의 통치 방식이었다는 생각을 한다.

중국에서 법이 공적 규범으로 등장한 것은 춘추시대 중앙집권 국가의 출현과 관련되어 있다. 분산되어 있던 지역을 중앙집권적 조직에 편재하고, 신분과 출신이 다른 이들이 정치공동체로 통합되는 과정에서, 누구에게나 공히 적용될 수 있는 통치 규범이 필요했던 것이다. 귀족들에게 통용되는 예나 종법질서, 지역의 씨족사회에 작동하는 관습

7　미조구찌 유조 외, 『중국의 예치 시스템』(동국대 동양사연구실 옮김, 청계, 2001), 229~231쪽.

으로는, 영토 국가 내부의 다양한 이해관계를 지닌 사람들을 통치하기가 어려웠다. 백성 누구나 쉽게 이해할 수 있고 엄정하게 시행하는 성문화된 법이 바로 중앙집권 국가에 필요한 새로운 규범으로 부상하였다.

춘추시대 관중이 설계한 중앙집권 국가를 보면 세 가지 규범이 작동하고 있다.[8] 주나라 법도, 법·형벌, 예의염치(四維)가 바로 그러하다. 주나라 법도는 주나라 문왕과 무왕이 나라를 세울 때 확립했던 규범을 지칭한다. 현능한 사람을 등용하고, 법을 정하여 백성의 기강을 세우고 조직을 구성하며, 포상으로 선행을 장려하고 형벌로 악행을 바로잡는 일이 주나라 법도에 해당한다. 주나라 법도는 나라를 세우고 다스리는 보편적 규범으로서 현대국가의 헌법에 해당한다고 할 것이다.

법·형벌은 주나라 법도를 계승하여 중앙집권의 목표와 제나라의 실정에 맞게 혁신한 법제를 지칭한다. 관중은 중앙집권적 조직을 구성하고, 농민에게 땅을 지급하고, 토지세와 교역세를 정하고, 관리를 선발하고, 포상과 형벌을 내리는 등의 공무를 국가가 정한 법·형벌에 따라 시행하였다. 이러한 법·형벌은 현대적 의미의 행정법, 경제법, 사법, 형법 등에 해당한다. 관중은 국가목표와 백성의 욕구에 기반하여 법제를 만들어 중앙집권 시스템의 근간으로 삼았다.

예의염치는 법도와 기강이 있는 나라를 세우기 위한 백성의 윤리적 규범을 지칭한다. 예는 규정된 절도를 넘지 않는 것이고, 의는 바르

---

8   관중의 세 가지 규범에 대한 자세한 내용은 이종민, 「관중과 고대중국의 질서」(『중국학보』 제101집, 2022), 140~154쪽 참고.

지 않은 일에 스스로 나아가지 않는 것이고, 염은 나쁜 일을 숨기지 않는 것이고, 치는 잘못된 일을 따르지 않는 것이다. 예의염치는 백성이 규정된 법도와 직분에 따라 바른 일을 하고, 나쁘고 잘못된 일을 하지 않도록 규제하는 윤리적 규범에 해당한다. 귀족문화였던 예의가 이제 백성 모두가 준수해야 하는 국가적 윤리로 전환된 것이다.

주나라 법도가 통치자가 따라야 할 최고 규범이라면, 법·형벌은 주나라 법도에 따라 만든 제나라의 실정법이며, 예의염치는 백성이 법과 직분에 따라 살아가는 것이 바른 일임을 알게 하는 윤리 규범이다. 관중은 이러한 세 가지 규범에 기반하여 중앙집권 국가를 만들어, 제 환공은 춘추시대 첫 번째 패자가 되었고, 백성은 부유하고 예의를 아는 생활을 하였고, 현능한 인재들은 관리로 등용될 수 있었다.

제 환공의 성공으로 법치의 힘이 알려지게 되었으며, 제후국이 법을 수용하는 과정에서 통치집단 내부의 갈등이 벌어졌다. BC 536년 정나라 자산이 형법을 솥에 주조한 성문법(刑鼎)을 공포했는데, 진나라 경대부 숙향이 자산에게 편지를 보내 이를 질타하였다. 또 BC 513년에는 진나라에서 정나라를 본받아 형법을 솥에다 주조했는데, 이번에는 노나라 공자(孔子)가 이를 비판하였다.

1) 백성이 법률이 있다는 걸 알면 윗사람을 거리낌 없이 대하며 경쟁심을 갖고 법률 문서에만 근거한 증거로써 요행수를 찾아 자신의 뜻을 이루려 할 것이오. (…) 백성이 분쟁할 수 있는 단서를 알게 되면 장차 예를 버리고 법률 문서에만 근거를 찾게 될 것이오. 그럼 송곳 끝만한 작은 분쟁도 끝까지 다투려 할 것이니 어

지러운 옥사가 나날이 늘어나고 뇌물도 병행할 것이오. 그대의 생애가 끝나는 동안 정나라도 멸망할 것이오.[9]

2) 진나라는 망할 것이다. 그들은 국가의 법도를 잃어가고 있다. 진나라는 선조 당숙(唐叔)이 전한 법도를 잘 지켜 백성을 다스리는 기강으로 삼고, 경대부들 또한 자신의 위치에서 이를 잘 준수해야 한다. 이에 백성은 귀인을 존중할 수 있고, 귀인은 가업을 지킬 수 있으며, 귀천의 질서에도 잘못이 없게 된다. 이것이 이른바 법도인 것이다. (…) 지금 그 법도를 폐기하고 형법을 새긴 솥을 만들었으니 백성은 그 솥에서만 행동의 근거를 찾을 것이다. 무엇으로 귀인을 존중하고, 귀인은 무엇으로 가업을 지킬 수 있겠는가? 귀천에 질서가 없으니 무엇으로 나라를 다스릴 것인가?[10]

숙향과 공자는 성문법 공포를 국가의 법도가 무너지는 사태로 보고 있다. 백성이 법을 알게 되면 국가 통치의 기반인 신분 질서가 붕괴되어, 귀족이 설 자리가 없어진다고 우려한 것이다. 귀족에게 법치는 통치 방식의 변경을 넘어 자신의 권력 기반에 대한 위협으로 다가온 것이다. 정나라가 망할 것이라는 숙향의 질타는 이러한 위기감의 발로인 셈이다. 그러나 자산이 재상으로 재임한 20여 년 동안 정나라는 어린아이들이 밭갈이 등의 중노동에 동원되지 않게 되었고, 시장에서 물건값을 속이는 일이 없어졌으며, 도둑이 사라져 밤에 문을 잠그지 않아도 괜찮

9　춘추좌전」 소공 6년. 번역은 『춘추좌전』 3(신동준 옮김, 한길사, 2006), 95~96쪽.
10　『춘추좌전』 소공 29년. 『춘추좌전』 3, 331~332쪽.

았다. 개혁이 뿌리내리면서 진(晉)과 초 두 강대국 사이에 끼어있던 정나라는 강소국으로 우뚝 설 수 있었다.

얼마 후 숙향의 진나라가 정나라를 본받아 성문법을 공포한 것도 그 효과를 알았기 때문이다. 이번에는 노나라 공자가 숙향과 같은 시각으로 진나라가 망할 것이라고 질타하였다. 향후 진나라가 위·조·한 3국으로 분열되기는 했지만, 그것은 법치가 아니라 중앙집권을 반대하는 세족들의 내분 때문이었다. 숙향과 공자의 질타에도 불구하고, 춘추전국시대 이래 법치는 중앙집권 국가의 통치 방식으로 정착되어 갔다.

그런데 정나라와 진나라가 솥에 주조한 성문법이 형벌에 관한 형법이라는 점은 주목할 필요가 있다. 형벌은 주나라 법도인 '명덕신벌'처럼 신중하게 내려야 하지만, 고대 중국의 형벌은 육형을 포함한 가혹한 벌이 많았다. 숙향과 공자도 형벌에 대해 대단히 엄중한 자세를 취하고 있었다. 『좌전』 소공 14년에 숙향이 내린 엄벌에 관한 기사가 있다.

숙향의 아우 숙어가 진나라 대부 형후와 옹자의 영토 분쟁 사건을 맡았다. 그런데 숙어가 옹자에게 뇌물을 받고 형후에게 누명을 씌웠다가 분노한 형후에 의해 살해되었다. 이 사건을 맡은 숙향은 세 사람을 같은 죄로 판정하고, 형후를 사형에 처한 후 세 사람의 시체를 늘어놓는 진시(陳尸)를 판결하였다. 숙향의 판결에 대해 공자는 혈연에 얽매이지 않고 엄벌을 내렸다고 칭찬하며, "숙향은 옛 유풍을 지킨 곧은 사람"이라고 평가하였다.[11]

『순자』 「유좌」와 『사기』 「공자세가」에 기록되어 있는, 노나라 대사구

---

11 『춘추좌전』 3, 188~189쪽.

가 된 공자의 소정묘 판결에도 공자의 형벌관이 드러나 있다. 소정묘는 노나라에서 영향력이 있는 대부로서 처형을 당할만한 범죄를 저지르지 않았다. 그런데 공자는 소정묘가 소인의 영웅이 되어 사회를 혼란하게 만들 위험성이 높다는 이유로 처형을 하고, 그 시체를 3일간 내걸어 백성의 경종을 울렸다. 범죄 행위가 아니라 동기에 입각한 '춘추대의'식 엄벌주의를 시행한 것이었다.

『논어』에도 공자의 형벌관을 엿볼 수 있는 구절이 있다. 양을 훔친 아버지를 고발한 아들에 대해 초나라 섭공과 공자가 상반된 입장을 드러낸 대화가 그러하다.

> 섭공이 공자에게 말했다. "우리 마을에 정직한 궁이라는 사람이 있는데, 그의 아버지가 양을 훔치자 관청에 고발합니다." 공자가 말했다. "우리 마을의 정직한 사람은 그와 다릅니다. 아버지는 자식을 숨겨주고 자식은 아버지를 숨겨줍니다. 정직함은 바로 그 속에 있습니다."[12]

섭공의 사회에서는 양을 훔친 아버지를 고발하는 아들을 정직하다고 하고, 공자의 사회에서는 숨겨주는 아들이 정직하다고 한다. 신정근의 견해에 따르면, 섭공은 백성이 국가 질서에 복종해야 한다고 여기고, 공자는 부자 관계가 다른 것에 의해 결코 침해되어서는 안 된다고 여긴다. 이것은 춘추시대가 가족 질서의 우위에서 가족 질서와 국가 질

---

12 『論語』「子路」. "葉公語孔子曰, 吾黨有直躬者, 其父攘羊, 而子證之. 孔子曰, 吾黨之直者異於是. 父爲子隱, 子爲父隱, 直在其中矣."

서의 혼용으로, 다시 국가 질서의 우위로 변해가기는 과도기에 있다는 것을 보여준다.[13] 즉 아버지의 범죄에 대한 두 자식의 차이가 국가 질서와 가족 질서의 차이에 있다고 보는 것이다.

그러나 범죄 행위는 고대 중국에서 엄벌에 처했으며, 가족 질서가 우위에 있던 서주시대에도 면죄하거나 관대하게 대하지 않았다. 『상서』「강고」에서 주공은 강숙에게 "문왕이 제정한 법에 따라 처벌하고 형에는 용서가 없도록 하라"고 했다. 다만 통치계급인 귀족은 형벌보다는 엄격한 예법 준수가 요구되었으며, 형벌은 주로 일반 백성을 다스리기 위한 것이었다. 그러나 예법이 관대한 처벌이라고 볼 수만은 없으며, 귀족에게는 감당하기 힘든 수치와 모욕의 형벌을 안겨주는 것이었다.[14]

춘추시대에 형법이 공적 규범이 되어 신분에 상관없이 적용되면서, 숙향의 판결에 나타나듯이 귀족도 예외가 될 수 없었다. 형법이 성문화되었는지의 차이는 있겠지만, 공자 사회에서도 백성의 범죄는 당연히 형법이 엄격하게 적용되었을 것이다. 형벌에 있어서 국가 질서와 가족 질서 사이에 본질적인 차이가 있었다고 보기는 힘들다.[15]

---

13 신정근, 『공자씨의 유쾌한 논어』, 사계절, 2015, 515쪽.

14 취퉁쭈, 『법으로 읽은 중국 고대사회』(김여진 외 옮김, 글항아리, 2020), 280~281쪽.

15 고대 중국의 형벌 적용 방식으로 알려진 『예기』「곡례」의 "예는 아래로 서인에게 미치지 않고, 형벌은 위로 대부에게 이르지 않는다"는 말도 이러한 맥락에서 해석되어야 한다. 즉 대부의 죄는 처벌하지 않거나 관대하게 대한다는 뜻이라기보다는, 대부와 서인의 범죄를 처벌하는 방식의 차이로 보아야 한다는 것이다. 신분에 따라 법을 동일하게 적용하지 않은 것은 맞지만, 귀족은 예법의 처벌을 받은 것이며, 이를 면죄로 보기는 힘들다는 말이다. 고대 중국에서 자결은 귀족의 체면과 존엄을 지켜주는 것으로, 일반 서민에게는 보이지 않는 일이다. 또 성문법이 정착된 이후에도 형법의 적용에 신분 차이가 있었다는 점은

『논어』의 대화에서도 공자는 아버지 범죄에 대한 면죄를 얘기한 것이 아니다. 소정묘 판결에서 나타난 것처럼 동기로도 엄벌을 내린 공자가, 범죄 행위에 대해 아버지라는 이유로 면죄를 주장할 수는 없는 일이다. 공자는 아버지의 범죄를 자식이 신고하거나 혹은 자식의 범죄를 부모가 신고해서는 안 된다고 본 것이다. 즉 가족끼리는 서로 숨겨주고 싶은 것이 솔직한 마음이며, 이 인정(인륜)은 국가 질서에서도 허용하는 것이 마땅하다고 본 것이다.

가족이 아닌 남일 경우에는 범죄사실을 고지할 수 있지만, 가족 간에는 '예외적 불고지'가 허용되어야 한다는 얘기다.[16] 실제로 전국 말기에서 진시황 시기에 기록된 『수호지진묘죽간(睡虎地秦墓竹簡)』「법률답문(法律答問)」에서는 "자식이 부모를 고발하고, 노비가 주인을 고발하는 것은 '비공실고(非公室告)'이니, 고발을 수리하지 않는다"[17]고 하였다. 또 법령의 전범으로 간주되는 『당률소의(唐律疏議)』에서는, 자식은 아비가 역모죄인 경우가 아니면 고발을 엄격히 금지하는 것은 물론, 고의로 부

주목해야 한다. 상앙의 변법 시기에는 "남작과 자작에게 작위를 1급 이상 수여하고 죄가 있으면 감면한다"는 규정이 있었다. 진 제국 시기에도 죄형을 법률에 적용할 때 신분에 따른 차등을 강조하고, 공개적으로 같은 죄라도 다른 벌을 적용하였다. 이 점에 대해서는 장진번 주편, 『중국법제사』(한기종 외 옮김, 소나무, 2006), 240~242쪽 참고.

16 이종민, 「논어의 언명은 어떻게 현재화될 수 있는가―'직궁(直躬)' 이야기와 사회정의 문제를 중심으로」, 『중국학보』 92집, 2020, 166~167쪽.

17 『수호지진묘죽간 역주』(수호지진묘죽간정리소조 엮음, 윤재석 옮김, 소명출판, 2010), 362~364쪽. "公室告'何也? '非公室告'何也? 賊殺傷・盜它人爲 公室; 子盜父母, 父母擅殺・刑・髡子及奴妾, 不爲公室告; '子告父母, 臣妾告主, 非公室告, 勿聽.' 何謂'非公室告'? 主擅殺刑髡其子・臣妾, 是謂'非公室告', 勿聽. 而行告, 告者罪. 告者罪已行, 它人又襲其告之, 亦不當聽."

모를 고발할 경우 교수형에 처하게 하였다. 이렇게 중국 법률에 공자의 주장이 수용되어, 역모죄가 아닌 일에는 불고지가 허용되는 것이 전통이 되었다.

이러한 법 전통은 중국에서 가족 질서와 국가 질서가 갈등 상황에 있었다기보다, 법이 부권(父權)과 족권(族權)을 보호하여 중앙집권적 통치 질서를 공고히 유지하고 있었다는 사실을 알려준다.[18] 이러한 중국 법의 역사를 잘 이해하지 못하면, 『논어』의 이야기를 질서의 차이나 도덕관의 차이로 생각하게 된다.

다시 숙향과 공자의 성문법에 대한 시각 문제로 돌아가자. 성문법에서 숙향과 공자가 부정하는 것은 성문법의 내용인 형법(형벌)이 아니라, 형법을 공개하여 백성이 잘 알게 되는 사태가 벌어지는 일이다. 그렇게 되면 법을 독점적으로 행사해온 귀족들의 권위가 없어져 귀천의 질서가 무너진다고 우려했던 것이다. 귀족과 백성이 알고 있는 법률 지식이 동등해짐에 따라, 이제 백성은 귀족을 존중하지 않고 법률 근거를 가지고 귀족과 분쟁하려 들 것이기 때문이다.[19]

다양한 이해관계를 지닌 사람들이 모여 사는 영토 국가에서 시비 분별의 규범으로서 법이 공개화된다는 사실 자체가 귀족에게는 자신의 특권을 제한하는 일로 다가온 셈이다. 이것은 성문화되기 이전에는 귀족이 법을 권위적으로 행사하며 백성에게 돌아갈 이익을 차지했다는 점을 시사한다. 성문법은 귀족의 권력 기반을 제한하고 백성을 국가의

18　김시천, 「『논어』의 직(直)−'직궁(直躬)' 이야기와 정의(justice)의 딜레마?」(『유교사상문화연구』 77집, 2019. 9.), 158∼159쪽 참고.

19　취퉁쭈, 『법으로 읽은 중국 고대사회』, 276∼277쪽.

근간으로 삼으려는 중앙집권제의 목표와 연결되어 있었던 것이다.

성문법이 귀족의 특권을 제한한다는 차원에서 보면 숙향과 공자의 우려는 근거가 있지만, 국가의 법도를 무너뜨린다고 본 것은 과도한 생각이다. 관중의 중앙집권 국가가 주나라 법도, 법·형벌, 예의염치의 세 가지 규범에 기반한 점을 환기하면, 법치가 반드시 국가의 법도나 예의 붕괴를 초래한다고 볼 수는 없다. 실제로 관중이 추구한 사회는 신분이 사라진 평등사회가 아니라 조화로운 차등사회였다.

제자백가 가운데 가장 수평적인 세계를 추구한 묵자의 경우도 마찬가지다. 유가에서는 묵자 사상을 획일적 평등주의라고 비판하지만, 『묵자(墨子)』를 전체적으로 읽어보면 이는 묵자가 추구하는 세계에 반하는 것이다. 묵자의 세계에서도 작위, 신분, 직분, 능력, 출신, 국적 등에 따른 차이가 존재한다. 묵자의 겸애는 평등의 세계가 아니라 각자가 처한 상이한 환경과 능력 차이를 인정하고 각자가 원하는 바를 이룰 수 있도록 배려하는 것에 가깝다.[20] 묵자는 겸애를 통해 강자가 차별적 질서를 만들어 이익을 독점하는 현실을 막으려고 한 것이다.

겸애는 획일적 평등보다는 조화로운 차등질서를 향한다. 묵자가 추구한 상동(尙同)의 동도 획일적 평등이 아니라 동일한 법을 누구에게나 공평하게 적용한다는 것을 뜻한다. 즉 특정 세력이 자신들의 이익 추구에 유리하게 만든 사사로운 구조에서 벗어나, 누구에게나 보편적으로 적용되는 규범과 법을 만들어 서로 이익을 공유할 수 있게 한다는 것이다. 법치의 목표는 차등질서 속에서 백성 누구나 자신의 몫을 보호받

---

20 정영근, 「묵자의 직업사상」(『한국사상과 문화』 65집, 2012), 431~432쪽.

고 능력껏 자신의 이익을 추구하는 사회였다.

가장 냉혹한 법치를 실시했다고 불리는 진나라 상앙도 귀족의 특권을 제한하기는 했지만, 신분 질서 자체를 폐지한 것은 아니었다. 상앙은 17등급의 작위를 정하고 공적에 따라 승급할 수 있게 했는데, 서민은 최대 8등급까지 올라갈 수 있어서 상위 작위는 다 귀족들이 차지하였다. 작위에 따라 토지와 관직이 차등 수여되었기 때문에, 상앙이 추구한 세계도 신분과 능력주의가 결합된 생산적 직분사회라고 보아야 한다. 상앙의 법치는 이러한 차등화된 사회를 설계하고 법으로 엄정하게 작동시키려 한 것이었다. 상앙이 귀족에게 강제한 것은 이러한 법을 백성과 동일하게 지키라고 한 것이며, 신분이 철폐된 평등사회를 추구한 것은 아니었다.[21]

3. 외유내법(外儒內法)과 권력 세계

고대 중국에서 법치는 불평등한 귀족 질서를 제한하고 조화로운 차등질서의 회복을 목표로 하였다. 여기서 회복이라고 한 것은 주나라 법도 혹은 고대 성왕의 도를 당대에 구현하려고 했기 때문이다. 주나라 고대 성왕의 세계가 조화로운 이상사회인지는 불확실하지만, 고대 중국에서 그것은 공유된 신념이었다. 조화로운 차등질서를 추구한다는 점에서는 법치와 유교의 예치가 확연하게 구별되지 않았다.

---

21 이종민, 『중국, 만들어진 정체성―고대 중국의 진실』, 5장 통일을 위한 전쟁과 민심―전국시대의 딜레마 참고.

예는 본래 통치집단이 제사를 지내는 법식과 참여자의 역할(서열)을 정한 규범이었다. 서주 초기 주나라 통치집단은 상나라 전통을 계승하여 여러 종족의 구성원들과 함께 의례를 올렸다. 그러나 서주 중기부터 왕실의 권위가 약화되면서 이에 도전하는 귀족 관료들을 통제하고, 아울러 왕실의 가족 수가 증가하여 대종-소종의 서열관계를 정리할 필요가 있었다. 이에 의례 개혁을 통해 왕실과 대종을 중심으로 권력을 차등화했는데, 가족의 차원에서 보면 엄격한 종법 질서가 형성된 것이고, 의례의 차원에서 보면 서열을 규정한 예악문화가 정립된 것이었다.

이렇게 서주 중후기에 형성된 예악문화는 춘추시대 열국 사이에서도 지켜졌다. 첫 번째 패자인 제 환공이 천자만이 행할 수 있는 봉선의식을 올리고 싶어했으나 관중이 제지하였고,[22] 두 번째 패자인 진 문공도 양왕에게 자신의 장례에 천자만큼의 묘도를 쓰게 해달라고 요청했다가 거절된[23] 사례들이 이를 반증한다. 그러나 춘추시대 후기에 대부들이 실권을 잡으면서 의례를 참람하는 일들이 빈번해졌는데, 이는 『논어』에서 공자의 비판 대상이 되었던 부분이다.

제후국에서 군주의 중앙집권을 확립하는 과정에서 예는 통치집단을 넘어 국가 전체의 사회질서를 정립하는 규범(예제)으로 재탄생되었다. 즉 예가 군주에서 백성에 이르는 조화로운 차등질서를 형성하는 원리가 된 것이다. 이제 예 개념에는 차등적 사회질서인 예제의 의미와, 백성이 따라야 하는 윤리 규범의 의미가 포함되었다. 관중의 세 가지

---

22 『사기』「제태공세가」.
23 『춘추좌전』 희공 25년.

규범 가운데 예의염치는 예가 백성의 윤리 규범으로 정립된 것이었다. 이때부터 예가 하늘의 질서에서 기원한 것이라는 통치 논리가 만들어졌다.[24]

이러한 예 개념 위에 공자는 개인의 윤리적 덕목으로서 예의 의미를 발전시켰다. 그래서 『논어』를 보면, 종법 질서로서 예, 차등적 사회 질서로서 예제, 윤리적 덕목으로서 예, 외적 의식으로서 예, 민간 문화로서 제례 등이 공존한다. 공자가 이상으로 생각했던 주나라 문화는 종법 질서로서 예이며, 현실개혁 방안으로 제시한 것은 차등적 사회질서로서 예제였다. 또 인격 수양을 위해 윤리적 덕목으로서 예를 교육했고, 「향당」편에 보이듯이 세부적인 의식도 중시했으며, 민간의 제례나 굿거리 놀이도 그 의미를 인정하였다.[25]

예의 다층적 개념은 이렇게 공자에게서 정립되었다. 법치와 상대되는 개념으로서 예치는 예제, 예악문화, 예 윤리를 결합하여 통치하는 방식이라고 할 수 있다. 관중의 중앙집권 국가는 백성의 직분 윤리와 국가 제례는 수용하였으나, 사회 경제질서는 예제가 아닌 법제에 기반하여 구축하였다. 즉 예의 국가 통합적 기능은 수용하면서도 백성의 이해관계를 조정하고 생산력을 높이는 데는 법제가 더 효율적이라고 본 것이다. 제나라의 현실은 "창고가 가득 차면 백성이 예절을 알고, 입고 먹는 게 풍족하면 영광과 수치를 안다"는 관중의 통치 철학을 실현하는

---

24 춘추시대에 예악문화가 예제로 변천하는 과정에 대해서는 진래, 『중국고대 사상문화의 세계』(진성수·고재석 옮김, 유교문화연구소, 2008), 제7장 예치 참고.

25 이종민, 「역사 문화적 시각으로 보는 공자 사상의 원천」(『중국문학』 111집, 2022), 30~31쪽.

데 있어, 법제가 더 적합한 방식이었음을 입증해주었다.

관중의 통치는 예를 포함한 세 가지 규범에 기반하여 이뤄졌기 때문에 순수한 법치라기보다는 혼합적 통치 방식에 가까웠다. 이를 통해 관중은 먹고사는 욕구가 충족된 기반 위에서 사람의 예의를 아는 백성을 길러내려고 하였다. 법치/예치의 대립이 아니라, 법치를 통해 백성의 욕구를 충족시키는 사회를 만들고, 그 위에 예의를 지키는 문화를 이루어, 법도와 기강이 있는 나라를 건설하려고 했던 것이다.

공자의 경우도 도덕 사회를 목표하는 예치를 추구하면서도 백성의 생계 문제를 중시하였다. 통치자는 솔선수범하는 도덕성이 중요하지만, 백성에게는 먹고사는 문제가 우선이었기 때문이다. 그러나 관중과 달리 공자는 백성의 욕구 충족을 위한 정책을 설계하고 이를 백성이 알고 따르도록 법제화하지는 않았다. 백성의 생계 방안은 주로 소농 생산과 낮은 세금에 의존하는 것이었다. 후대의 맹자가 내세운 인정(仁政)도 법치의 방안에 비하면 현실성이 떨어져, 백성이 믿고 따르게 하기가 쉽지 않았다. 조화로운 차등사회를 내세우면서도 이를 위한 사회경제적 기반을 만들지 못하면 불평등 질서가 지속될 수밖에 없었다.

숙향과 공자는 법치가 귀족의 권력 기반을 제한한다고 우려했지만, 법치의 핵심이 중앙집권과 백성을 위한 사회경제적 기반 구축에 있었던 만큼, 귀족의 특권 제한은 불가피한 일이었다. 그래서 귀족과 귀족의 이익을 대변하는 지식인들이 법치에 반감을 가지게 되었던 것이다. 중앙집권과 법치가 부상하기 시작한 춘추전국시대는 물론이고, 공식 제도로 정착된 왕조시대에도 제도개혁(변법)이 일어날 때마다 기득권 세력의 반발이 이어졌다. 이런 반감은 권력 투쟁과 연결되어 법치에 대한 편향된 생각을 낳았다.

바로 법치를 냉혹한 형벌주의로 간주하는 시각이다. 숙향과 공자의 우려에서 보이듯이, 성문법 갈등의 시초는 형벌(형법)에 관한 일이었다. 누구에게나 형벌은 피부로 느끼는 두려움이었던 만큼, 형벌의 기준인 법을 형벌처럼 생각하였다. 또 사마천을 비롯한 한나라 유생이 상앙을 성품이 각박하여 귀족들에게 가혹한 형벌을 내렸다고 평가하면서, 법치가 냉혹한 형벌로 국가를 통치하는 것이라는 생각이 고착되었다.

그러나 관중의 세 가지 규범에서 보이듯이, 법치는 형벌뿐만 아니라 국가 통치에 관한 전반적인 사안을 규정된 법에 따라 다스리는 시스템을 말한다. 상앙의 법치도 형벌뿐만 아니라 진나라 통치 전반에 관한 실정법을 포함하였다. 귀족의 특권을 강하게 제한하고 백성과 동일하게 법을 적용하여 귀족의 원망을 사기는 했지만, 냉혹한 형벌로 공포통치를 한 것은 아니었다. 당시 진나라 백성은 냉혹함보다는 변법이 주는 명예와 이익이 더 크다고 여겼다.

변법이 시행된 이후 진나라 상황을 사마천은 다음과 같이 기술하였다. "진나라 백성은 크게 기뻐하였고, 길에 남의 물건이 떨어져 있어도 줍지 않았으며, 산에는 도적이 없었고, 집집마다 넉넉하고 사람마다 풍족하였다. 백성들은 나라를 위해 싸울 때는 용감하고 사사로운 싸움은 두려워하며, 작은 마을까지 나라가 크게 잘 다스려졌다."[26]

---

26 『史記』「商君列傳」. "秦民大說, 道不拾遺, 山无盜賊, 家給人足。 民勇於公戰, 怯於私斗, 鄉邑大治."

사마천의 평은 냉혹한 형벌주의라는 비난과는 거리가 있는 얘기다. 전국시대 말기 진나라를 방문하여 그 실정을 관찰한 순자의 소감도 사마천과 마찬가지였다. 순자가 본 진나라는 덕이 포악한 나라가 아니라 오히려 유가들이 추구하는 옛 모습을 구현한 나라에 가까웠다. 백성들은 소박하고 순종적이며 음악은 안정되고 의복도 사치스럽지 않았다. 관리들은 엄숙하고 성실하며, 사대부들은 사사로움이 없이 공정하며, 조정은 조용하면서 만사에 신중을 기하고 있었다. 순자는 진나라의 모습에서 옛날의 성인이 이룬 지극한 치세를 발견하였다. 순자는 이러한 치세가 요행으로 얻어진 것이 아니라, 좋은 방책 즉 변법의 성과라고 보았다.[27]

그러나 진시황 사후 제국이 급망하고, 한나라 정부 및 유생이 멸망의 원인을 냉혹한 법치로 몰고 가면서, 법치에 대한 편향된 생각이 고착화되었다. 7장에서 살펴보겠지만, 진 제국 멸망의 원인은 법치 자체의 문제라기보다는, 지역적 문화적 정체성 차이를 감안하지 못한 중앙집권 정책과, 진승의 봉기에 편승한 옛 육국 토호의 집단적 반란에 있었다. 그런데도 법치가 타깃이 된 것은, 법치로 인해 권력 기반이 약화된 귀족과 분서갱유의 피해를 입은 유생의 반감이 증폭된 결과라고 할 것이다.

---

27 『荀子』「彊国」. "入境, 觀其風俗, 其百姓樸, 其聲樂不流汙, 其服不佻, 甚畏有司而順, 古之民也. 及都邑官府, 其百吏肅然, 莫不恭儉, 敦敬. 忠信而不楛, 古之吏也. 入其國, 觀其士大夫, 出於其門, 入於公門 ; 出於公門, 歸於其家, 無有私事也 ; 不比周, 不朋黨, 倜然莫不明通而公也, 古之士大夫也. 觀其朝廷, 其朝閒, 聽決百事不留, 恬然如無治者, 古之朝也. 故四世有勝, 非幸也, 數也. 是所見也. 故曰 : 佚而治, 約而詳, 不煩而功, 治之至也, 秦類之矣."

그렇지만 이들의 반감과 달리, 한나라 현실 정치에서는 진나라 법제를 계승한 통치가 이루어졌다. 집행을 관대하게 했지만 형법도 계승하였고, 한나라 제도의 핵심인 관료제와 작위제, 수전제, 조세제도, 군사제도 등도 다 진나라 법제에 기반하여 시행한 것이었다. 진나라와 확연히 달랐던 점은 찰거제를 통해 대거 등용된 유생들이 법가를 대신하여 법을 집행하는 주체가 되었다는 사실이다. 유생들 가운데는 한 무제가 토지 겸병 금지를 비롯한 재정정책을 시행했을 때, 귀족의 입장을 대변한 이들이 많았다. 무제 사후 벌어진 염철회의에서 재정정책을 비판한 문학 현량이 바로 이들이었다.

또 새로운 법률을 제정하거나 수정할 때 귀족과 가부장의 이익을 대변하는 법률을 만들었다. 법 조항도 실정보다는 유교식 대의에 입각하여 정치적으로 해석하고, 판관의 자의적 해석까지 가미되어, 한대에는 이른바 혹리들이 판을 치는 세상이 되었다.[28] 물론 혹리가 다 유생인 것도 아니며, 혹리의 행위가 황제의 뜻과 연결되어 있었던 것도 분명하다. 그러나 엄정한 법치가 시행되지 않았고 관리의 세금 수탈이 심해질수록 민생은 위기에 빠져갔다. 중앙 관료로 성공한 유생은 대토지를 소유한 신흥 문벌이 되어 지방의 독립 세력으로 발전하였다.

중국 왕조시대의 통치 방식을 외유내법(外儒內法)이라고 부른다. 실제로는 법에 근거한 통치를 하면서도 겉으로는 유교의 덕치와 왕도를 내세운다는 뜻이다. 다시 말하면 덕치와 왕도를 통치 규범으로 내세우면서, 실제에서는 법에 근거한 엄벌 통치를 한다는 것이다. 외유내법의

---

28 어우양잉즈, 『용과 독수리의 제국』(김영문 옮김, 살림, 2020), 566쪽.

실제를 더 정확히 보려면, 법을 시행하는 주체가 누구인지의 문제까지 포함해야 한다. 위나라 조조처럼 능력 위주로 선발하거나 재정관과 같은 전문직을 선발하는 경우도 있었지만, 대개 중국 왕조의 관리는 유생들의 차지였다. 그래서 법치에는 관리인 유생들의 이해관계가 개입될 수밖에 없었다.

법은 황제가 중앙집권을 위해 제정하고, 시행과정에서는 관리들의 이해관계가 작동한다는 얘기다. 이런 점을 감안한다면, 외유내법은 황제가 중앙집권을 위해 유교 규범을 내세우면서 동시에 법을 제정하고, 유교 관리는 법을 집행하는 과정에서 자신들의 이해관계를 개입시킨다는 의미가 된다.[29] 이러한 맥락에서 보면 신중국도 사회주의를 내세우면서 실제에서는 권위주의적 법치를 추구하기 때문에, 외유내법은 중국 통치체제의 실상을 보여주는 수사라고 할 것이다.

외유내법은 좋은 법과 아울러 공정한 집행자를 만나야 비로소 법치의 목표가 실현될 수 있다는 사실을 역설한다. 하지만 중국인들 사이에서 '법보다 인정(情大於法)'이 오랜 시간 통용되고 있었다는 것은 무엇을 의미하는가. 페이싱 감독의 영화 〈침묵의 목격자〉[30]를 통해 이 문제

---

29 역대 중국의 중앙집권 국가는 그 시대의 실정에 따라 법제를 제정하여 통치하면서, 법 적용에 있어서는 신분과 이념에 따라 차등적인 적용을 하였다. 가령 외유내법이 시작된 한대는 황권을 반대하는 어떠한 행위도 대역무도죄로 처벌했으며, 농민봉기 등 사회안정을 위협하는 행위에 대해서는 가혹한 처벌을 하였다. 그리고 불효를 포함하여 삼강오륜을 파괴하는 행위 역시 엄벌에 처하였다. 이에 반해 귀족 관료에게는 법적 특권을 부여하였고, 노약자에게는 관대한 처분을 하였으며, 친족 범죄에 대해서는 불고지를 허용하였다. 이러한 한대 외유내법의 특성은 후대에 이르기까지 영향력을 행사하여 중국식 법치의 근간이 되었다. 이 점에 대해서는 장진번 주편, 『중국법제사』, 25~34쪽 참고.

30 〈침묵의 목격자〉는 페이싱 감독의 〈全民目擊〉(2013)의 한국어 제목이다. 〈침

에 대해 살펴보자.

4. 중국 법조계와 이익집단

영화 〈침묵의 목격자〉는 개혁개방 시대 금융 재벌이 된 아버지 린타이가 살인을 저지른 딸을 무죄로 만들기 위해 증거를 조작하다가 결국 자신이 딸 대신 범인이 되는 법정 이야기를 다루고 있다. 이 영화에서 주목할 점은 아버지 린타이가 딸의 죄를 숨겨주기 위해 사적 권력을 동원하여 자신이 원하는 진실을 만든다는 것이다. 이는 법의 준수보다 힘의 정의를 중시하는 중국인의 오랜 관행과 연계된 일이다. 아버지 린타이는 개혁개방시대 부자의 꿈을 이룬 사업가로 유명 가수 양단과 연인이 되어 세간의 주목을 받지만, 딸 린멍멍이 양단을 살해한 혐의로 체포되면서 딸을 구하기 위한 수단을 강구한다.

이 영화의 검사 동타오는 1997년에 로스쿨을 졸업하고 검찰에서 활동하는데, 이 해는 중국이 사회주의 법치국가 수립과 의법치국을 당의 방침으로 결정한 해이다. 검사가 된 후 동타오는 린타이를 금융사기로 세 차례 기소하지만 린타이가 증인을 매수하여 증거 부족으로 풀려난다. 이것은 당시 시장경제 관련법이 정비되어 있지 않았고 전문 법조인이 충분히 양성되지 않아, 불법적 수단을 통해 빠져나갈 수 있는 여지가 많았던 시대적 요인과 맞물린 일이다. 법치사회는 법치에 대한 정

묵의 목격자〉에 대한 자세한 비평은 이종민, 『중국이라는 불편한 진실 – 신자유주의의 대안이 될 수 있는가』(서강대학교출판부, 2017), 5장 법치, 만인에게 공정한가 참고.

부의 의지와 아울러 법률 정비, 전문 법조인 양성 그리고 국민의 준법 의식 등이 갖추어져야 가능한 일이기 때문이다.

중국이 서구적 의미의 근대법을 접하게 된 것은 아편전쟁의 결과로 영국과 체결한 남경조약(1842) 이후부터다. 남경조약에 앞서 러시아와 맺은 네르친스크조약(1689)과 카흐타조약(1727)이 있었지만, 이것은 양국 관료의 이름으로 체결한 것이었다. 조약은 주권국가 사이에 체결된 계약관계인데, 남경조약은 체결자가 대청 황제와 대영 군주였다.

이후 열강들과 차례로 불평등조약을 맺게 되면서, 중국은 『만국공법(萬國公法)』을 통해 근대 국제법을 배우게 되었다. 그리고 20세기 초 만청 정부는 불평등조약을 개정하기 위해 중국 고유법을 서구식 근대법으로 정비하기 시작했다. 청대의 고유법은 『대청율례((大淸律例)』인데, 역대로 중국은 행정 문제를 포괄하는 조례와 칙령은 정기적으로 반포하고, 사법적 판결 기준과 처벌을 총괄하는 율은 성문법으로 만들었다.

『대청율례』는 법률체계인 율과 그 사례를 총괄한 성문법으로 엄격하고 합리적인 법전이었다. 하지만 국가를 보호하고 사회질서를 유지하는 과정에서 부과된 형벌에는 폭력적인 것도 포함되어 있었다. 중국법의 잔혹성을 상징하는 능지처참이 바로 그러한데, 열강들은 이를 중국에 치외법권을 주장하는 근거로 활용하였다.[31] 이러한 흐름 속에서 1902년 청영통상항해조약에서는 중국의 야만적인 법을 서구식 근대법으로 정비하는 일이 불평등조약 개정의 조건으로 명시되었으며, 이 해

---

31 능지처참으로 상징되는 중국법의 잔혹성 이미지를 만든 서구의 시선에 대해서는 티모시 브룩 외, 『능지처참: 중국의 잔혹성과 서구의 시선』(박소현 옮김, 너머북스, 2010) 참고.

부터 법 정비가 본격화되었다.

근대법 정비 작업은 신해혁명 이후 헌법의 성격을 지니는 「임시약법(臨時約法)」(1912.3) 제정으로 이어졌으며, 국민당 통치 시기인 1920년대에서 1940년대 후반에는 법전 편찬, 법조인 양성, 불평등조약 개정이 이루어졌다. 1949년 신중국이 성립된 이후에는 국민당의 구법인 육법전서가 전면 폐기되고, 법을 통치 수단으로 간주하는 소비에트 법을 계승하여 사법개혁을 단행하였다. 그러나 헌법을 제외하고 법전을 정비하지 못한 상황에서 문화대혁명이 일어나 법의 부재 시대를 겪게 되었다. 개혁개방 이후 형법과 형사소송법을 시작으로 중단되었던 소비에트 법의 입법화가 진행되었다.

1992년 덩샤오핑의 남순강화로 사회주의 시장경제가 결정된 이후에는 소비에트 법이 아닌 독일 등의 유럽 대륙법과 글로벌한 신규 법을 수용하여 현대적 법치사회 건설로 나아갔다. 중국법은 소비에트 법의 흔적이 강하게 남아있는 헌법을 제외하고,[32] 법 관념과 경제·현대사회에 관한 입법에서 신속하게 소비에트 법을 탈피하였다. 그리고 국제사회에 통용되는 글로벌한 법체계 및 법 관념으로 전환하였다. 이 과정에서 국민당의 구법인 육법전서에서 발전한 타이완 법을 가장 많이 참조하고 있다는 점은 주목할 만하다.

---

32 중국의 헌법 개정은 주로 시장경제 시스템과 관련된 부분에 한하고 있으며, 정치제도의 민주화나 시민의 권리 확대와 보장 등에 관한 개정은 미비한 실정이다. 주목할 점은 2004년 개정된 제24조에 시민의 기본적 권리·의무의 일반적 규정으로서, "국가는 인권을 존중하고 보장한다"는 문구를 추가한 것이다. 이는 서구의 중국 인권문제 비판을 겨냥한 헌법 수정으로 보이는데, 법 개정으로 중국의 인권문제가 실질적으로 개선되었다고 보기는 힘들다.

국민당의 구법은 신중국 수립 이후 폐기되고, 국민당 시대에 양성된 재판관, 검찰, 변호사 등도 추방되어, 중국 법원은 일시에 법조인 공백 상태가 되었다. 퇴임 군인을 비롯한 비전문가가 그 자리를 차지하면서 중국 법조계의 문제가 시작되었다. 특히 변호사는 1957년 반우파 투쟁 때 범죄인을 변호하는 부르조아 제도라고 비판받고 직업 자체가 사라졌다.

개혁개방 이후 법이 재정비되면서 재판관·검찰의 재교육과 엄격한 자격심사가 시행되었고, 법조인의 전문화가 요청됨에 따라 2002년 3월에는 최초의 사법시험이 실시되었다. 그러나 매년 사법시험 합격률이 상승하여 전문 법조인 양성의 취지에서 멀어졌으며, 법조인 인구 구성에서 변호사보다 재판관이 많은 기이한 현상이 출현하였다. 재판관은 경험과 실적을 쌓음으로써 계급이 서열화되는 관료조직의 성원이 되었고, 법원은 방대한 소송비용과 해당 지역의 이해관계와 결탁한 이익집단이 되어갔다.

1979년 변호사제도가 재건되면서 변호사는 사법행정기관 직원의 신분을 갖게 되었으며, 국가 경비로 운영되었다. 1986년부터 변호사 시험제도가 시행되었고, 1993년 이후에는 매년 시험이 실시되었다. 그런데 중국에서 변호사사무소는 집업허가 증서, 개별 변호사는 집업증서(면허증)를 성급 사법행정기관의 심사를 거쳐 매년 갱신하지 않으면 변호사 업무를 계속할 수 없었다. 이것은 정부의 뜻에 어긋나는 변호를 하기가 힘들다는 점을 뜻하였다.

또 변호사사무소에는 당 조직의 설치가 미미했으나 최근에는 늘어나누는 추세에 있다. 이는 변호사사무소가 민영화됨에 따라 당의 통제가 필요하다는 판단에서 출현한 현상이다. 이처럼 변호사의 행정적인 독립과 자치가 제약받을 뿐만 아니라, 경제성장에 따라 각종 소송이 늘어나면서 변호를 비즈니스로 간주하는 변호사와 로펌이 증가하고 있는 실정이다.

중국 법조계의 이러한 추세로 볼 때, 중국법의 현대화와 글로벌화가 법치의 공정성을 보장하는 것이 아니라는 사실을 알 수 있다. 법 적용의 공정성이 없는 사회는 법치가 아니라 법에 의한 인치에 가깝다. 이것은 권력자에 의한 인치에서 법에 의한 인치로의 전환에 불과하다. 이러한 상황에서 국민은 준법의식이 아니라, 권력과 결탁한 법에 대해 혐오거나 자의적인 진실(정의)을 추구하려는 심리를 암묵적으로 가질 수 있다. 이는 실질적인 정의를 추구하고 이해관계를 중시하는 중국인의 오랜 관행과 맞닿아 있는 지점이기도 하다.[33]

5. 중국식 법치

영화 〈침묵의 목격자〉에서 린타이가 선택한 길에는 이러한 중국적 맥락이 내재되어 있다. 현상적으로 볼 때 영화는 악독한 재벌 린타이가 딸을 구하기 위한 아버지의 마음으로 자신의 모든 것을 희생하는 이야기로 보일 수 있다. 그러나 법적 진실의 차원에서 볼 때 아버지로서 린

---

33 중국 법조계의 현황에 대해서는 다카미자와 오사무·스즈키 겐, 앞의 책, 제7
    장 현대 중국의 '사법' 참고.

타이의 행위 역시 진실을 은폐한다는 면에서는 동일하다. 이를 위해 린타이는 반전에 능한 변호사를 선임하고, 부하 순웨이의 자발적 제안이기는 했지만 거짓 증언을 승인한다. 검사가 순웨이의 자백을 의심하지 않았다면 재판이 의도대로 진행되어 린타이는 법 위에 군림하는 삶을 지속했을 것이다.

그렇게 되면, 순웨이의 충성(희생)은 린타이에 대한 보은이 되고, 딸 린멍멍은 죄책감보다는 아버지에 더욱 의존하는 생활을 하고, 피해자 양단의 죽음은 린타이의 권력에 의해 먼지처럼 사라졌을지 모른다. 그러나 자신의 과거 범죄사실로 인해 검사의 의심을 받으면서, 린타이는 순웨이의 범행 장면을 조작하여 확실한 증거로 만들려고 한다. 또 이 역시 의심을 받을까 걱정되어 결국 자신이 범인이 되는 동영상을 제작한다. 동영상이 의심받는다는 건 딸의 석방에 위험스런 일이었기 때문에, 자신을 희생하여 검사 동타오의 의심을 피하는 길을 선택했던 것이다.

린타이는 법정에서 조작된 동영상으로 자신의 잘못을 인정하고, 재판관과 검찰에 대해 사과한다. 그렇지만, 린타이의 발언에는 피살자 양단은 물론이고 그간 자신에게 피해를 입은 사람들에 대한 어떠한 사과도 없다. 이것은 그의 행위가 딸을 구하기 위한 것일 뿐, 딸을 대신하여 세상에 사죄하기 위한 것은 아니었다는 점을 뜻한다. 물론 그 역시 진실을 은폐하는 일이지만.

여기서 더 주목해야 할 점은 딸 린멍멍의 선택이다. 린멍멍은 살인 혐의로 체포될 때 아버지 린타이에게 구해달라고 애원하는데, 첫 번째 재판에서 순웨이가 범행 자백을 할 때 안도의 한숨을 쉬었다. 린멍밍은 차로 양단을 밀친 후 떠나버려 사망원인을 알지 못했는데, 순웨이가 그 이후의 상황을 자백하여 그걸 사실로 믿었기 때문이다. 그러나 두 번째 재판에서 아버지 린타이가 차로 양단을 밀치고 죽였다고 한 말은 린멍밍이 사실이 아님을 분명히 알았다.

변호사 저우리가 린멍밍을 찾아가 누가 차로 밀친 것인지 물었을 때 자신이 했다고 한 것은, 그게 사실일 뿐 아니라 아버지를 희생시키고 자신이 풀려나고 싶은 마음이 없었기 때문이다. 아버지가 구속되고 린멍밍이 풀려났을 때 그녀는 죄책감에 시달리고 있었다. 집에서 아버지의 영상을 보며 눈물을 흘리고, 밖으로 나가 비 내리는 하늘을 우러러보면서, 그녀는 사건의 진실을 선택하였다. 린멍밍이 선택한 새로운 삶은 아버지의 희생으로 얻은 죄스러운 삶이 아니라, 자신의 잘못을 사죄하고 진실을 바로잡는 용기있는 삶이었다.

자신의 스무 살 딸이 수십 년 감옥에서 지내야 한다는 사실을 쉽게 받아들일 아버지도 없겠으나, 아버지를 희생한 대가로 얻은 삶을 죄책감 없이 살 수 있는 자식도 거의 없을 것이다. 린타이가 만일 재벌이 아니고, 또 재벌이라 하더라도 불법적 수단으로 범죄를 은폐한 경험이 없었다면, 린타이가 이러한 선택을 할 수 있었을까? 또 린타이가 용배장의 신화[34]를 믿는 아버지라 하더라도, 법이 공정하게 적용되어 자의적

---

34 용배장의 신화는 린타이의 심리를 드러내기 위해 등장시킨 이야기다. 순순히 범행을 자백한 린타이에게서 석연치 않음을 느낀 검사 동타오는, 법정에서 린타이가 용배장 뒤에 묻힐 것이라고 한 미묘한 말을 떠올린다. 그리고 린타이의 고향인 수셴으로 가서 마을 주민으로부터 용배장의 의미를 알아낸다. 용배장(龍背墻)은 마을 근처의 산으로 아들을 대신하여 희생한 아버지 용의 신화

진실을 추구하려는 심리가 약화된 상황이라면, 린타이와 같은 선택을 하기는 쉽지 않았을 것이다.

공정한 법 적용의 문제는 법조계만의 일이 아니라 이를 감시하는 시민사회의 문제이기도 하다. 영화에서 감시의 역할을 맡고 있는 주체는 언론이다. 공중파 방송은 재판과정을 실시간으로 보도하고, 기자들은 사건 관련자들에 대한 취재 경쟁이 뜨겁고, SNS와 인터넷 방송은 재판과정을 법정에서 생중계하여, 전 국민이 이 사건을 목격할 수 있게 한다. 그런데 이 사건을 보도하는 언론의 태도를 보면, 유명 가수와 사업가 사이의 염문설이나 사건의 발단이 된 불륜 동영상 문제 등 시청자의 흥미를 유발시키는 자극적인 내용에 집중되어 있다.

언론은 배신한 아버지의 연인을 딸이 살해한 복수극이나 검사 동타오와 린타이의 오랜 악연 등에 초점을 맞추고 있을 뿐, 불법 촬영되어 유포된 동영상이 살인사건으로 이어진 사회문제에 대해서는 침묵한다. 언론은 살인사건을 오락물로 만들고, 그 주인공 린타이는 아버지의 이름으로 법적 진실을 농락하는 신파극이 연출된 것이다.

가 전해지고 있다. 옛날 남룡왕이 늘그막에 아들 소룡왕을 얻었는데, 아버지의 극진한 사랑 속에 자라 성격이 제멋대로여서 천상의 감실을 태워버리는 잘못을 저질렀다. 천상의 법정에서 아들을 잡으려하자 남룡왕은 아들처럼 변장하여 산을 오르는 척 하다가 하늘로부터 번개 공격을 받아 죽을 지경에 이른다. 이를 본 아들 소룡왕이 양심의 가책을 느끼고 징벌을 받으러 나오는데, 남룡왕은 아들을 저지하기 위해 금강석 벽에 몸을 던져 목숨을 끊었고, 그 시체가 변하여 용배산이 되었다. 그제서야 깨달음을 얻은 아들은 평생 본분을 지키며 타인에게 선행을 베풀며 살았다. 후대 사람들이 용배산을 용배장으로 바꿔 불렀는데, 그 산을 통해 소룡왕의 모든 악행이 벽처럼 가려졌기 때문이라고 한다. 린타이는 용배장의 신화를 통해 자식을 위한 아버지의 희생을 정당화한 셈이다.

법을 감시하는 주체가 없는 상황에서 법치는 권력의 수단이 되기 십상이다. 언론 통제와 검열이 극심한 중국이지만, 미디어가 법치 발전에 기여한 사안도 있었다. 2003년 3월 쑨즈강 사건이 바로 그러하다. 이 사건은 위생국에 무단 연행된 청년 쑨즈강이 집단구타를 당하여 사망한 사건이다. 무단 연행의 근거가 된 수용견송제도[35]에 대해 미디어 보도, 인터넷상의 논의, 학자에 의한 위헌 심사 건의 등이 이루어지면서 비판적인 여론이 형성되었다. 이에 전국인대의 위헌 심사가 발동되기 전에 국무원이 먼저 자발적으로 법령을 개정하였다.

이처럼 미디어 여론이 활성화되면서 주목받은 것이 바로 '영향성 소송[36]이다. 영향성 소송은 개별 사건의 가치가 해당 사건 당사자의 청구 내용을 초월하여, 동 종류의 사건, 입법, 사법의 개선, 공공 관리 제도의 개선 및 사람들의 법 의식 변화에 커다란 영향을 준 사건을 뜻한다. 영향성 소송을 통해 개별 소송사건이 계기가 되어 법규 변동, 새로운 규칙 형성, 사회 권력자에 대한 문제 제기를 끌어낸 사례들이 나타났다.

정치 민주화의 진척이 없는 상황에서 재판은 다양한 이의 신청의 합법적 회로가 될 수 있었고, 영향성 소송은 시민, 인권 변호사, 미디어 여론 등의 힘이 규합되어 법을 통한 사회변혁의 길을 모색한 사례가 되

---

35 「城市生活無著的流浪乞討人員救助管理辦法」은 1982년에 제정된 행정 법규로, 노상 생활자의 신병을 구속하는 행정 조치였다.

36 영향성 소송(impact litigation) 개념을 최초로 제기한 사람은 베이징의 인권변호사 우거(吳革)이다.

었다.[37] 이러한 미디어의 사회변혁 사례가 축적되어, 2013년 1월 개혁적 성향의 신문인 『남방주말(南方週末)』의 기자들이 공산당의 검열에 맞서 공개적으로 항의하는 사건이 일어날 수 있었다.[38]

오늘날 중국인은 누구나 부정부패, 토지 강탈, 부의 불평등, 환경파괴 등의 쟁점을 잘 알고 있다. 미국의 중국전문가 앤드루 네이선(Andrew Nathan)은 지나치게 많은 정보로 인한 과부하가 오히려 많은 의제들에 대한 관심을 약화시키는 결과를 초래한다고 주장한다. 예전처럼 한 가지 사건을 통해 시민들이 분노로 들끓고, 이러한 분노가 정권에 대항하는 거대한 운동으로 확대될 가능성이 오늘날에는 오히려 줄어들고 있다는 것이다.[39]

하지만 정보의 홍수 문제보다는 정보를 가공하는 시각이 훨씬 큰 문제다. 이 점에서 볼 때 영화에서 미디어는 역작용을 한다. 사건을 쾌락적인 오락물로 가공하고, 법에 대한 감시를 하지 않기 때문이다. 이러한 역작용에도 불구하고, 영화의 원 제목 '전민목격'처럼 전 국민이 재판을 목격한다는 것은, 소송을 통해 이의를 표출하고 권리를 주장하는 것이 상식적인 제도가 되었다는 것을 의미한다.

이는 법치 자체가 아니라 법의 공정한 적용과 감시가 더 중요한 시대 과제가 되었다는 뜻이다. 이를 위해선 전 국민의 용기 있고 공정한

---

37 중국의 법을 통한 권리보호 및 제도변혁 가능성에 대해서는 다카미자와 오사무·스즈키 겐, 앞의 책, 제6장 현대 중국의 입헌주의 참고.

38 조영남, 『중국의 꿈―시진핑 리더십과 중국의 미래』, 민음사, 2013, 215~216쪽.

39 마르테 세르 갈퉁·스티그 스텐슬리, 『중국의 미래』(오수원 옮김, 부키, 2016), 247~248쪽.

목격이 필수적이다. 딸 린멍멍이 아버지 세대의 관행을 넘어 용기 있는 삶을 선택하고, 신세대 검사 동타오가 개인적인 감정을 넘어 법적 진실을 추구하고, 전 국민이 감시의 눈을 뜨고 있을 때, 비로소 중국이 법치사회로 나아가는 길이 열리게 될 것이다. 문명국가의 법치는 법에 의한 통치가 아니라 권력을 제한하고 국민의 권리를 보호하는 일이기 때문이다.

그러나 중국의 현실은 그러한 방향으로 나아가고 있지 않다. 법 위에 공산당 권력이 있는 중국식 법치가 인민이 공감하는 사회를 만들 수 있을까. 디지털 감시망이 촘촘히 설치되어 있고, 모든 국민에게 신용등급을 매기는 사회신용시스템을 구축하는 중국에서, 이제 자유로운 개인이라는 존재는 불가능한 개념이 되었다. 사회신용시스템은 사후의 행위를 통제하는 법치를 넘어, 감시시스템을 통해 사전에 일탈을 예방하겠다는 취지이다.[40] 중국식 법치와 사회신용시스템이 결합된 중국은 앞으로 어떠한 사회로 나아갈 것인가.

공산당은 현능한 사람이 법을 집행한다면 좋은 사회를 만들 수 있다고 주장한다. 이러한 주장은 공산당 영도를 정당화하는 현능정치에 기반한 것이면서, 역사적으로는 대일통 규범과 연결된 것이다. 분열이 아닌 일체화된 통일국가를 평화의 시대라고 여기는.

---

40 이 점에 대해선 김명준, 「시진핑 시기 중국 사회신용체계(社會信用體系) 연구」 (서울시립대학교 석사논문, 2022) 참고.

6장
통일국가, 제국은
일체화될 수 있는가

6장

통일국가, 제국은 일체화될 수 있는가

1. 정통성 만들기

1929년 군벌 장쉐량은 러시아와 공동 건설하여 운영하던 중국동북 철도를 독자적으로 운영하려고 하였다. 중국동북철도는 1896년 리훙장과 제정러시아가 맺은 중러밀약에 의해 건설 운영된 사업인데, 이 지역을 지배하고 있던 장쉐량이 소련을 배제하고 이권을 독차지하려고 했던 것이다. 이에 반발한 소련이 만주를 침공하려고 하자 중국에 반소 감정이 불붙기 시작하였다.

이러한 분위기 속에서 1929년 7월 26일 자 『신문보』에 징취의 「우리나라의 러시아 정벌사의 한 페이지」라는 글이 실렸다. 그 내용은 다음과 같다. 원나라 칭기즈 칸이 '중국의 통치자'가 된 후 러시아 원정을 명하여 모스크바를 공략하고 그 아들 주치가 러시아 칸의 자리에 올랐다. 원나라 군대가 유럽과 아시아 주요 지역을 점령하고 천하를 장악하려는 기세가 있었으니, 그 후세들은 용기를 가지고 우리의 것을 견지하여 변경을 튼튼하게 보위해야 한다.

이 글의 취지는 러시아를 정벌한 우리나라 원나라의 역사를 용기로 삼아 소련의 중국 침공을 잘 방비하자는 것이다. 이 글을 보면서 루쉰은 중국인으로서 구국의 사명감은 인정하지만, 이 글이 기반하고 있는 역사 시각에 대해선 씁쓸한 풍자를 가하고 있다.

> 이는 이글의 작가인 징취 선생이 몽골사람이어야 그런대로 말이 된다. 그렇지 않으면 칭기즈 칸이 '중국의 통치자'가 되고 주치가 모스크바에서 '군주의 자리에 오르고' 했던 그때, 우리 중국과 러시아 양국은 똑같은 처지로, 바로 몽골인에게 정복당한 것인데 왜 중국인은 지금 굳이 '원나라 사람'을 자신의 선조라고 여기고, 마치 매우 영예롭고 영광스러운 듯이 같은 처지에서 억압받은 슬라브족을 교만하게 대하는가? 이러한 논법에 의한다면 러시아인도 '우리나라의 중화 정벌사의 한 페이지'라는 글을 써서 그들이 원나라 때 중국의 영토를 차지했다고 말할 수 있다. 또한 이런 논법에 의하면 설령 러시아인이라 할지라도 지금 당장 '중국의 주인'이면서 '유럽과 아시아의 혼합 세력'이며, '충분히 우리나라 후세를 키우는' 후세의 '용기 있는 자'라고 할 수 있다.[1]

---

1   루쉰, 「우리나라의 러시아 정벌사의 한 페이지」(루쉰전집번역위원회 옮김, 『루쉰전집』 제5권, 그린비, 2014), 431쪽.

징취가 원나라의 러시아 정벌을 자부한 것은 원나라를 중국이라고 여기기 때문이다. 그러나 루쉰은 원나라는 몽골의 나라로서 중국이나 러시아나 다 몽골의 피정복자에 불과했다고 인식한다. 원나라를 중국이라고 여겨 마치 중국이 러시아를 정벌한 것처럼 보는 것은 자기 기만적인 생각이다. 이러한 논리라면 러시아도 원나라를 자기 나라라고 여길 수 있으며, 그렇게 되면 오히려 중국이 러시아에 정벌당한 역사가 생기게 된다.

이는 중국이 몽골에게 정벌당한 원인에 대해 성찰하지 않고, 원나라를 중국의 새로운 나라로 섬김으로써 중국의 치욕을 감추려는 것이다. 이런 일이 정당화되면, 소련의 침공으로 중국이 점령될 경우 또 소련을 중국의 새로운 주인으로 섬기는 역사가 반복될 수 있다. 이에 루쉰은 원나라의 러시아 정벌을 자부하는 것은 후세에게 용기를 주는 것이 아니라 노예로 만드는 일이라고 비판한 것이다.

중국 지식계에서 이렇게 원나라 역사에 촉각을 세운 시기는 러시아를 비롯한 서구 열강이 중국을 침입하기 시작한 19세기 이후의 일이다. 당시 중국은 러시아의 남하에 대비한 대륙 방어뿐만 아니라 서구 열강의 해양 침입을 방어해야 하는 위기에 직면해 있었다. 이러한 위기 상황에서 위원은 『해국도지』를 편찬하여 해양 세력의 침입에 대비하는 한편, 『성무기』를 지어 청나라 영토를 개척한 황제들의 무훈을 기리면서 신강과 인접한 러시아를 경계하였다. 또 『원사』에서 잘못 기술된 점과 부실한 면을 보완한 『원사신편』을 편찬했는데, 그 목적은 러시아를 방비하기 위한 역사 기술 작업이었다.

중국의 대륙 방어에서 핵심 경계 대상은 러시아였고, 원대사 연구는 바로 러시아와의 분쟁에서 역사적 영토권을 차지하기 위한 지식계의 역사 만들기였다. 이렇게 원나라 역사와 러시아 방어를 연결시키는 생각이 루쉰 당대까지 지속되었고, 1929년 러시아의 침공에 대한 『신문보』의 글도 그러한 시각 위에서 쓰인 것이었다. 루쉰은 국민 각성의 차원에서 원나라의 러시아 정벌을 중국사로 자부하는 시각을 풍자한 것이지만, 지식계에서는 이미 국익의 차원에서 원나라를 중국사로 포함시키고 있었던 것이다.

원나라 문제는 이렇게 중국의 안보 이익과 밀접히 연결되어 있었다. 왕조 정통성의 차원에서 볼 때 원나라 문제에 가장 민감했던 나라는 명나라였다. 이적(夷狄)의 통치에서 '송나라 회복(復宋)'의 명분을 내걸고 왕조를 창립한 명 태조 주원장은 원나라 처리 문제로 곤혹스러워하였다. 복송의 명분에 따라 원나라를 이적으로 처리하면, 명은 송을 계승한 정통 한족의 나라가 된다. 그러나 그렇게 되면 원나라 통치 시기에 중국은 멸망하여 원의 식민지였음을 인정하는 문제가 생긴다.

더군다나 중원에서 북쪽 초원으로 돌아간 원나라 잔존 세력이 여전히 강성한 상황에서, 중국의 패망을 인정하는 것은 그들에게 재침입의 정당성을 부여할 수 있었다.[2] 영토상으로 볼 때도 송은 원에 비해 매우 협소한 땅을 차지하고 있어서, 송의 계승을 선언하는 것은 명의 판도 형성에 유리한 점이 없었다. 이에 주원장은 원의 통치를 중국의 지

---

2 실제로 1405년 티무르는 명나라에 대한 원정을 감행하여 과거 몽골제국의 중국 영토를 회복하려고 하였다.

속성 차원에서 인정하며 중국의 패망과 단절을 부정하는 시각을 취하였다. 즉 몽골이 이적이기는 하지만, 송의 천명이 다한 상태에서 몽골이 그 천명을 이어 중국을 통치했다고 본 것이다.

종족보다 천명을 국가 정통성의 기준으로 삼은 것이다. 이에 따르면 원은 이적이 세우기는 했지만 중국 통치의 천명을 받았기 때문에 중국의 정통성을 계승한 나라가 된다. 그리고 주원장의 명나라는 천명이 다한 원을 물리치고 천명을 새롭게 이은 한족 정통의 국가가 된다. 천명을 정통성의 기준으로 삼아 송-원-명이 단절되지 않고 중국 국가로 이어졌으며, 원의 판도 역시 명이 계승해야 할 유산으로 인정되었다.

이러한 입장이 정해지면서 주원장은 『원사』의 편찬을 명하고 정사의 지위도 부여하였다. 명은 정사 기술을 통해 원의 천명을 계승한 것이라고 주장함으로써 원의 통치를 받은 광활한 세계를 이어받을 수 있는[3] 명분을 쥘 수 있었다. 물론 한족 신료들의 반대가 있었고 급작스런 『원사』 편찬으로 인해 내용의 부실함과 오류를 피할 수 없었다.[4] 하지만 주원장의 이러한 입장이 자의적 판단만은 아니며, 원나라 내부에서도 중국 국가의 정통성을 계승하려는 움직임이 있었다는 점은 주목해야 한다.

몽골은 중국의 원나라와 유라시아의 세 칸국을 건설했는데, 『신문보』의 글처럼 몽골제국 전체를 중국의 원나라로 여긴 적은 없었다. 그들은 몽골제국의 세계인 '대몽골 울루스'를 건설하기 위해 유라시아를 정복한 것이며, 중국 국가의 정통성을 계승하기 위한 행위는 아니었다.

---

3 이성규, 「중화제국의 팽창과 축소: 그 이념과 실제」, 『역사학보』 186집, 2005, 41쪽.

4 신승하, 『중국사학사』, 고려대학교출판부, 2000, 238~240쪽.

이런 시각에서 보면 원나라는 본래 중국의 국가가 아니라 루쉰이 풍자한 것처럼 몽골제국의 식민지로 보아야 한다. 원나라의 신분제가 몽골인, 색목인을 상위에 두고 남송 출신의 한인(남인)을 장인이나 창부보다 못한 하위 등급으로 차별한 점이 이를 반증한다.

그런데 원나라 지배집단 내부에서 중국 통치를 위해선 중국 국가의 정통성을 이어가는 것이 필요하다고 주장하는 사람들이 있었다. 바로 원나라에 출사한 북중국 출신의 한인 관리들이었다. 이들은 몽골의 군주에게 한·당·송을 이은 정통성을 갖추고 중국 제도를 실행하여 덕치를 구현하라고 권유하였다. 이들의 권유에 따라 원나라는 "연호를 갖추고 국호를 정했으니 전대의 융성함에 견줄 만하고, 천하를 일신시켰으니 한당의 장거라고 할 수 있습니다"라고 할 정도로 중국식 통치 기반을 갖추었다. 쿠빌라이 즉위 초년부터 요금의 정사를 편찬해야 한다는 주장도 원나라가 중국 왕조의 정통성을 갖추었다는 믿음에 기반한 것이었다.[5]

원은 『송사』와 아울러 『요사』·『금사』도 정사로 편찬하여 자신의 정통성을 부각하였다. 이렇게 원나라 통치집단 내부에서 중국의 국가 정통성을 이어가려고 했으며, 주원장이 말하는 원나라의 천명은 바로 이 점에 근거한 것이라고 볼 수 있다. 사실 몽골인에게도 중국의 천명에 해당하는 '탱그리'의 명령과 축복이 있었다. 몽골의 창업자들은 탱그리의 힘을 받고 국가 건설을 한 것이라고 여겼으며, 중국처럼 전대 국가의 정통성을 계승한다는 관념은 없었다. 원나라의 천명은 한인 관리들의

---

5   김호동, 「몽골제국과 '大元'」, 『역사학보』 192집, 2006, 229쪽.

주장에 따라 중국화된 방식으로 만들어진 것이라고 해야 한다.[6]

원나라의 중국 정통성 계승은 정복왕조로서 원의 딜레마가 내재되어 있었다. 이는 정복왕조를 물리치고 정통 왕조를 세운 명의 딜레마와 상통하는 것이다. 몽골 국가로서 원의 정통성은 탱그리에 있었으나, 중국 통치자로서 원의 현실은 중국의 제도를 따르지 않을 수 없었다. 명이 명분으로 한족 정통성을 내세웠으나, 실제 현실은 국가 판도를 위해 원의 천명을 인정해야 했던 것처럼 말이다.

이렇게 원과 명은 정통성과 현실 정치의 간극에 직면하면서 그 균형점을 찾아야 하는 딜레마를 안고 있었다. 이들이 찾은 균형점은 중국사 전체로 보면 전통처럼 지속된 일이었다. 원의 전대에는, 이민족 북중국과 한족 남중국을 통합한 수당의 정통성 작업[7]이 있었다. 그리고 명의 후대에는, 정복왕조로서 청 제국의 정통성 지속 작업과, 한족 중심의 다민족 국가를 세운 신중국의 정체성 구축 작업이 있었다. 이들의 작업은 모두 종족을 초월하여 중국 정통성을 지속시키면서, 그 위에 현실 국가의 판도를 확장하려는 것이었다.

2. 통일국가와 그 딜레마

역대 수많은 왕조가 흥망하면서도 정통성 계승 작업이 이어졌다는

---

6   김호동, 「몽골제국과 '大元'」, 232쪽.

7   이 점에 대해서는 박한제 「위진-수당시대 호족군주의 중화제왕으로서의 변신 과정과 그 논리 - '다민족국가' 형성의 일 계기에 대한 탐색」(『중앙아시아연구』 9집, 2004)과 이성규 「중국제국의 분열과 통일」(민현구 외, 『역사상의 분열과 재통일』 상, 일조각, 1992) 참고.

사실은, 중국사를 통일국가를 지향하는 서사로 볼 수 있게 한다. 방대한 영토, 다민족, 다원적 문화와 제도가 공존하는 제국을 통일국가로 본다는 것은 무엇을 의미하는 것인가? 이러한 서사는 역사적 실재에 부합하는 것인가?

중국의 역사는 전쟁과 평화, 통일과 분열이 점철되었고, 왕조 교체는 대개 전쟁을 통한 폭력적 방식으로 이뤄졌다. 이러한 역사를 보며 맹자는 중국이 치세와 난세가 순환하는 '일치일란(一治一亂)'의 방향으로 나아간다고 했다. 또 『삼국지』에서는 합쳐진 상태가 오래되면 반드시 분열되고, 분열된 상태가 오래되면 반드시 합쳐진다(合久必分, 分久必合)고 했다. 맹자의 치세 난세와 『삼국지』의 통일 분열의 관계를 보면, 치세와 통일이 연결되고 난세와 분열이 연결되어 있다. 즉 통일된 상태가 치세이고, 분열된 상태가 난세라고 본 것이다.

또 종족을 정통성의 기준으로 삼아 중국의 역사를 보면, 한족이 통치하는 나라와 비한족이 통치하는 나라로 구별된다. 도덕성을 기준으로 하면, 덕치가 이뤄진 나라와 부덕한 나라로 변별할 수 있다. 이렇게 기준에 따라 역사를 보는 시각이 달라지는데, 한족 입장에서 보면, 한족 왕조가 덕치를 통해 통일과 치세를 이룬 나라가 가장 이상적일 것이다. 그 대척점에는 비한족 왕조가 포악한 통치를 하여 분열과 난세를 이룬 나라가 있다.

만일 이상적 기준으로 중국 역사를 본다면 이에 부합하는 시대를 찾을 수 있을까? 한나라 문경지치 시기는 제후왕들이 지방을 장악하여 통일에 부합하지 않고, 무제 시기는 공포정치를 수반하여 덕치에 부합하지 않는다. 당 태종의 정관지치와 현종의 개원지치 시기가 비교적 부합해 보이는데, 그 기간은 몇십 년의 시간이었다.[8] 송나라 시기는 중국의 일부 지역만을 통치하여 해당되지 않으며, 명 영락제 시기는 명의 판도를 확장하기는 했지만 덕치의 기준에는 부합하지 않는다.

이렇게 이상적 기준으로 중국의 복잡다단한 역사를 평가하는 것은 무의미한 일에 가깝다. 마찬가지로 중국 역사에서 통일국가를 이상적 상태로 본다면, 상당한 기간의 분열 시대는 부정적인 역사에 불과해진다. 그럼에도 불구하고 최근 중국 학술계는 통일국가의 규범성을 더욱 강화하고 있다.

현재의 중국 영토 안에서 벌어진 모든 활동을 중국사로 보는 시각을 들여다보면, 통일이라는 말에 두 가지 의미가 있다. 하나는 통일국가이든 분열 시대이든, 현재의 중국 영토에서 벌어진 모든 활동을 중국사의 범주에서 이해한다는 의미이다. 다른 하나는 중국사의 서사가 개별적 요소들이 궁극적으로 일체성을 이루는 통일국가를 지향한다는 의미이다. 즉 현재의 영토에서 벌어진 모든 시대의 활동을 중국사에 귀속시키고, 궁극적으로 일체화된 통일국가를 지향하는 서사로 보려는 것이다.

하지만 이러한 통일국가 개념은 실제 역사에 기반한 것이라기보다는 중국이 추구하려는 이상적 세계를 투영한 것이라고 해야 한다. 현재의 방대한 영토를 기준으로 하기 때문에, 과거 중국에 속하지 않았던 국가와 민족 들이 중국사에 편입되는 일들이 벌어지고 있다. 고대 한국을 포함하여 현재의 중국 국경 안에 있는 고대 국가들이 중국사로 편

---

8   당나라 이씨 황족을 선비족과 한족의 혼혈 가문으로 보면 한족 정통성에 해당하지 않는다.

입된 것인데, 이는 통일국가의 역사적 영토 팽창으로 초래된 문제들이다. 또 대만·홍콩과 소수민족 등 여전히 이질적으로 존재하는 요소들을 하나의 중국으로 일체화함으로써 통일국가의 폭력성 문제가 발생하였다.

통일국가의 개념에는 분열과 난세를 넘어 치세와 덕치의 세계를 구현하려는 뜻이 함축되어 있을 터인데, 역사적 영토 팽창과 일체화로 인해 대내외적인 갈등이 생긴다면 오히려 혼란의 시대로 들어설 수 있다. 현재 중국과 동아시아 국가들 사이의 갈등도 이러한 문제에서 기인하는 것이다. 그렇다면 중국은 실제 역사와의 간극이 있음에도 불구하고 왜 이렇게 통일국가를 고수하는 것인가.

중국 역사에서 전대 왕조의 정통성을 계승한다는 것 속에는 통치 권위뿐만 아니라, 전대 왕조가 지닌 영토, 민족, 제도, 문화 등의 유산을 이어가는 책임도 포함되어 있었다. 한나라는 진의 계승보다 폭정의 극복을 자신의 명분으로 삼았지만, 실제에서는 진의 영토와 제도, 문화 등 모든 유산을 계승하였다. 왕망의 신나라를 타파한 동한은 서한의 정통성을 부각하며 그 판도를 회복하려고 하였다. 신하로서 왕위를 찬탈한 위진도 전대의 정통성을 계승하려고 하였다. 이민족의 북중국 왕조와 한족의 남중국 왕조에서도 각기 자신의 중국 정통성을 설파하였다. 남북조 분열시대를 통합한 수당에서는 남북조 왕조를 정사로 기술하며 통일국가로서 자신의 정통성을 내세웠다.

송나라는 요, 금, 서하 등 이민족 국가와의 경쟁 속에서 한족 정통성을 역설했지만, 한당의 영토를 회복하지 못하는 딜레마를 안고 있었다. 신종 때 왕안석의 신법으로 국력을 향상시켜 영토 회복을 시도했으나, 금에게 북중국을 빼앗기고 남송 때 원에게 멸망하였다. 몽골의 원나라는 『송사』, 『요사』, 『금사』를 정사로 기술하며 중국 국가의 정통성을 계승하였고, 명나라는 『원사』를 정사로 기술하면서 한족 국가로서의 정통성을 내세웠다.

만주족 청나라는 몽골제국처럼 동아시아 제국으로서의 정체성을 확립하면서, 다른 한편으로 천명을 통해 중국 국가로서의 정통성을 계승하였다. 강희제·옹정제·건륭제 150년간의 치세를 통해 역대 최대의 영토를 개척하고 제국으로서의 통치체제를 확립하였다. 그러나 서구 열강의 침입으로 국력이 쇠퇴하고 신해혁명이 일어나면서, 아시아 최초의 공화국인 중화민국에게 천명을 내주었다. 쑨원은 본래 명 주원장처럼 이민족을 몰아내고 한족 정체성을 지닌 국가를 건설하려고 했으나, 실제에서는 청 제국의 판도를 계승하는 오족공화의 국가가 건립되었다.

중화민국 건립 이후 군벌이 할거하는 분열 시대가 이어지는 가운데 장제스가 난징 국민정부를 수립하였다. 그러나 중일전쟁이 벌어져 국공합작을 통해 일본을 물리치고, 국공내전에서 공산당이 승리하면서 사회주의 신중국을 건립하였다. 정통성의 차원에서 보면 신중국은 왕조의 천명이 아니라 인민과 사회주의라는 근대국가의 권위를 내세웠다. 하지만 국가 판도의 차원에서 보면 청 제국의 유산을 계승한 것이며, 이는 '청사'를 정사로 수용하는 정통성 계승 작업이 이어질 것임을 뜻하였다.[9] 현재 중국에서 진행되는 역사 공정은 바로 청 제국이 개척한 판

---

9 '청사'는 1914년 위안스카이 정부가 청사관을 설치하고 조이손·가소민 등이 참

도를 중국사로 일체화(통일)시키는 작업이다.

이렇게 역대 통치자들이 중국 국가로서의 정통성과 판도를 계승하는 과정에서 중국의 영토, 민족, 역사 등이 거대하게 통합되어 있다는 관념(大一統)이 형성되었다. 현재 중국이 설정하는 통일국가의 판도는, 영토상으로 보면 18세기 청 제국이 개척한 영토를 기준으로 하여 아직 미수복된 영토나 중국 역사에서 잠시라도 점령한 땅도 잠재적 중국 영토로 보고 있다. 민족상으로 보면 통일국가 영토에서 활동한 모든 민족이 중화민족에 속한다. 중화민족은 생물학적 종족 개념이 아니라 중국 안에 살고있는 모든 종족을 포괄하는 정치공동체를 뜻한다. 이는 고대 중국에서 화하족이나 한족이 뚜렷한 종족적 실체가 없지만 중국인으로서의 정체성을 공유하는 사람들을 총칭하는 정치공동체인 것과 마찬가지다.

역사상으로 보면 청 제국의 판도에서 벌어진 모든 활동을 중국사로 일체화할 뿐 아니라, 세계 최고(最古)의 신석기 유적인 요하문명을 중국의 시조인 황제 종족이 만든 것으로 정립하고 있다. 요하문명은 동아시아 문명의 시원과 연결되어 있는 유적인데, 신석기 시대부터 중국이 타 지역으로 문명을 전파한 것으로 만들고 있는 것이다.[10] 또 황하 유역의 도사 유적을 발굴하여 전설 시대 요 임금의 도읍으로 특정함으로써 중국 고대국가 성립 시기를 앞당기고 있다. 이러한 중국사 시공간

여하여 1928년 『청사고』의 서명으로 기술되었다. 대륙과 대만에서 모두 『청사고』를 간행하여 이 책이 청대의 정사로 인정받고 있다.

10 중국의 요하문명 만들기 작업에 대해서는 우실하, 『요하문명론』(소나무, 2014) 참고.

확장 작업은 고고학 발굴에 기반하고 있지만, 유물 해석은 사마천의 『사기』를 기준으로 하여 중국화하고 있다는 점은 주목해야 한다.[11]

이러한 작업을 통해 현재 중국 통일국가의 판도가 역대 최대치의 시공간으로 만들어지고 있는 것이다. 그 과정에서 발생하는 역사의 진실 문제와 주변국과의 역사 분쟁은 통일국가 중국이 안고 있는 숙명적인 딜레마가 되었다.

3. 고대 중국의 정치 역학

중국 문명국가는 이러한 통일국가론에 기반하고 있는데, 거젠슝은 『중국통일 중국분열』[12]에서 이를 역사적 시각으로 비판한 바 있다. 거젠슝의 비판의 핵심은 크게 두 가지로 볼 수 있다. 하나는, 18세기 청 제국의 최대 판도를 기준으로 하면 중국 역사에서 통일 시기보다 분열 시기가 훨씬 길다는 것이다. 다른 하나는, 분열 시기에서도 중국의 지역 발전에 긍정적인 역할을 했기 때문에, 통일/분열을 반드시 긍정/부정으로 해석할 수 없다는 것이다.

통일국가의 기준을 18세기 청 제국의 판도로 하면 현재의 중국도 대만을 통합하지 못했기 때문에 분열 국가라고 해야 한다. 이러한 기준은 중국 역사 상당 부분을 분열 시대로 만들어 중국이 바람직하지 못한 분열 국가로 존재했다는 점을 자인하는 셈이다. 최대치의 통일국가

---

11   김인희 편, 『중국 애국주의와 고대사 만들기』, 동북아역사재단, 2021, 22쪽.
12   거젠슝, 숙사연구회 옮김, 『중국통일 중국분열』, 신서원, 1996.

를 만들기 위해 불가피하게 분열의 역사가 만들어진 것이다.

　이러한 서사는 통일국가의 핵심 기준을 영토로 보며, 분열된 국가를 통일국가로 만드는 일을 통치 정당성으로 여긴다. 문제는 영토 안의 통일성을 어떤 방식으로 이룰 것인가에 있다. 즉 영토 안의 모든 요소들을 통합할 수 있는 중심이 무엇인지가 관건이라는 것이다. 대체로 국가의 통치자는 중앙집권을 통해 분산된 지역을 통합하려 하고, 지역의 세력은 중앙정부로부터 자신의 이익을 지킬 수 있는 공간을 확보하려고 한다. 이러한 상황에서는 중앙과 지역의 목표와 이익이 합치되어 조화롭게 통합되어 있을 때가 가장 평화로운 시기가 된다.

　하지만 중국 역사에서 분열 시기가 더 길었다는 것은 현실 정치에서 중앙과 지역의 통합이 쉽게 이뤄지지 않았다는 것을 뜻한다. 이 문제는 국가 통치의 핵심적 사안이 되어 주나라에서 현재에 이르기까지 중앙집권과 분권에 관한 논쟁으로 이어지고 있다. 이 문제의 오랜 근원은 주나라 봉건제에서 시작되었다.

　봉건이라는 말은 20세기 초 중국에서 서구 feudalism에 해당하는 번역어로 사용되었고, 이후 feudalism의 분석틀 속에서 주나라 봉건을 이해하였다. 즉 왕은 제후에게 분봉한 영지를 매개로 왕을 보위하는 계약관계를 정립하고, 그 대가로 제후는 영지에서 독립적 통치를 할 수 있는 권력을 가지게 된다는 내용이다.

　이러한 봉건 개념은 통일국가와 관련된 다음의 관점을 초래하였다. 주나라는 통일국가로서 완정한 영토를 가지고 있었고 그 일부를 제후들에게 분봉해주었는데, 제후들이 주 왕의 권위를 인정하지 않고 독립

국가로 분열되었다. 이러한 관점은 서주시대에 주 왕 중심의 분권적 통일국가를 이루었다가, 주 왕의 권위가 약해진 춘추전국시대에 제후들의 분열·경쟁 시대가 되었고, 진한시대에 다시 통일국가가 건립되었다는 서사로 나아간다.

그런데 서주시대 청동기 금문에 기반한 리펑의 연구에 따르면, 주 왕이 분봉한 지역은 반란 세력에 의한 잠재적 위협이 되는 장소이면서 중국 동부의 교통 요충지였는데, 이들은 주 왕국을 방어하는 데 효율적인 연계망을 형성하였다고 한다. 위, 진, 노, 연 등 주의 대표적 제후국은 이러한 전략적 근거지나 교통 요충지에 건설되었으며, 주 왕국의 안보와 밀접한 곳이었다.[13] 이는 제후국이 완정한 영지를 분봉 받은 소왕국이 아니라, 반란의 위협이 있거나 세력 확장을 위한 전략적 요충지에 건설된 중간기지에 가깝다는 얘기다.[14]

이와 관련하여 김정렬은 서주 초기에 주요 제후들은 특정 지역에 고정되지 않고 전략적 중요성이 있는 곳으로 이동했다는 점을 밝힌다. 서주 초기 분봉 상황이 잘 묘사된 〈의후측궤(宜侯夨簋)〉를 포함하여 여러 금문에서 제후의 이동이 관찰되는 것은 주나라의 역동적인 팽창과 영향력 확대에 따라 나타난 현상이다. 이러한 점에 기반하면 서주 초기 제후들은 천하를 분할 통치하는 '소왕'이라기보다는 외관(外官)으로서의

---

13 리펑, 이청규 옮김, 『중국고대사』, 사회평론, 2017, 155쪽.
14 서구 feudalism에 가까운 봉건 영지는 주왕의 직할지인 왕기의 땅을 분봉받은 귀족 관료들의 땅에 해당한다. 분봉의 성격에서 볼 때, 왕기 내의 영지는 왕기 밖의 요충지인 제후의 관할지와 구별해야 한다.

관료적 성격을 더 강하게 지니고 있었다.[15]

주나라가 상나라를 공격할 때 반(反) 상나라 종족연합을 통해 세력을 구축했고, 상 정복 후에도 반란 세력 및 동남쪽 국가와의 전쟁이 지속되었다는 것은 주나라의 판도가 불안정했다는 것을 뜻한다. 주 왕이 '천자'라고 칭해진 기록이 강왕 때 처음 나타난 점은, 주 초기의 지속적인 정복 전쟁을 통해 이때 비로소 주 '천하'가 형성된 것이라 할 수 있다. 이 과정에서 혈족 형제들이 전략적 요충지에 분봉되어 주 천하 형성에 지대한 공헌을 했던 것이다. '성강지치'라고 불리는 이 시기는 평화의 시기라기보다 대외전쟁에 기반한 주 천하 형성기에 가까웠다.

하지만 당시 사방에는 제후들에게 분봉한 전략적 요충지 이외에, 타 종족이 다스리는 지역 국가들이 산재해 있었다. 이들 가운데 주 왕의 권위를 인정하고 복종하는 국가는 주방(周邦)에 속하고, 주 왕을 인정하지 않고 경쟁하는 국가는 타방(他邦)이라고 불렀다. 주방의 국가는 주 왕국의 울타리 역할과 일정한 조공을 바치고 그 대신 지역 국가로서의 안전 보장과 하사품을 받았다. 그러나 이러한 관계는 주 왕국의 영향력에 따라 변동되는 것이어서, 서주 중기 이후에는 점차 주방에서 이탈하는 국가들이 생겼다.

이렇게 보면 당시 주 천하는 크게 세 가지 지역으로 나눌 수 있다. 수도 호경을 중심으로 왕이 직할 통치하는 지역, 제후들이 분봉 받은 전략적 요충지와 그 통치 지역, 주방에 속하는 국가들의 지역. 주 천하의 세 지역을 주 왕국과의 관계로 보면, 중심국가로서 주 왕국-

---

15　김정렬, 『서주 국가의 지역정치체 통합 연구』, 서경문화사, 2012, 202쪽.

중간기지로서 제후국–자치지역으로서 주방 국가로 볼 수 있다. 서구 feudalism의 시각으로 보면 제후국이 독립 소왕국이 되겠지만, 주 초기의 봉건은 변경 지역을 직접 지배하기 위해 설치한 후대의 군현과 같은 역할을 수행하였다. 또 주방의 국가는 후대의 기미주나 토사처럼 자치를 허용하며 간접 지배를 한 지역이라고 할 수 있다.

지역에 따라 통치 방식이 다른 것은 주 왕과 각 지역 통치자 사이의 정치 역학이 작용한 결과라고 할 것이다. 마이클 만(Michael Mann)의 파워 이론에 따르면, 인간이 어떠한 목적을 달성하려면 파워(권력)가 있어야 하는데, 그 파워의 원천에는 이데올로기적 파워·정치적 파워·경제적 파워·군사적 파워의 네 가지가 있다.[16]

이러한 파워 개념에 기반하여 당시 주 왕의 힘에 대해 살펴보면, 이데올로기적 파워에서 주 왕은 통치 정당성으로서 천명과 주족의 대종주라는 권위를 지니고 있었다. 정치적 파워에서 주 왕은 주 왕국을 통치할 수 있는 중앙 권력과 제후에게 분봉할 수 있는 인사권을 지니고 있었다. 경제적 파워에서 주 왕은 천하의 땅과 백성을 왕의 소유라고 여기며 제후에게 하사할 수 있는 재산권을 지니고 있었다. 군사적 파워에서 주 왕은 중앙 상비군과 아울러 제후의 군대를 동원할 수 있는 지휘권을 가지고 있었다.

주나라 왕은 바로 이러한 파워를 기반으로 봉건제를 실시할 수 있었던 것이다. 그러나 주나라 왕이 미칠 수 있는 영역이 황하 유역에서 양자강 유역에 이르는 공간이었으며, 서주 중기 이후에는 그 파워가 점

---

16 김영민, 『중국정치사상사』, 사회평론아카데미, 2021, 737~738쪽.

차 약화되기 시작하였다. 왕이 영토를 직접 통치할 수 있는 힘이 있음에도 불구하고, 영지를 분봉하여 소왕국을 허용하는 사례는 중국사에서 찾아보기 힘든 일이다. 주 왕이 제후에게 분봉한 것은 소왕국을 허용한 것이 아니라 믿을 수 있는 혈족 관료에게 위임 통치를 한 것이었다.

주 초기의 제후는 후대의 제후왕과 같은 지방 분권세력이 아니라, 군현의 장관과 같이 중앙에서 파견한 관료에 가까웠다. 주의 봉건은 적은 통치 인원이 근거지를 중심으로 넓은 지역에 거주하는 많은 이족 토착민을 다스리는 일이었다. 그래서 왕실 및 제후국 간의 군사적 정치적 협력이 있어야 봉건제가 유지될 수 있었다.

지속적인 정복 전쟁은 주나라 판도를 대외적으로 넓히는 일이면서, 내부적으로 혈족 형제들이 협력해야 하는 공동의 사업이기도 하였다. 그런데 서주 중기에 대외전쟁이 중단되었고, 공동의 사업이 멈추자 제후국들은 협력보다 자신의 세력을 확장하는 데 주력하기 시작했다. 제후국들이 근거지 중심으로 세력을 형성하고 있을 때에는 국경에 대한 명확한 개념이 없었고, 근거지 도시 사이에 비읍이 산재해 있어서 완충지대 역할을 하였다. 그러나 제후국들이 도시 국가에서 영토 국가로 전환하면서 인접한 약소국의 영토를 침탈하거나 심지어 멸망시키는 일들이 빈번하게 벌어졌다.

주 왕이 분봉한 제후국은 서로 병합하지 않는 것이 불문율이었으나, 이것이 깨지면서 열국 사이에 영토 전쟁이 일어나기 시작했던 것이다. 이렇게 주 왕실의 권위가 약화되고 제후국이 영토 국가로 성장하면서, 비로소 일반적으로 알고 있는 지방 분권 세력으로서 봉건 혹은 군현에 상대되는 봉건 개념이 형성되었다. 서주 초기 군현에 가까운 봉건에서 중기 이후 독립 세력으로 변모하는 과정은 중앙과 지방의 정치 역학의 변동을 반영하는 것이다.

이러한 변동이 발생한 원인은 무엇보다 주 왕실과 제후국이 공동으로 추구한 목표와 이익이 균열되었기 때문이다. 세력 확장과 영토이익은 주 왕실과 제후국을 정치공동체로 연결하는 끈이었다. 그러나 그 끈이 끊어지면서 주 왕실의 통합의 힘이 약화되었고, 제후국은 점차 지방세력으로 독립하여 영토 국가로서 역량을 키울 수 있었다.

춘추시대에 제후국은 독립국가로 존재했지만 그 내부에서는 군주와 세족들이 권력을 분점하고 있었다. 이러한 상황에서 국가의 총자원을 집중시킬 수 있는 체제를 만드는 일이 바로 영토 전쟁에서 승리할 수 있는 관건이었다. 제후국에서 처음으로 중앙집권을 확립한 사람은 제 환공과 관중이었다.

제 환공의 중앙집권적 군주제는 서주시대 봉건제보다 강한 국가적 통일성과 부국강병을 실현하였다. 이에 춘추시대 첫 번째 패자를 만든 정치체제가 되었으며, 이후 열국 사이에서 부국강병의 비결로 수용되었다. 진(晉) 문공, 진(秦) 목공, 초 장왕, 정 자산, 위 이회, 진 상앙 등이 추구한 개혁은 모두 중앙집권 강화를 위한 정책이었다. 진시황이 육국을 통일할 수 있었던 것도 상앙의 변법 이후 진나라가 이 체제를 가장 강력하게 운용할 수 있었기 때문이다.

4. 중앙집권과 분권 논쟁

주나라 건국에서 진 제국 통일에 이르는 시기를 영토의 변화로 보면, 주나라 초기 황하 중상류의 소 영토에서 진 제국의 광활한 영토로 확장된 것을 볼 수 있다. 이러한 영토 확장의 출발점은 주 왕이 전략적 요충지에 제후들을 분봉하여 세력 확장을 도모한 데서 찾을 수 있다. 옛 상나라 영토뿐만 아니라 동부의 요충지까지 세력을 확장함으로써 이들이 춘추시대 영토 국가로 성장할 수 있는 기반이 되었던 것이다.

그런데 서주 중기 이후 주 왕실 중심의 세력 확장은 중단되었으나, 제후국에 대한 권력 행사를 멈추지는 않았다. 주 왕이 제후국에 경대부를 임명하여 군주를 견제하도록 했는데, 제 환공 때 권력을 분점한 고씨·국씨의 양대 세족 역시 주 왕이 임명한 세력이었다. 선왕 때에는 노나라 군주 계승 작업에 개입하여 제후국의 반발을 사기도 하였다. 또 중후기에 왕실과 대종의 권위를 강화하는 의례 개혁이 이루어져 제후들의 권력을 제한하는 역할을 수행하였다. 이러한 주 왕실의 자구책 덕분에 서주 후기에도 일부의 제후국을 전쟁에 동원할 수 있는 권위를 유지할 수 있었다.

주 왕실의 이러한 의지는 분봉이 소왕국을 허용하는 일이 아니라 주나라 판도를 확장하기 위한 정책이었음을 의미한다. 그러나 주 왕의 실정과 이민족의 침입은 제후국이 독자적인 지역 세력으로 성장할 수 있는 계기가 되었다. 중앙 권력의 약화와 지방 세력의 강화로 인한 천하 경쟁의 시대가 열린 것이다. 게다가 춘추시대 제후들은 주 왕족이 아닌 자신의 위대한 조상을 만들어 천명을 받았다고 주장함으로써 상징적 권위까지 갖추게 되었다.

이제 주요 제후국은 파워의 네 가지 원천인 천명(이데올로기적 파워), 중앙집권(정치적 파워), 영토와 백성(경제적 파워), 상비군(군사적 파워)을 갖추어 명실상부한 국가가 된 셈이다. 이것은 영토 전쟁을 통해 천하의 주인을 가리는 시대가 도래한 것을 뜻하였다. 그런데 전쟁 시대가 장기간 지속되었음에도 불구하고, 그 대안으로 나온 아이디어가 중앙집권에서 크게 벗어나지 않았다는 점은 주목할 필요가 있다.

공자는 당시의 전쟁이 종법질서가 붕괴되어 벌어진 하극상이라고 보며, 주나라 천자 질서를 바로잡는 일이 평화를 회복하는 길이라고 인식하였다. 천자 질서는 인간 세상에서 따라야 하는 하늘의 질서가 되고, 하늘과 천자의 관계에서 보면 하늘이 천자에게 명한 규범적 질서였다. 공자가 세상에 도가 있으면 예악과 정벌이 천자에서 나오지만, 무도해지면 제후, 대부, 가신에서 나온다[17]고 한 것은 천자 질서에 기반한 언명이라고 할 수 있다. 공자의 대안은 주나라 천자 질서를 재건하여 천자를 중심으로 피라미드적인 차등 관계를 재정립하는 것이었다. 이는 천자를 정점으로 하는 중앙집권적 체제로서, 각자 자신의 지위에 부합하는 목표와 이익을 균형있게 추구하는 사회라고 할 것이다.

17　『論語』「季氏」. "天下有道, 則禮樂征伐自天子出; 天下無道, 則禮樂征伐自諸侯出. 自諸侯出, 蓋十世希不失矣. 自大夫出, 五世希不失矣, 陪臣執國命. 三世希不失矣. 天下有道, 則政不在大夫. 天下有道, 則庶人不議." 다만 공자는 주 천자의 유명무실함을 현실적으로 인정하며, 제후국의 군주에게도 천자를 대신하여 세상을 다스리는 통치 권위가 있는 것으로 간주한다. 공자가 무도한 시대라고 한 것은 대부나 가신이 군주의 통치권을 위협하는 사태가 된다.

묵자는 강자가 자신의 탐욕을 위해 약자를 침탈하는 데서 전쟁이 일어난다고 보며, 천자-삼공-제후-경-대부-향-리에 이르는 중앙집권적 천자 질서를 대안으로 제시하였다. 천자는 하늘의 뜻을 따르면서 백성의 추천을 받는 현자로, 하늘이 임명한다고 생각하였다. 묵자의 천자는 주나라 천명에서 하늘로부터 덕치 실현의 명을 받은 왕이었다. 그러나 묵자는 하늘의 뜻을 특정 종족을 위한 혈연질서에 두지 않았다. 정치공동체로서 백성의 삶을 보호하고 그 이익을 존중하는 공적 질서가 바로 하늘의 뜻이라고 여겼다. 천자 질서는 특정 세력을 위한 세상에서 벗어나, 누구에게나 보편적으로 적용되는 규범과 질서를 만들어 서로 이익을 공유할 수 있게 하였다. 천자 질서 역시 차등적인 세계이지만, 백성 누구나 자신의 몫을 보호받고 능력껏 자신의 이익을 추구하는 사회라는 점에서 약육강식의 질서와는 달랐다.

공자와 묵자의 아이디어 속에는 춘추시대 이래 지속된 전쟁이 천하의 중심인 천자가 부재한 데서 비롯되며, 이 천자 질서를 재정립하는 것이 평화를 회복하는 길이라는 생각이 내재되어 있었다. 춘추시대 패자 중심의 회맹질서나 전국시대 전쟁국가 체제도 천자 질서의 회복을 명분으로 내세웠다. 춘추전국시대 개혁가(변법가)들의 아이디어도 최고 통치자인 군주(천자)를 중심으로 법도있고 부강한 나라를 만드는 길을 제시한 것이었다. 그 실천의 중심에 일국의 군주가 있었지만, 타국이 그 하부 단위로 들어오면 천하 질서로 확대될 수 있는 그러한 세계였다.

이러한 천하 질서를 현실 정치에서 실현한 사람이 바로 진시황이었다. 하지만 진시황 역시 제후국들을 하부 단위로 편재하면 천하 질서가 이루어질 것이라는 소박한 생각을 하고 있었다. 이는 정체성이 다른 국가들이 천하 경쟁을 펼치고 있는 현실을 이해하지 못한 것이었다. 진시황은 군현 통치로 대일통 질서를 만들 수 있을 것이라 생각했지만, 육국 출신의 신료들은 낯선 군현 통치에 대해 상이한 의견을 가지고 있었다.

제후들이 막 무너졌지만 연나라, 제나라, 초나라 땅은 멀어서 왕을 두지 않으면 그들을 제압할 수 없습니다. 자제분들을 왕으로 세울 것을 청하오니 황상께서 허락해 주십시오.[18]

진시황은 옛 육국을 황제의 관리가 직접 통치하는 군현으로 편재하려고 했는데, 이에 승상 왕관 등은 진시황의 자제들을 왕으로 세워 제후국 방식으로 통치해야 구 세력을 제압할 수 있다고 간언한다. 진의 행정조직으로 편재하여 책임 관리하는 군현제보다 옛 육국처럼 제후가 소왕국으로 통치하는 봉건제가 더 효율적이라는 얘기다. 왕관은 봉건제를 제안하고 있지만, 옛 육국에 기반이 없는 진시황의 자제들이 어떻게 구 세력을 효율적으로 통제할 수 있는 것인지에 대한 구체적인 언급은 없다.

권력 기반이 약한 낯선 통치자가 중앙의 지원 없이 지역 토착 세력을 다스릴 수 있는 길이 있는 것일까. 명청대의 경험은 토착 세력과 협력체제를 구축하고 그 대가로 그들에게 준 관료적 권한을 제공하는 길

---

18 『사기』「진시황본기」, 번역본은 김원중 옮김, 『사기본기』, 민음사, 2017, 225쪽.

이 유력하다고 알려준다. 그렇지만 이러한 길은 지역의 힘을 강화하여 중앙의 통제에서 벗어나면 도전 세력으로 변모한 역사가 있었던 만큼, 이사는 이러한 위험성을 다음과 같이 경고하였다.

> 주나라 문왕과 무왕이 분봉한 자제들은 성이 같은 이들이 매우 많았으나, 이후에 후손들은 사이가 멀어져서 서로 치고받는 것이 마치 원수 같았고, 제후들은 더욱이 서로 죽이고 정벌했는데도 주나라 천자는 이를 막거나 그치게 할 수 없었습니다. 지금 천하가 폐하의 신령에 힘입어 통일되어 모두 군현으로 삼았으니, 자제들이나 공신들에게 그곳의 부세로써 후한 상을 내리신다면 매우 충분히 쉽게 통제할 수 있습니다. 천하에 다른 마음을 품는 이가 없게 하는 것이 편안하게 하는 기술인 것입니다. 제후를 두는 것은 이롭지 않습니다.[19]

이사는 주나라의 분봉이 후대에 제후국들의 전쟁을 초래한 원인이라고 보며, 군현제를 통해 자제와 공신 들을 황제의 통제하에 두는 것이 천하를 통일시키는 길이라고 인식한다. 이러한 이사의 생각 속에는 봉건이 중앙에서 독립된 소왕국 통치이고, 군현은 황제 통제 하의 위임 통치라는 개념이 자리하고 있다. 앞에서 살펴보았듯이, 주나라 초기 분봉은 소왕국보다는 군현과 같은 위임 통치에 가까운데, 이사는 이를 소왕국 분봉으로 여기고 있는 것이다. 이사는 군현이 천하에 다른 마음을 품는 이가 없게 하는 제도라고 여기지만, 후한 말 조조와 같은 군웅이나 당나라 때 반란의 주역인 절도사도 황제가 임명한 관료들이었다.

---

19 『사기』「진시황본기」, 『사기본기』, 225~226쪽.

지역 위임 통치인 분봉에서 세력이 확장되어 소왕국 제후국이 된 것처럼, 지역의 관료들도 파워의 네 가지 원천을 갖추면 중앙정부에 도전하는 세력으로 변모할 수 있는 것이다. 권력의 역사는 혈족 사이에도 골육상잔의 비극이 벌어지고, 황제가 총애한 신하도 반란의 주역이 될 수 있다는 사실을 알려준다. 이사가 생각하듯이, 천하의 안정성에 있어서 봉건/군현에 절대적 차이가 있는 것은 아니었다. 승상 왕관도 이사의 뜻과 마찬가지로, 황제의 중앙집권 하에 지역의 안정성을 위해 봉건제를 간언한 것이었다. 모두 황제의 중앙집권을 전제로 하면서 지역의 안전성에 있어서 봉건/군현의 장점을 주장한 셈이다.

천하의 안정성은 봉건/군현에 의해서가 아니라, 황제의 중앙 권력과 지방 권력 사이의 정치 역학에 의해 결정되는 것으로 보아야 한다. 황제가 파워의 네 가지 원천을 잘 갖추어 지방을 통제할 수 있는 힘을 지니고 있으면 천하는 안정적으로 통치될 수 있다. 즉 통치 정당성으로서 천명의 권위를 유지하고, 중앙집권을 통해 지방에 대한 인사권과 재정권을 확립하고, 상비군을 육성하여 천하의 안보를 지킬 수 있다면, 두 마음을 품는 세력이 성장하기 어렵다는 것이다. 황제의 중앙집권이 정상적으로 작동하는 환경에서는 소왕국으로서 봉건 제후국이나 지방의 독립 세력이 존립하기는 힘들었다. 이들은 모두 황제의 위임 통치를 하는 것으로, 황제가 제정한 규범과 국법에 따라 지역을 다스려야 했기 때문이다.

문제는 늘 황제의 중앙 권력이 약화되어 지방을 통제하지 못하는 국면에서, 민심과 군사력을 얻은 세력이 등장할 때 발생하였다. 한나라 초기 제후왕들이 강성했던 것은 공신들의 협력을 통해 건국한 결과였으며, 문제와 경제의 억제책을 시작으로 무제에 이르면 제후 세력이 제거되고 중앙집권이 확립되었다. 이후 제후에게 분봉하여 소왕국 통치를 허용하는 봉건제는 사실상 중앙집권의 정착과 더불어 현실 정치에서 사라진다.

황제의 중앙집권이 확립된 상태에서 지방의 제후국을 허용하는 것은 반역을 부추기는 일로 여겨졌다. 왕관의 봉건론도 제후가 지방을 장악하여 진 제국의 울타리 역할을 충실하게 하자는 취지이지 독립 통치가 그 핵심은 아니었다. 한 무제 이후 중앙집권이 확립되면서 소왕국 통치로서 봉건론은 더 이상 자리하기 어려웠다.

그런데 근대에 이르기까지 봉건/군현 논쟁이 사라지지 않고 지속되었다는 점은 무엇을 의미하는 것인가. 주지하듯이 한 무제는 동중서를 등용하여 유교 국교화를 이루었다. 동중서는 천명-황권을 연결하여 대일통 중앙집권제를 강화하였다. 그렇지만 『예기』를 신봉하는 유가들은 주나라 초기의 봉건론을 이상적 분권 통치로 여기며, 중앙집권과 상호 모순되어 보이는 주장을 하였다. 한 초 유생들은 주 문왕과 무왕의 유지를 이어 주공이 제후들에게 1800국으로 분봉한 봉건제를 가장 이상적인 통치 제도로 인식하였다. 주나라 초기 1800국 분봉은 『예기』 「왕제」편에 근거한 것인데,[20] 유생 가산(賈山)의 상소문에 봉건론의 취지가

---

20 『禮記』 「王制」. "四海之內九州, 州方千里. 州, 建百里之國三十; 七十里之國六十; 五十里之國百有二十; 凡二百一十國. 名山大澤不以封, 其餘以爲附庸間田. 八州, 州二百一十國. 天子之縣內, 方百里之國九, 七十里之國二十有一, 五十里之國六十有三, 凡九十三國. 名山大澤不以封, 其餘以祿士, 以爲間田. 凡九州, 千七百七十三國. 天子之元士, 諸侯之附庸不輿".

잘 나타나 있다.

> 과거 주나라의 1800국은 구주(九州)의 백성들이 1800국의 제
> 후를 보양했기에 백성의 힘을 아무리 써도 기껏 한 해 3일이었고,
> 세금은 10분의 1에 그쳤지만, 제후는 재정적으로 여유가 있어서
> 칭송이 자자했다. 진시황은 1800국의 백성들이 모두 자신을 보
> 양하게 만들어서 힘을 다해도 노역을 이길 수가 없고, 재화는 정
> 부가 요구하는 양을 당할 수가 없었다.[21]

가산을 포함한 한나라 유생들은 진시황의 군현제를 황제 개인의
이익을 도모하는 사사로운(私天下) 제도라고 비판하고, 주나라의 1800
국 분봉은 백성과 제후 모두의 이익을 보장하는 제도라고 칭송하였다.
이들의 봉건 개념은 소왕국 통치보다는 천하의 이익을 균형있게 분배
하는 분권 제도로서 공천하(公天下)를 부각한 것이다. 이는 황제에게 모
든 권력이 집중되는 중앙집권화를 견제하면서, 지방의 행위자들에게도
합당한 권한이 분배되어야 함을 강조한 것이다. 물론 유생들이 황제의
중앙집권을 부정한 것은 아니며, 황제 체제하에서 자신들에게 배분되
어야 할 분권의 문제를 제기한 것이었다.

그런데 유생들이 말하는 주공의 1800국 분봉은 실제 역사라고 보
기는 힘들다. 앞에서 필자는 주나라 초기 분봉이 군현처럼 전략 요충지
에 위임 통치하기 위한 것이라고 설명한 바 있다. 주공의 1800국 분봉

---

21 班固, 『漢書』. "昔者, 周蓋千八百國, 以九州之民養千八百國之君, 用民之力, 不
過歲三日, 什一而籍. 君有餘財, 民有餘力, 而頌聲作. 秦皇帝以千八百國之民自
養, 力罷不能勝其役, 財盡不能勝其求."

은 왕이 소유하고 있는 땅을 제후에게 분할해주는 개념이지만, 전략 요충지 분봉은 제후들이 전초기지를 중심으로 주변 지역으로 세력을 확장해야 하는 책무를 수행하는 것이다. 주 왕의 통치 영역은 황하 중상류 유역이었을 뿐이며, 제후들은 수도에서 멀리 떨어진 근거지를 중심으로 주변의 광활한 땅에 세력을 확장하였다. 춘추시대에 제후국이 인접국을 병합하며 주 왕국보다 훨씬 광활한 영토 국가가 되었을 때, 주 왕이 이들을 통제할 수 있는 힘은 천자로서 이데올로기 파워 이외에 남아있는 것이 없었다. 제후국은 이미 오랜 시간 세습 통치를 하고 있었고, 그 영토 역시 제후국의 힘으로 확장한 것이어서 반환을 강제할 길이 주 왕에게 없었던 것이다.

주나라 분봉을 이런 시각에서 보면, 한 초 유생들은 이상적인 봉건론을 만들어 황제의 중앙집권 하에서 제후들의 지방 권력을 창출하려고 한 것이다. 그리고 그 명분은 공천하를 위한 분권이었다. 유교 국교화 이후 봉건론이 진시황의 사천하 군현론에 대비되는 이상적 질서로 찬미되었지만, 현실 정치가 중앙집권적 군현제로 흘러가는 것을 되돌리지는 못했다. 유교적 이상 질서와 현실 정치의 간극이 생긴 것이며, 지방의 제후는 중앙의 갖가지 간섭하에서 군현의 장관과 같은 존재에서 벗어나지 못하였다.[22]

이렇게 제후는 유명무실한 존재가 되었는데, 동한 말에 호족, 문벌, 명사 등 지방 세력이 강해지고 중앙 권력이 약화되면서 봉건론이 다시

22 　미조구치 유조 외, 조영렬 옮김, 『중국 제국을 움직이는 네 가지 힘』, 글항아리, 2012, 91쪽.

대두되었다. 순열은 지방 세력을 사사로운 이익집단으로 간주하며, 이들을 대신해 동성 제후를 분봉하여 중앙 권력의 약화를 방지하려고 했다. 이러한 봉건론은 중앙에서 황제가 백성을 위한 통치 질서를 정립하고 지방에서 동성 제후가 그 질서를 실현해가자는 주장인데, 황제 중앙집권의 회복이라고 할 수 있다.

동한 말 봉건론은 제후가 지방의 독립 세력을 억제하여 황권을 수호하자는 것으로, 역할 상으로 보면 군현과 별다른 차이가 없었다. 군현론의 주요 취지가 황권의 도전 세력인 제후를 억제하기 위한 것인데, 도전 세력이 지방의 이익집단으로 바뀐 상황에서 이제 봉건론의 이름으로 황권 수호의 역할을 제기한 것이다. 위진 시대에도 지방 세력이 득세하여 서진 사마염 정부에서 동성 분봉을 시행하였으나, 결과는 '팔왕의 난'이 일어나 남북조 시대를 열었을 뿐이었다. 중앙 권력이 약화된 원인을 지방 세력의 교체만으로 해결하기는 어려웠던 것이다.

수당 시대에 다시 통일국가가 들어섰으나, 중당 때 지방의 절도사가 군사권을 지니며 황권의 도전 세력으로 등장하자, 유종원은 '군현제'를 그 대안으로 제기하였다.[23] 절도사는 황제가 임명한 군현제의 산물인 만큼 전통적 사유라면 봉건제를 해법으로 내세웠을 것이다. 그러나 유종원은 지방 세력의 분권화가 혼란의 근본 원인이라고 여기며 황제의 중앙집권 강화를 주장하였다. 제후든 절도사든 모두 지방 분권 세력이라고 본 것이다. 유종원은 진시황의 군현제를 문제의 근원으로 몰아붙

---

23 유종원의 군현제 논리에 대해서는 유종원 「봉건론」, 『유종원전집』 1(오수형 외 옮김, 소명출판, 2009), 115~122쪽.

이던 전통적 시각과 달리, 진시황으로부터 분권에서 벗어나 공천하가 시작되었다고 역설하였다. 황제의 중앙집권을 재정립하는 것이 근본적으로 지방의 도전을 막을 수 있는 길이라고 인식했던 것이다.

송나라는 지방 군웅들의 도전을 막기 위해 금군과 절도사의 병권을 빼앗고, 과거제-관료제의 확대와 왕안석의 신법을 통해 황제 중앙집권을 정점에 올려놓았다. 국가 주도의 책임관리를 강조하는 왕안석의 신법파와 비간섭적 방임 정책을 중시하는 사마광의 구법파가 갈등을 벌이긴 했지만, 이들은 기본적으로 중앙집권 위에서 정책 경쟁을 한 것이었다.

그러나 금나라에 북국중을 빼앗기고 남하한 남송시대에는 중앙정부의 실정으로 북송이 멸망한 것이라는 시각이 대두되었다. 향촌사회에 기반을 둔 신유학(도학) 지식인들은 무기력한 중앙이 아니라 지방의 힘을 통해 나라를 보위하자고 주장했는데, 그 논리로 등장한 것이 바로 봉건론이었다.

주목할 점은 남송의 봉건론이 전통적 봉건론처럼 제후 분봉을 추구한 것이 아니라는 사실이다. 제후가 아닌 사대부 중심의 향촌공동체를 만들 수 있는 지방 분권을 정립하는 것이 그 출발점이었다. 그리고 향촌공동체를 바탕으로 전국 규모의 대통합으로 나아가는 상향적 협치를 추구하였다. 지금까지의 봉건론과 군현론이 황제의 일원 지배가 지방까지 미치는 길을 모색한 것이라면, 남송의 봉건론은 아래의 향촌공동체를 기반으로 중앙정부를 구축할 수 있는 상향식 방안을 제기한 것이었다. 그렇다고 이들이 소왕국을 형성하여 황제의 도전 세력이 되려고 한 것은 아니며, 도학이념-과거제-종족공동체를 기반으로 중앙정

부와 지방사회를 연결하는 매개 역할을 수행하려고 하였다.[24]

몽골 원이 남송을 멸망시킨 이후에도 지방의 종족공동체는 자치 활동을 지속하면서 명대로 이어졌다. 명 주원장은 황제 일원 지배를 강화하기 위해 승상직을 폐지하는 등 군신 협치를 무너뜨렸고, 지방에서는 세금 징수와 농민 감시를 위한 이갑제를 시행하여 황제가 직접 백성을 관리하는 일군만민(一君萬民) 체제를 형성하려고 하였다. 그러나 전국의 일원 지배에 필요한 관료 수가 절대적으로 부족하고 토지 겸병과 빈부격차 문제로 사회가 혼란해지면서, 지방 신사 중심의 종족공동체와 협력하여 사회를 안정시킬 수밖에 없었다. 황제의 통치력이 미치지 못하는 지방사회에서 지방관과 신사가 협력하여 공공사무와 소송, 복지 전반에 관한 일을 처리하는 이른바 향치(鄕治)가 시행된 것이었다.

이러한 상황에서 지방사회의 특성을 강조하는 담론이 부상하는데 바로 황종희, 고염무 등의 봉건론이다. 이들의 봉건론은 전통적인 제후 분봉이 아니며 남송 도학자들의 봉건론을 계승한 것이었다. 그동안 지방관은 출신지 회피와 임기 제한이 있었는데, 이들의 봉건론은 반대로 그 지방 출신이거나 그 지방을 잘 알고 있는 지방관을 장기간 임용해야 한다고 주장한다. 이것은 지방관과 신사층이 협력하여 국가-사회가 공치하는 지방사회 발전 모델을 제시한 것이다.

청 옹정제의 경우 지방이 황권에 도전하는 할거 세력이 될까 우려하기도 했지만, 지방을 일원 통치할 관료체제가 결핍된 상황에서 다른

---

24 남송대 봉건론에 대해서는 송재윤, 「경(經)의 통치: 남송대(南宋代, 1127~1279) 봉건(封建) 논쟁」(『공자학』 48집, 2022) 참고.

대안이 없었다. 또 신사층도 황제의 권위를 인정하는 도학 이념에 따르고 있었을 뿐 아니라, 황제가 제공하는 준 관료적 지위에 불만을 느끼지 않았다.[25]

청 말에 제국주의 침입과 민란으로 인해 중앙정부의 힘이 약화되면서 봉건론이 다시 대두되었다. 청 말의 봉건론은 남송 때처럼 무기력한 중앙정부를 대신하여 지방 중심으로 국가를 재건하기 위한 방안으로 등장한 것이었다. 거듭된 실정으로 위기에 처한 청 정부가 20세기 초 입헌국가 건설을 위한 신정을 추진함에 따라 선거를 통해 지방의회가 수립되고 성 자치를 위한 운동이 일어났다. 남송 이후의 봉건론은 도학 이념을 중심으로 중앙과 지방의 협력관계를 이룰 수 있었지만, 만청 시기에는 만주족 정부에 대한 불신으로 지방이 독립 세력으로 변모되었던 것이다.

이러한 지방 세력을 바탕으로 청조를 무너뜨린 신해혁명이 일어날 수 있었다. 그 결과 오족공화의 중화민국이 건립되었지만, 곧 지방이 할거하는 분열 시대가 열렸다. 여기서 주목할 점은 이러한 세력 가운데 지방이 독립 국가로 분리되어야 한다고 주장하는 이들이 거의 없었다는 사실이다. 량치차오처럼 지방자치와 분권을 주장한 이들도 궁극적인 목표는 지방자치에서 시작하여 지방 연합을 통해 중앙집권적 입헌국가를 건설하는 것이었다. 또 봉건론을 반대한 장타이옌 같은 이들은 지방 분권은 분열로 이어지기 때문에, 좋은 통치자를 중심으로 중앙집권 국가

---

25 명말청초 봉건론에 대해서는 미조구치 유조 외, 『중국 제국을 움직이는 네 가지 힘』, 239~245쪽 참고.

를 건설하는 것이 중국 현실에 부합하는 일이라고 주장하였다.[26]

량치차오와 장타이옌은 상반되어 보이는 주장을 하면서도, 중국 역사에서 중앙집권과 분권이 어떠한 관계에 있었는지 잘 이해하고 있었던 것이다. 이들의 주장처럼 근대 이후 중국 현실 정치도 중앙집권적 통일국가의 방향으로 나아가고 있었다.

5. 제국의 불안과 비관용 정책

중국의 중앙집권과 지방분권의 관계에서 통일국가의 문제를 보면, 중앙정부는 대일통 규범을 내세워 지방을 포섭하고, 지방 세력은 중앙집권 하에서 자율적 권한을 행사하려고 하였다. 중앙과 지방의 목표와 이익이 균형을 이룰 때는 평화적인 시기가 되었는데, 그 관건은 중앙정부의 파워에 달려 있었다. 그렇지만 중앙정부의 파워가 아무리 강한 시기라 하더라도, 지방을 중앙의 뜻대로 일체화시켰던 적은 없었다. 중국 문명국가의 특징인 방대한 영토와 다민족이 일체화를 불가능하게 했으며, 그 대신 중앙과 지방의 이익이 균형을 이루는 혼합적 통치 방식이 출현하였다.

명청대의 경우 황제 직할 통치-지방관+신사층 향치-이민족 자치 등이 혼합되어 있었는데, 이것은 통일국가의 규범에 일치하는 국가가 중국 역사에 출현한 적이 없다는 것을 뜻한다. 그리고 분열 시대라 하

---

26 필립 쿤, 윤성주 옮김, 『중국 현대국가의 기원』, 동북아역사재단, 2009, 208~213쪽.

더라도, 개별 국가들이 상호 경쟁하던 시기와 한 국가 내부에서 지방세력이 강성하던 시기는 구별해야 한다. 전자는 남북조 시대 북중국처럼 분열 시대라고 부를 수 있지만, 후자는 중당 시기처럼 약한 정부하의 지방 분권시대라고 명해야 할 것이다. 이렇게 중국 역사 속의 현실 국가는 중앙정부와 지방 세력 사이의 이익 균형과 혼합적 통치 방식에 의해 움직이고 있었다.

중국의 이러한 통치 방식은 사회주의 중국에도 이어져 있다. 대만을 제외하고 청 제국의 판도를 계승한 신중국은 방대한 공산당 조직을 기반으로 전역에 통치력을 행사하고 있다. 통치력 차원에서 보면 역대 최고 수준이라고 해도 과언이 아니다. 그렇다고 중국 전체가 공산당 뜻대로 움직이는 것은 아니다. 공산당은 자신의 뜻에 따라 중국이 일체화되기(하나의 중국)를 원하지만, 방대한 영토와 다민족 그리고 중국의 역사는 애초에 그것이 가능한 일이 아님을 알려준다.

공산당 역시 하나의 중국을 내세우면서 다민족 통일국가·일국양제처럼 혼합적 방식으로 통치할 수밖에 없다는 사실을 잘 알고 있다. 그렇다면 방대한 영토에 다민족이 살면서 다원적 제도가 공존하는 중국을 하나의 통일국가로 만든다는 것은 무엇을 의미하는가. 소수민족에게 자치를 허용하고 대만·홍콩에 일국양제의 자율성을 준다는 약속을 환기하면, 중국이 개방적이고 보편적인 제국을 지향하는 것처럼 보인다.

그러나 티베트·신장에 대한 지속적인 탄압과 일국양제를 뒤집는 홍콩보안법(2021), 대만에 대한 무력 침공 시사 등을 보면, 공산당의 뜻은 다민족·양제보다는 일국·통일국가의 강화에 가깝다. 물론 일국·통일국가의 규범이 보편 제국을 지향하는 것이라면, 당연히 그 구성원들이 환영하겠지만 현실은 그렇지 않아 보인다.

문명국가로서 중국이 보편과 상생의 원칙을 수립하고 그에 부합하는 정치적 실천을 행한다면, 티베트 문제를 포함한 여러 문제의 해결 가능성을 찾을 수 있다. 그러나 문제는 공산당이 하나의 중국 이외의 방식과는 확연하게 선을 긋고 있다는 점이다. 가령, 티베트의 지도자 달라이 라마는 1988년 유럽연방의회에서 제기한 스트라스부르 선언을 통해, 티베트 독립이 아니라 하나의 중국 하에서 고도의 자치를 보장받을 수 있는 타협안을 제기하였다

스트라스부르 선언은 1979년 덩샤오핑이 "독립을 제외한 나머지 모든 문제는 대화로 해결될 수 있다"는 제안에 대한 티베트 망명 정부의 중도적인 타협안이었다. 이러한 타협안에 반대하는 티베트 독립운동 세력들은 현재까지 무장투쟁을 포함한 급진적 방식의 실천 운동을 벌이고 있다.

스트라스부르 선언에서 제기한 고도의 자치는 중국이 티베트의 외교권을 갖고, 티베트 정부는 비정치적 활동 부문에서 자율권을 가진다는 구상이다. 티베트인은 고도의 자치를 통해 인권과 민주주의의 이상, 환경, 문화적 자율성을 존중하고 적합한 사회경제 체제를 선택하여, 인간과 자연이 조화 속에 살 수 있는 평화 성소로 만들겠다는 것이다. 달라이 라마가 제기한 고도의 자치는 연방제 구상에 가깝고, 또 그 건설 방향에 있어서도 중국 정부가 현실적으로 수용하기 힘든 사항이 포함되어 있었다.

티베트 정부는 야생식물군을 보호하기 위해 엄격한 법령을 선포해야 할 것입니다. 자연자원을 마음대로 개발, 이용하는 행위

에 조심스럽게 제약을 가해야 할 것입니다. 핵무기 및 기타 무기의 생산, 실험과 비축은 금지해야 할 것입니다. 핵에너지 및 위험한 폐기물을 남기는 기술도 마찬가지로 금지될 것입니다. 티베트를 지상에서 가장 큰 자연의 보고로 바꾸는 일이 티베트 정부의 과업이 될 것입니다. 티베트를 완전히 비무장화된 평화의 성지로 만들기 위해 지역 평화회의가 소집될 것입니다. 이러한 협상이 좋은 결과를 낳을 수 있도록 신뢰 분위기 조성을 위해서라도 중국 정부는 당장 티베트 인권 침해 행위를 중단하고 중국인들을 티베트에 이주시키는 정책을 포기해야 합니다.[27]

에너지 자원 개발 제한과 핵실험 금지, 티베트 인권 보장과 중국인 이주 정책 포기 등은 중국의 결단이 필요한 사항이다. 하지만 중국의 성원이 되어 티베트를 자연과 인간이 공존하는 평화 성지를 만들려는 구상은 시진핑 정부의 생태문명에서 벗어난 일이 아니다. 오히려 무분별한 에너지 자원 개발로 생태 위기를 일으키고 그 개발이익을 특정 세력이 독점하는 것이 문제다. 비핵화 평화 정착이 인류 공생의 길로 인정되는 추세에서 핵실험을 강행하고 폐기물을 방치하는 것은 문명국가가 선도적으로 금지해야 할 일이다. 티베트 인권 보장과 중국인 이주 정책 포기 등은 지역보호 차원에서 얼마든지 해결 가능한 문제다.

현실적으로 볼 때 티베트는 중국에서 독립하거나 국제원조를 통해 생존하기 힘든 상태에 있다. 티베트의 구상이 중앙정부와의 긴밀한 연

---

27 Lama, Dalai, "Strasbourg Proposal 1988: Adress to the Members of the European Parliament".(http://www.dalailama.com/messages/tibet/strasbourg-proposal1988).

계 하에 추진된다면, 중국의 관용과 문화의 힘이 확장되는 역사적 사건이 될 수 있다. 이는 중국을 위협하거나 분리 독립하려는 사태를 방비할 수 있는 길이기도 하다.

중국이 이 부분을 수용하지 못하는 건 하나의 중국을 '민족 일체화'라는 방식으로 접근하고 있기 때문이다. 즉 소수민족들의 분리 독립 운동과 이를 직간접적으로 지원하는 미국을 비롯한 강대국들의 행위가 중국을 불안하게 하고, 중국은 자국의 핵심이익을 수호하기 위해 소수민족을 중국이라는 민족국가 내부로 강제 통합하려고 하는 것이다. 그러나 이러한 민족국가적 접근방식으로는 더 큰 갈등을 초래할 수 있으며, 문명제국의 시각에서 문제를 접근하는 것이 해결의 가능성을 찾을 수 있다.

필자가 사용하는 문명제국은 보편과 상생의 원칙으로 구성된 다민족 정치공동체를 뜻하며, 다민족을 민족국가 내부로 강제 통합시키려는 체제와 구별하기 위한 개념이다. 다민족 정치공동체로서 제국은 민족의 단일화를 목표로 하지 않으며, 민족의 차이를 바탕으로 공공의 정치적 목표를 설정하고, 그 실현을 위해 연대하고 협력한다. 제국 정부는 구성원들이 동의하는 공공의 정치 목표를 수립하고 이를 위해 민족 간의 차별과 위계관계를 해소하여 자유롭고 활력있는 제국 건설을 추진한다.

이러한 정치적 공동 목표를 실현하는 과정에서 구성원들이 행복과 자부심을 느끼게 된다면, 제국 밖으로 분리 독립하기보다는 살고 싶은 세상이라고 여기게 될 것이다. 중국은 일체화된 민족국가가 아니라 문명제국으로 나아가야 한다. 이러한 문명제국의 통치 규범을 실천할 때 비로소 소수민족 문제와 대만·홍콩 문제가 대립이 아닌 상생의 길을

찾을 수 있을 것이라고 생각된다.[28]

그러나 중국의 역사를 되돌아보면 문명제국에 가까운 나라가 있었는지 의문이 든다. 역대 왕조 가운데 가장 개방적인 문명제국으로 칭해지는 당나라도 냉정하게 들여다보면 개방보다 통제를 중심에 둔 나라였다. 실크로드 교역은 소그드인을 비롯한 서역의 상인들이 주축이었고, 해상 교역은 한국, 동남아, 인도, 이슬람 상인이 주축이었다. 그리고 외국인의 활동 공간도 장안의 서시와 해안의 거주지에 한정되어 있었다. 중국인의 경우는 공식적으로 해외여행이 금지되어 있었으며, 현장법사의 인도 여행도 불법적으로 행한 것이었다. 개방적 문명제국의 이미지와 달리, 당 정부는 중국의 화폐가 유출되고 변경이 위험에 빠지는 일을 더 우려하고 있었던 것이다.

중국 왕조에게는 항상 안보가 우선이었으며, 도전 세력이 생기는 것을 극도로 경계하였다. 그래서 중국의 문명 발전은 통제 정책 하에서 이방인의 적극적인 역할로 이루어진 경우가 많았다. 개혁개방의 성공이 국가 주도 하에서 글로벌 기업 덕분에 가능한 일이었던 것처럼 말이다. 그러나 역대 제국 정부의 불안과 불신은 늘 자기 보호적인 대일통 규범을 강제했으며, 이러한 불안감이 지속되는 한 문명제국의 관용 정책은 기대하기 힘들었다.

아이러니한 것은 중국의 대일통 세계를 보편사로 정립한 이가 바로 사마천인데, 그의 『사기』는 이러한 비관용 제국을 경계하고 있었다는 점이다.

---

28 이종민, 『중국이라는 불편한 진실―신자유주의의 대안이 될 수 있는가』, 99쪽,

7장
역사공동체, 중국은 왜
역사를 만드는가

역사공동체, 중국은 왜 역사를 만드는가

1. 『총 · 균 · 쇠』와 중국

재레드 다이아몬드의 『총, 균, 쇠』[1]는 인류사회가 불평등한 원인을 새로운 시각으로 제기하여 세계적 명저의 반열에 올랐다. 지금까지 유럽이 세계를 지배한 이유에 대해 유럽인의 우월한 능력 때문이라고 보는 시각이 많았다. 그러나 『총, 균, 쇠』는 유럽인이 어쩌다 발전에 유리한 환경을 만난 것뿐이라는 환경론으로 우월적 유럽 문명론을 전복시킨 것이다. 현생 인류인 사피엔스는 종족과 신체의 차이에 상관없이 모두 동등한 능력을 지니고 있으며, 대륙마다 문명의 발전 속도가 다른 것은 환경의 차이라는 우연성에서 비롯된 일이라는 얘기다.

---

1   재레드 다이아몬드, 김진준 옮김, 『총, 균, 쇠』, 문학사상, 2005.

『총, 균, 쇠』는 문명 발전 속도를 다르게 한 환경 요인을 크게 네 가지로 보고 있다. 1. 인간의 발전과 직결된 작물과 가축이 대륙마다 다르게 분포되어 있었다. 2. 개량된 작물과 가축의 확산·이동 속도가 대륙의 지형에 따라 차이가 있었다. 3. 주변 문명을 수용하는 데 있어서 대륙마다 고립도의 차이가 있었다. 4. 대륙마다 면적과 인구가 달라 잠재적 발명가의 수·경쟁하는 사회의 수·도입할 수 있는 혁신의 수의 차이가 있었다.

이러한 네 가지 환경 요인에서 유리한 조건에 있었던 유라시아가 작물과 가축의 생산량을 높일 수 있었다. 그리고 지형의 축이 동서 방향이어서 확산·이동 속도가 빨랐고, 주변 지역과 고립되지 않아 다양한 문명을 수용할 수 있었으며, 면적이 넓고 인구가 많아 문명 발전 속도가 빠를 수 있었다. 『총, 균, 쇠』는 유럽의 식민 지배가 시작된 1500년 이전까지 유라시아에는 서쪽의 유럽과 동쪽의 중국이 유리한 환경 요인을 잘 활용했으며, 특히 중국이 문명 발전 속도가 제일 빠른 나라였다.

그런데 콜럼버스의 대항해를 계기로 중국과 유럽의 문명 발전이 역전되기 시작하는데, 유럽의 만성적 분열과 중국의 만성적 통일이 그 원인이었다. 중국은 콜럼버스의 대항해 이전인 15세기 초에 이미 명나라 정화 선단이 훨씬 큰 규모와 발전된 항해 기술로 인도양을 건너 아프리카 동해안에 이르는 대원정을 하였다. 그럼에도 불구하고 왜 중국이 유럽에 뒤처진 것인지 『총, 균, 쇠』는 이에 대해 몇 가지 의문을 던진다.

바스코 다 가마는 보잘 것 없는 배 세 척으로 아프리카 남단의 곶을 돌아 동진했고, 그때부터 유럽이 동아시아를 식민지화하기 시작했

는데, 어째서 중국의 배들은 그전에 희망봉을 돌아 서진해 유럽을 식민
지화하지 못했을까? 어째서 중국의 배들은 태평양을 건너 아메리카 서
해안으로 진출하지 못했을까? 왜 중국은 그토록 낙후되어 있던 유럽에
기술의 선도자 위치를 빼앗겼을까?[2]

『총, 균, 쇠』는 1405~1433년에 일곱 차례 선단이 중국을 떠나 항해
했는데, 그러다가 세계 어느 곳에서도 일어날 수 있는 전형적인 정치적
착오에 부딪혀 중단되고 말았다고 본다. 즉 대항해를 추진한 정화의 환
관파와 반대 세력의 권력 투쟁에서 반대 세력이 승리하면서, 일시에 중
국 전역에서 대항해가 중단되었던 것이다. 중국이 정치적으로 통일되어
있었기 때문에, 한번 결정이 내려지자 중국 전역에 선단 파견이 중단되
는 결정적인 사태가 벌어졌던 것이다.

이에 반해 콜럼버스의 대항해 제안은 여러 권력자에 의해 거절되었
지만, 결국 다섯 번째 시도에서 수백 명이 넘는 유럽의 군주 가운데 한
명을 설득하는 데 성공하였다. 이는 유럽이 분열되어 있었기 때문에 가
능한 일이었다. 이후 대항해가 유럽 각국으로 확산되어, 세계 전역의 식
민지화를 통해 부를 축적하고 군수와 산업 기술을 발전시켜 중국 문명
을 초월할 수 있었다.

> 유럽의 분열에서 비롯된 이 같은 결과는 중국의 통일이 빚어
> 낸 결과와 극명한 대조를 이룬다. 중국 조정은 해외 항해 이외의
> 활동에 대해서도 이따금 중단을 결정했다. 14세기에는 정교한 수
> 력방적기 개발을 포기함으로써 산업혁명의 문턱에서 물러났고,

---

2   재레드 다이아몬드, 『총, 균, 쇠』, 590쪽.

세계의 시계 제작 기술을 선도하던 기계식 시계를 파기 또는 사실상 전폐해버렸으며, 15세기 말 이후에는 기계장치나 기술 전반에 걸쳐 후퇴하게 되었다. 통일의 이 같은 잠재적 해로움은 현대 중국에서도 다시 위력을 발휘했다. 1960년대와 1970년대를 휩쓴 문화대혁명의 광기 속에서 한 명 또는 소수 지도자가 내린 결정 때문에 전국의 모든 학교가 5년 동안 문을 닫은 것이다. 중국은 통일되어 있을 때가 많았고 유럽은 언제나 분열되어 있었는데, 두 경우 모두 역사가 깊다. 오늘날 중국에서 가장 생산성이 높은 지역은 B.C. 221년에 처음 정치적으로 통합되었고, 그때부터 대체로 그 상태를 유지했다. 중국에서는 문자가 처음 생길 때부터 문자 체계라고는 하나뿐이었으며, 장장 2000년 동안이나 문화적 통일성을 지켜왔다.[3]

중국은 문명 초기 유리한 환경 요인에 기반한 빠른 정치적 통일로 문명 발전 속도가 유럽보다 빨랐으나, 그 맹점인 폭군의 잘못된 결정과 빠른 시행으로 유럽에 역전당하게 된 것이다. 빠른 정치적 통일과 장기 지속이 문명 발전의 동력이 되었다가 쇠퇴 요인으로 작용한 것이다. 이와 달리 유럽은 만성적 분열 상태가 상호 경쟁을 일으켜 콜럼버스의 대항해 이후 세계를 주도하는 성장 동력이 되었다. 물론 통일과 분열을 고정화하진 않았으며, 중국이든 유럽이든 지리적 연결성이 너무 강하지도 않고 너무 약하지도 않은 곳에서 기술 발전이 이루어졌다고 보았다.

『총, 균, 쇠』는 과학적 역사를 추구한 책이지만, 그 나라가 통일 상태인지 분열 상태인지, 지리적 연결성이 강한지 약한지의 문제는 보는

---

3   재레드 다이아몬드, 『총, 균, 쇠』, 591~592쪽.

시각에 따라 달라질 수밖에 없다. 그 경계를 나눌 과학적 기준을 찾기가 어렵고, 더욱이 판단의 근거가 되는 역사 사료가 특정 시각에 의해 만들어지고 해석된 것일 가능성이 크기 때문이다. 『총, 균, 쇠』의 중국을 보는 시각에서 더욱 그러한 의문이 느껴진다.

『총, 균, 쇠』는 중국이 진시황에 의해 통일된 후 중간에 분열 시기가 있었지만, 다시 재통일되어 대부분 통일국가를 유지했다고 전제한다. 이러한 전제 하에서 『총, 균, 쇠』는 중국이 이른 시기에 강력한 통일국가를 형성하여, 동아시아 주변국으로 종족, 언어, 문화, 제도 등을 포괄하는 황하문명을 확산시켰다고 보는 것이다. 중국 부분만 놓고 보면 『총, 균, 쇠』의 이 내용은 새로운 것이 아니라 중국의 오랜 논리를 반복하는 것에 가깝다.

필자가 앞장에서 설명한 내용들은 모두 중국의 획일적인 통일국가 논리의 문제점을 비판한 것이다. 필자의 시각에 근거하면, 『총, 균, 쇠』가 전제한 통일국가로서의 중국은 실제 역사에서 존재했던 현실 중국이 아니다. 중국이 만들어 세계에 전파했던 그 관점을 『총, 균, 쇠』가 수용하여 인류 문명사를 보는 시각으로 재구성한 것이다. 이 점이 바로 『총, 균, 쇠』에서 중국 부분은 재론해야 하는 이유이다.

이 글의 목적은 『총, 균, 쇠』 비판보다는, 『총, 균, 쇠』에 제공했던 통일국가로서 중국의 보편사가 어떻게 정립되었으며, 중국은 왜 이러한 역사를 만든 것인지 설명하는 데 있다. 『총, 균, 쇠』 비판은 이 작업이 선행되어야 가능한 일이다. 필자는 통일국가로서 중국의 보편사가 사마천의 『사기』에서 만들어져 후대로 이어진 것으로 보고 있다. 지금 중국에서 벌어지고 있는 역사 공정이 다 『사기』를 기준으로 한다는 점도 이를 반증해준다. 왜 그런 것인지 『사기』의 세계 속으로 들어가 보자.[4]

2. 『사기』와 승자의 역사

기원전 221년 진시황은 마지막 제후국 제나라를 병합하고 통일국가를 건설하였다. 주나라의 동천으로 제후국이 분립한 지 500여 년이 훨씬 지난 시점이다. 주나라 친족 사이였던 제후국들은 오랜 전쟁과 이합집산을 거치면서 독자적인 국가 정체성을 지닌 나라로 바뀌어 있었다. 각기 다른 지역과 종족과 문화를 기반으로 성장하면서 천하는 정체성이 상이한 나라들이 각축전을 벌이는 장소가 되었던 것이다.

춘추시대 이래 천하가 분열되기는 했지만, 천자 중심의 보편질서가 회복되어야 한다는 생각은 끊이지 않았다.[5] 제후들이 주 왕의 권위를 인정하면서도 천자가 되고 싶은 욕망을 감추지는 않았던 것이다. 그들은 중앙집권 국가를 건설하고 다른 나라를 하부 단위로 편입시키면 천하 질서가 이루어질 것이라는 소박한 생각을 하고 있었다. 이는 정체성이 다른 국가들이 천하 경쟁을 펼치고 있는 현실을 이해하지 못한 것이었다. 강대국의 군주가 천하를 통일하여 천자가 되더라도, 상이한 정체성을 지닌 나라들을 통일국가의 정체성으로 통합해야 하는 난제를 깨

---

4 7장의 내용은 이종민, 「문명제국과 역사의 지속성 – 사기(史記)에 대한 현대적 해석」(『중국현대문학』 제103호, 2022)을 수정 보완한 것이다.

5 마크 에드워드 루이스, 최정섭 옮김, 『고대 중국의 글과 권위 – 제국으로 가는 글의 여정』, 미토, 2006, 638~639쪽.

닫지 못했던 것이다.

진시황도 마찬가지였다. 통일 천하의 질서는 전쟁 종식으로 이뤄지는 것이 아니라 새롭게 만들어야 한다는 점을 알았을 때, 전국에 분서(焚書)의 소용돌이가 몰아치고 있었다. 근래 출토된 진한시대 문헌들을 보면, 진 제국은 잔혹한 통치보다는 공평하고 세밀한 법치를 시행하고 있었다. 천하 통일의 시대를 맞이하여 신분과 지역의 장벽을 허물고 누구에게나 공평한 사회를 만드는 게 천자의 위용을 세우는 일이었던 것이다.[6]

진시황은 진나라 부강의 기반이 된 작위제와 수전제를 전국적으로 확장 시행하려고 하였다. 이 정책은 육국의 대토지 소유자인 세습 귀족의 권력 기반을 약화시키고, 지역 백성의 기본 생계를 보호하기 위한 것이었다. 이러한 통치가 지속되었다면, 전국시대 말기 순자가 본 진나라 모습처럼 천하의 백성은 안정된 삶을 누릴 수도 있었을 것이다. 하지만 진 제국의 급작스런 멸망은 잔혹한 통치라는 불명예를 안겨 주었다.

분명 불만을 느꼈던 사람들이 많았기 때문에 전국적인 반란이 일시에 일어났을 것이다. 그러나 잔혹함은 대개 자신의 권력과 부를 억울하게 빼앗겼다고 생각하는 사람들이 느끼는 감정이다. 그러한 감정은 거대 권력자에서 일개 백성으로 전락한 육국의 세습 귀족들이 느낄 만한 것이다. 일반 백성은 잔혹함보다 전쟁에서 벗어난 평온함과, 경작할 땅이 생길 수 있다는 기대감을 가졌을지도 모른다.

---

6   이 점에 대해선 장펀톈, 『진시황평전』(이재훈 옮김, 글항아리, 2018), 635~643쪽 참고.

하지만 진나라의 통치가 현실이 되면서 일반 백성들도, 자신의 부모 형제를 죽인 나라에 대한 원한과, 서북쪽의 변방 국가가 중원의 문화국을 지배하는 데 대한 반감, 낯선 관리들이 엄격한 법으로 일상생활을 통제하는 데 대한 불만이 쌓였다. 진나라 일국에서 시행된 통치 방식을 육국의 실정을 고려하지 않고 적용하는 과정에서 대대적인 반감이 생겼던 것이다. 제국의 관리들에게 중앙정부의 법은 공적 규범이고 지역문화는 극복되어야 할 사사로움이었기 때문에, 중앙과 지방의 충돌은 피할 수 없는 일이었다.

진 제국 멸망의 시발점이 된 진승의 반란을 농민봉기라고 부르지만, 변방으로 징발되어 가는 과정에서 기한을 맞추지 못하면 처형된다는 두려움에서 촉발된 일이었다. 이는 농민들의 계급적 이해관계보다는 지역민의 실정을 고려하지 않은 법 적용의 문제에서 발생한 사건이었다. 사마천은 반란이 확산되는 과정을 "진나라가 도를 잃자 진섭이 난을 일으켰고, 제후들이 반란을 했는데, 그 기세가 바람과 구름 같아 끝내 진의 통치자를 멸망시켰다"[7]고 기술하였다. 진섭의 난에 편승하여 반란을 주도한 세력은 농민이 아니라 육국의 권력자였던 제후들이다. 농민은 지역 토호인 옛 제후들을 따라 고향을 침탈한 진나라 통치자를 몰아내는 데 동조한 것이다.

진시황도 육국 출신의 관료들과 조정 회의를 하는 과정에서 정체성 충돌을 피부로 느끼며, 제도의 통일뿐만 아니라 생각의 통일이 중요하

---

7   『史記』「太史公自序」. "秦失其政, 而陳涉發跡, 諸侯作難, 風起雲蒸, 卒亡秦族."

다는 사실을 인지하였다. 진시황이 단행한 분서는 이러한 맥락에서 일어난 것인데, 그 주된 대상이 유교 서적으로 알려져 있지만, 사실은 각국의 역사서가 가장 큰 피해를 입었다. 사마천은 이에 대해 다음과 같이 말한다.

> 진나라는 이미 뜻을 이루자 천하의 시서(詩書)를 불살랐는데 제후들의 역사 기록에 대해서는 더욱 심하게 하였다. 진나라를 풍자하고 헐뜯는 곳이 있었기 때문이다. 시서가 다시 세상에 나타나게 된 이유는 대부분 민간에 감추어 두었기 때문인데, 역사 기록은 유독 주나라 왕실에 소장되어 있어서 없어져 버렸다. 애석하구나! 애석하구나! 오직 『진기』만 남아 있지만 여기에는 해와 달이 기록되어 있지 않고 그 문장도 간략하고 완전하지도 못하다.[8]

사마천에 따르면, 시서는 불탔지만 민간에 감추어진 시서가 나타나 복원되었고, 제후국의 역사서는 철저히 소각되어 다시 볼 수 없게 되었다. 진나라는 자신들의 시각으로 쓴 『진기』만을 남겨두고, 진나라를 비난하고 있는 다른 제후국의 역사서는 불태워버렸다. 전쟁 후 승자가 패자의 역사서를 불태우고, 승자의 시각으로 역사를 다시 쓰는 선례가 만들어진 것이다. 역사 기록을 중시하는 중국인의 관념과 전쟁으로 수많은 국가가 흡수된 선진시대의 상황으로 볼 때, 진시황 이전에도 분서의 전례가 있었을지 모른다.

---

8 『史記』 「六國年表」. "秦既得意, 燒天下《詩》《書》, 諸侯史記尤甚, 爲其有所刺譏也。詩書所以複見者, 多藏人家, 而史記獨藏周室, 以故滅。惜哉, 惜哉! 獨有秦記, 又不載日月, 其文略不具."

가령, 전국시대 제 선왕 때 연나라 내분을 틈타 침략하여 궁궐과 종묘를 불태운 적이 있었다. 이에 대한 보복으로 연 소왕은 제나라 임치를 공격하여 궁궐과 종묘를 불태웠다. 궁궐과 종묘를 불태우는 일은 상대 국가를 병합하기 위한 전쟁이 시작되면서 벌어진 일이었다. 이는 상대 국가의 존립 근거를 없애기 위한 승자의 폭력 행위였다. 종묘는 국가의 통치 정당성을 하늘에 의지하던 시대에, 상제(하늘)와 지상의 왕을 매개하는 선조를 모시던 신성한 장소였다. 이를 불태운다는 것은 그 나라의 천명을 부정하는 것이었다.

궁궐은 현실 정치가 이루어지는 중심적 장소로, 여기에는 각종 예기·보물과 아울러 그 나라의 정통성을 상징하는 사서가 보관되어 있었다. 궁궐을 불태운다는 것은 그 나라의 현실적·역사적 존립 근거를 없애는 일이었다. 종묘를 불태워 천명을 부정하고 궁궐을 불태워 현실적 존립기반을 제거함으로써 패자가 다시 부흥할 여지를 없애버린 것이다.

진시황 분서 이후 항우가 진나라 함양궁을 불태웠을 때도 여지없이 왕궁에 보관된 도서들이 희생되었다. 그 규모는 진시황의 분서 규모를 훨씬 초과하는 것이었다. 아버지 사마담의 유업을 이어받아 『사기』 저술을 준비하고 있을 때, 사마천은 두 차례의 분서로 역사 기록이 사라진 곤혹스런 상황에 직면하게 되었다. 통치자는 천하 통일을 위해 사서를 불태워야 했고, 역사가는 사서를 쓰기 위해 사라진 역사를 찾아야 했다. 사마천은 수집 가능한 천하의 모든 자료와 구문(舊聞)을 망라하여 단절된 역사를 이어가는 작업을 하였다.

그렇다고 천하를 통일하는 일과 역사를 이어가는 일이 물과 불처럼 상반된 것은 아니었다. 진시황이나 유방에게는 흩어져있던 나라를 병합하여 하나의 천하로 이어가는 일이 통일 전쟁이었고, 사마천에게는 흩어져있거나 사라진 기록을 모아 하나의 큰 역사를 만드는 일이 『사기』 저술이었다. 이어가는 방식이 달랐을 뿐, 통일시대에서 그것은 모두 전쟁에 승리한 자의 역사 만들기였다.

그러나 사마천의 역사 통일은 통치자의 천하 통일보다 더 높은 차원에서 구상된 것이었다. 통치자의 천하 통일은 역사의 한 시공간에서 이루어졌다가 사라질 수 있는 것이지만, 사마천의 역사 통일은 변하지 않고 지속될 수 있는 보편 세계를 만드는 일이었기 때문이다. 사마천의 역사 세계 속에서 통치자의 시공간은 역사 원리에 따라 움직이는 한 국면이었다. 천하를 움직이는 자는 통치자이지만, 그 통치자 역시 역사 세계의 규범을 따르는 한 시대의 인물에 불과하였다.

이러한 역사 세계는 왕조가 교체되더라도 단절되지 않으며, 천하가 흩어지지 않고 다시 모이는 본체에 다름아니었다. 『사기』의 역사 세계와 관련하여 마크 루이스의 얘기를 들어보자.

『사기』의 첫 12편인 「본기」는 천하를 통치했던 군주나 왕조에 대한 기록이다. 통일된 한 제국의 역사를 제대로 이해하기 위해 역사의 최초 단계로 거슬러 올라가는 사마천은 황제로부터 자기 시대의 통치자인 무제에 이르기까지 제통(帝統)이 단절되지 않고 이어졌다고 가정한다. 전국시대 말기의 논객들이 지적 통일의 원천이라고 주장했던 단일 군주의 이념은 이 책에서 역사의 통합 원리로 재등장하고 있다.

『사기』는 역사를 관류하는 제통을 기술한 「본기」 외에도, 역대 황제와 왕후장상의 연대기를 일목요연하게 보여주는 「표」, 제국을 제국답게 해준 시각적 청각적 형식인 예악과 음률, 역법, 제의의 발달을 설명한 「서」, 춘추시대로부터 한대에 이르기까지 중국에서 명멸해간 무수한 제후국 왕들의 일대기를 상술한 「세가」, 관리·사신·장군·상인·수공업자·제자백가의 태두·학자·시인·무당·자객·협객—모두 평민이다—을 묘사함으로써 전국시대와 진나라, 초기 한나라의 전반적인 사회상을 알려주는 「열전」 같은 다양한 범주의 편들로 이루어져 있다.

비록 '경'은 아니지만, 『사기』는 경과 전의 형식을 취하고 있다. 이 책의 첫 부분인 12편의 「본기」는 『춘추』를 본떠 사건의 연대기로 이루어져 있다. 그가 이 편들에 적용한 '기(紀)'라는 용어는 '경(經)'의 동음이철어에 가까웠고, 실마리·규범·통치기율 등의 뜻을 공유하고 있었다. 『사기』의 나머지 편들은 대부분 주석을 뜻하는 '전(傳)'이라는 글자를 포함하고 있다.[9]

마크 루이스는 『사기』 역사 세계를 구성하는 「본기」, 「표」, 「서」, 「세가」, 「열전」의 내용과 그 관계를 흥미롭게 설명하고 있다. 여기서 주목할 점은 『사기』가 기전체 형식을 취한 의미에 대해 설명하는 부분이다. 기전체는 「본기」의 기와 「열전」의 전을 결합한 용어로, 『사기』의 핵심 내용이 이 두 편에 있다는 뜻도 포함되어 있다. 마크 루이스는 기-전을

---

9 마크 에드워드 루이스, 『진·한, 최초의 중화제국』, 너머북스, 2020, 394~395쪽. 이 부분은 그의 저서 『고대 중국의 글과 권위』(최정섭 옮김, 미토, 2006) 제7장 백과사전의 시대 가운데 '사마천과 보편사'를 요약 정리한 것으로, 자세한 내용은 이 책을 참고할 것.

경-전의 관계로 보는데, 경은 규범이며 전은 규범을 설명하는 주석을 뜻한다. 즉 「본기」는 역사 세계의 규범으로서 경이 되고, 「열전」을 포함한 나머지 네 편은 「본기」를 설명하는 주석이 되는 것이다. 「본기」에 화하족을 탄생시킨 선조 황제, 덕과 선양의 통치 규범을 실현한 요순, 중국의 이상적 강역을 정립한 하나라 우가 등장한 것은, 「본기」를 규범으로 볼 수 있는 부분이다. 사마천은 「세가」를 설명할 때, 28수 별자리가 북극성을 도는 것처럼 신하들이 군주를 보필하는 세계라고 말한다. 「본기」-「세가」의 관계를 북극성-28수 별자리의 관계로 보면, 「열전」은 그 외곽을 도는 작은 별들의 세계가 된다. 공자가 덕치를 북극성을 중심으로 뭇별이 도는 것에 비유한 것처럼, 「본기」를 중심으로 「세가」와 「열전」이 따르는 관계라고 할 수 있다.

현실 정치에서도 규범 제정자는 군주였으니 적절한 설명인 것으로 보인다. 하지만 「본기」와 나머지 네 편을 경-전의 관계로 보면, 『사기』의 세계를 정태적인 시선으로 볼 우려가 있다. 「본기」에서 규범에 관한 내용은 「오제본기」와 「하본기」에 나온다. 그런데 두 「본기」의 주인공들은 신화 전설 시대의 인물로, 후대 군주들에게도 규범이 되었던 성왕이다. 실제로 하 우임금 이래 후대 군주들 가운데 덕과 선양의 규범을 모두 실천한 이는 없었다. 왕위를 세습하며 덕을 베풀 때는 왕조가 지속되었지만, 그렇지 못할 때는 덕을 베푼 새로운 군주가 나타나 왕조가 교체되었다. 이러한 왕조 흥망의 과정이 사마천 당대까지 이른 것이며, 미래에도 이렇게 지속되어 나간다는 것이 「본기」의 세계라고 할 수 있다.

그렇다면 「본기」 전체를 규범으로 볼 수는 없으며, 「본기」 내부에서도 규범이 되는 성왕과 그렇지 못한 후대 군주들이 공존하고 있었다. 그리고 덕을 잃고 힘을 상실한 군주의 시대에는 「세가」의 제후들 가운데 덕과 힘이 있는 패자가 그 역할을 대신하였다. 진나라의 천하 통일도 그러한 역할을 수행하는 과정에서 이룬 것이며, 진시황 덕분에 선대의 제후들도 「진본기」에 오르는 영예를 누릴 수 있었다.

　　「세가」의 첫 번째 제후는 오태백이다. 오태백은 주 문왕의 부친인 계력의 형으로, 동생인 계력에게 왕위를 양보한 인물이다. 왕위 세습이 시작된 이래 역대 군주들이 선양을 한 적은 없었으며, 오태백이 동생에게 왕위를 양보한 것도 아주 드문 경우라고 할 수 있다. 이에 사마천은 오태백의 양보가 요순시대 선양에 비견될 수 있는 규범적 행위라고 여기며, 「세가」의 첫 번째로 배치한 것이다.

　　사마천은 「세가」를 28수 별자리처럼 군주를 보필하는 세계로 보고 있지만, 「세가」의 제후 가운데 주 왕을 진심으로 보필한 인물은 주나라 초기 제후들을 제외하면 거의 없었다. 그 이유는 춘추시대 이래 유력한 제후들도 자기 선조의 독자적인 천명을 만들어 천하 경쟁에 뛰어들었기 때문이다. 이는 천하에 규범이 사라졌다는 것을 의미하는데, 이에 사마천은 공자가 천하의 규범 역할을 한 것으로 보고 「세가」에 편입하였다. 「열전」의 세계에 속해야 하는 공자가 오히려 「세가」의 규범 역할을 한 것이다.

　　「열전」의 첫 번째 주인공은 백이다. 백이는 오태백처럼 군주 자리를 양보하고 명분있는 삶을 선택한 인물이다. 사마천은 「본기」나 「세가」와 마찬가지로 「열전」에서도 규범적인 인물을 앞세우고 있다. 하지만 「열전」의 주인공들은 대부분 백이와 같은 명분보다는, 서로 신뢰하며 이익을 공유하는 의리(義利)의 세계관으로 살아가는 사람들이다. 열전의 주인공들은 획일적 규범에서 벗어나 인간의 욕구에 충실한 삶의 세계를 만들었다.

실제로 「백이열전」을 읽어보면 백이에 관한 이야기라기보다, 덕과 복이 불일치하는 세상에 대한 사마천의 질의에 가깝다. 즉 백이나 안연과 같은 선인은 참담한 삶을 살았는데, 도척과 같은 포악한 사람은 오히려 천수를 누린 것에 대한 의문이다. 당위와 현실 사이의 거대한 간극, 사마천은 이 문제에 맞서 다음과 같은 결론을 내린다. 사람은 각기 하고 싶은 일을 하기 위해 살아가며, 세상이 그것을 알아주지 못하는 것이 불우한 일이다.

"탐욕스런 사람은 재물을 구하고, 열사는 이름을 추구한다. 뽐내고 싶은 사람은 권세 때문에 죽고, 평범한 백성은 그저 살기 바쁘다."[10] 그래서 백이와 안연은 자기가 하고 싶은 일을 선택한 것이며, 또 공자를 통해 세상에 알려졌으니 불행한 삶으로 볼 수 없다는 것이다. 사마천은 이러한 깨달음을 통해, 당위적 규범이나 가치관에서 벗어나 현실 속의 인간들이 살아가는 다양한 모습을 관찰한다. 그리고 진정성 있게 살아간 사람들을 찾아내어 세상에 알리는 것을 역사가로서의 책무로 삼는다. 이렇게 '열전'의 세계가 탄생한 것이다.

---

10   『史記』「伯夷列傳」. "賈子曰. 貪夫徇財, 烈士徇名, 夸者死權, 衆庶馮生."

3. 보편사 만들기

마크 루이스의 경-전, 규범-주석의 시각으로 『사기』를 보면 군주를 중심으로 돌아가는 세상은 보이지만, 그 내부의 역동적이고 다면적인 모습은 잘 드러나지 않는다. 이것은 사마천이 『사기』 저술을 통해 정립하려고 한 중국사가 어떠한 세계인지 이해하지 못하는 결과를 초래할 수 있다. 『총, 균, 쇠』가 중국을 통일국가로 전제한 것처럼 말이다.

필자는 경-전의 정태적인 시각에 대한 대안으로, '존립기반-규범-인간세계'의 세 층차로 『사기』의 세계를 해석하려고 한다. 사마천의 목표는 중국의 기원이라고 여긴 상고 시대 황제에서 당대(當代) 한 무제에 이르는 통사를 쓰는 것이었다. 단대사가 아닌 통사를 쓴다는 것은 중국이라는 국가를 주인공으로 하여, 과거에 중국이 어떻게 형성되어, 어떠한 과정으로 현재에 이르게 된 것이며, 어떠한 미래로 나아갈 것인지에 대해 사유한다는 뜻이다. 사마천의 통사 속에서 중국은 왕조가 교체되더라도 끊임없이 지속되는 역사와 광활한 세상을 통치해나가는 천하 제국의 모습을 지니고 있다. 이른바 영원한 제국을 꿈꾸고 있는 것이다.

'존립기반(foundation of existence)'은 중국을 존립 가능케 하는 실체적 기반으로, 역사·민족·영토를 지칭한다. 진시황의 천하 통일은 전국시대 육국을 병합한 것이다. 하지만 시간을 위로 거슬러 올라가면 흩어져있던 수많은 종족, 지역, 문화를 하나로 통합한 것이었다. 이들 사이에는 통일이 되어야 할 필연적인 이유가 없었으며, 전쟁의 재앙이 극심해지면서 전쟁을 중단시킬 평화의 시대를 원했던 것이다. 공동체 의식이나 공통의 정체성이 없는 상태에서 천하 통일은 진 제국처럼 급망할 수 있는 내적 원인이 되었다. 제국이 지속되기 위해선 공동체로서 내부 결속력을 갖추어야 했던 것이다.

역사가로서 사마천은 공동의 역사 속에서 내부 결속의 힘을 찾았다. 사람들이 서로 흩어져 살아온 게 아니라, 상고 시대부터 동일한 조상과 영토, 규범 속에서 공동체로 살아왔다는 생각이 그것이다. 이에 사마천은 상고 시대부터 당대에 이르는 통사를 구성하고, 흩어져있던 각 종족, 지역, 문화를 통합하여 하나의 거대한 역사로 만들었다. 이 통사 속에서 제국의 성원들은 이제 공동의 역사를 지니는 공동체로 재탄생하게 되었다. 역사공동체로서 내부 결속감을 가지는 일이 『사기』 저술로 일시에 이뤄지는 것은 아니지만, 『사기』의 역사 세계가 널리 공유된 후대에 실제적인 힘으로 작용했다는 것은 분명한 사실이다.

사마천은 이러한 역사공동체를 위한 공동 조상으로 황제를 내세웠다. 황제가 중국인의 공동 조상으로 등장한 것은 춘추시대였다. 당시 열국의 통치자들은 자신의 시조를 신화적 존재나 고대 성왕, 현신과 연결시키고 있었다. 위대한 선조를 내세움으로써 자신도 천하 경쟁에 뛰어들 자격이 있다는 점을 부각하기 위한 것이었다. 『국어(國語)』「진어(晉語)」에서는 황제의 후손으로 희, 유, 기 등 12개 성씨의 나라를 들고 있다. 이는 요순에서 하상주 삼대 그리고 춘추시대 열국이 모두 황제의 후손이 되는 계보 형성의 과정으로 보인다. 춘추시대의 이러한 조상 만들기가 바로 사마천의 황제 가족사(「오제본기」)의 밑바탕이 되었다.[11]

---

11 이종민, 「주의 동천과 천명의 다원화 – 춘추시대를 보는 시각」, 『중국문학』 110

전국시대에는 상고 시대의 제왕을 '삼황오제'로 통칭하고 있었는데, 사마천이 삼황을 삭제하고 황제를 오제의 시작으로 만들었다. 가령, 사마천과 비슷한 시기에 활동했던 공안국(孔安國) 주석의 『계본(系本)』에는 삼황을 복희·신농·황제로, 오제는 소호·전욱·곡·요·순으로 보았다. 사마천과 달리 황제를 삼황에 소속시키고, 오제의 시작은 사마천이 삭제한 소호를 두고 있었다.

통설에 따라 삼황오제를 중국인의 공동 조상으로 내세울 수도 있었지만, 사마천은 황제를 단독 조상으로 내세웠던 것이다. 그 이유는 사마천이 화하족의 역사를 쓰기 위해 황제를 조상으로 내세웠다는 것이 중론이다.[12] 「오제본기」에서도 황제가 평화의 시대에서 제왕을 한 것이 아니라 신농, 치우와 전쟁을 치르고 있는 상태로 되어 있다. 당시 신농과 치우 그리고 삼황 가운데 복희도 동이족의 제왕으로 알려져 있었다. 삼황 가운데 신농, 복희가 동이족이라면, 화하족의 역사를 구상한 사마천이 삼황을 조상으로 수용할 수 없는 일이다. 이것이 삼황을 삭제하고 황제를 오제의 시작으로 만든 이유인 것으로 보인다.

하지만 황제를 화하족 조상으로 내세운다고 하여 문제가 다 해결된 것은 아니었다. 황제의 아들인 소호는 동이족의 대표적 인물이었고, 순은 『맹자』에서 동이족이라고 밝힌 바 있기 때문이다. 이에 사마천은 황제의 계보에서 소호를 삭제하고 손자인 전욱이 제위를 이어가는 것

집, 2022, 241쪽.

12 이 문제에 대해서는 이덕일, 『사기, 2천년의 비밀』(만권당, 2022) 3장 오제를 찾아서 참고. 동이족을 상고 시대의 조상으로 보는 민족에게는 『사기』는 화하족의 입장에서 쓴 승자의 역사가 된다.

으로 만들었다. 그러나 아들 소호는 동이족인데 아버지 황제는 화하족인 설정은 모순적인 일이다.

순의 경우는 이미 요순이 상징어가 되어 있어서 삭제하지 못하고 계보 속에 그대로 넣어두었다. 이는 상고 시대에 동이족 세력이 그만큼 강성했다는 것을 뜻한다. 그러나 모든 역사는 승자의 역사인 만큼, 화하족이 천하를 통일한 당대를 기준으로 상고 시대의 역사도 그렇게 바뀌었다. 시간이 흐를수록 과거를 기억하는 사람은 사라지고, 사마천의 구상대로 화하족은 황제를 조상으로 하는 대가족 공동체가 되었다.

공동의 역사, 공동의 조상과 아울러 사람들이 공동체로 살아가는 데 필수적 기반이 되는 것이 바로 공동의 땅이다. 사마천은 「하본기」에서 우 임금의 치수부터 중국의 영토가 9주로 확정되어, 9주의 산천 어떤 땅에서도 살 수 있게 되었다고 말한다. 「은본기」와 「주본기」에는 중국 영토에 대한 언급이 없는데, 이는 하나라의 9주가 중국의 영토로 확정되었다는 뜻이다. 우임금이 개척한 '우공 9주'는 천하를 예주, 청주, 서주, 양주(揚州), 형주, 양주(梁州), 옹주, 기주, 연주의 9주로 나눈 것이다.

그런데 이 9주는 한 무제 시대의 영토의식이 투영된 광활한 땅으로, 하나라 당시의 실제 영토라고 보기는 힘들다. 현재 하나라 유적으로 논의되고 있는 이리두 지역은 황하 중류와 하류 유역에 해당한다. 또 『맹자』에서 하상주의 최대 영토가 사방 천 리 정도라고 한 것을 고려하면, 9주는 사마천이 상상한 중국의 이상적인 영토일 것이다. 사마천은 중국의 영토가 상고 시대부터 당대까지 동일한 영토를 유지하게 만듦으로써, 9주 안에 있는 모든 사람들의 역사를 화하족의 중국사로 포괄할 수 있었다.

이렇게 『사기』가 만들어놓은 공동의 역사, 공동의 민족(조상), 공동의 영토는 중국이 실체적으로 존재할 수 있는 '존립기반'이 되었다. 이러한 존립기반이 없으면 중국은 상상 속의 존재에 불과해진다. 고대 세계의 실체로 보면 과장되게 만들어진 것이지만, 이러한 존립기반 덕분에 중국은 역사가 지속되는 영원한 제국으로, 조상이 동일한 대가족 제국으로, 광활한 영토를 지닌 천하 제국으로 자기 정체성을 내세울 수 있었다. 존립기반은 중국의 '핵심이익'으로 자리하여, 역대 왕조가 지켜야 할 책무이자 정통성의 근간이 되었다.

『사기』 역사 세계의 두 번째 요소는 '규범(norm)'이다. 규범은 중국이 추구해야 할 이상적 가치나 질서, 기강을 지칭한다. 규범은 법도있고 부강한 국가를 만들기 위해 반드시 확립해야 할 가치 표준이다. 사마천이 만든 존립기반도 실재라기보다는 추구해야 할 이상적 상태에 가깝기 때문에, 그 자체로 규범 역할을 한다고 볼 수 있다. 이것은 사마천의 통사가 과거의 역사를 사실대로 기록한 것이 아니라 당대의 규범이 될 역사 세계를 만드는 작업이었기 때문이다. 사마천은 자신의 역사 저술이 하늘과 인간의 관계를 밝히고, 고금의 변화를 통찰하고, 공자의 『춘추』를 계승하는 일이라고 말한 바 있다. 이는 『사기』가 분서로 사라진 역사를 이어가는 일이면서, 나아가 전쟁으로 끊어진 중국의 문명 질서를 회복하는 작업임을 알려준다.

사마천이 보기에 중국의 문명 질서는 그 정당성을 하늘에서 구한 것이었다. 상고 시대부터 역대 군주들은 하늘의 운행을 관측하여 그 원리를 규범으로 삼아 인간사회를 다스렸다. 일월성신의 운행 과정을 역법으로 만들었고, 우주가 상호 작용하는 원리로 음양오행을 만들었다. 천하의 9주도 하늘의 별자리에 대응하여 정한 것이며, 인간사회의 예제도 북극성을 중심으로 뭇별이 도는 우주 원리를 유비한 것이었다.

최초에 인류가 생긴 이래 세상의 군주로서 일월성신을 관측하지 않은 사람이 없었지만, 오제와 삼대의 제왕들이 그것을 계승하여 분명히 밝혔다. 중국을 내로, 이족을 외로 삼고, 중국을 12주로 나눈 것은, 위로는 천상(天象)을, 아래로는 지상의 현상과 원리를 관찰 조사하여 그 법칙과 원리에 따른 것이다. 천상의 일월은 지상의 음양, 오성은 지상의 오행, 열수는 지상의 주에 각각 대응한다. 3광(일월성)은 음양의 정기이며, 기는 본래 땅에 있어 성인이 그것을 통어한다.[13]

「본기」의 규범이 되는 오제와 삼대 제왕은 하늘의 운행 원리를 이해하고 있었지만, 후대 군주들은 그렇지 못하였다. 주나라에서 이 우주 원리는 천명 질서로 정립되었는데, 그 실제 내용은 주 왕을 중심으로 조화로운 차등질서를 유지하는 것이었다. 그러나 유왕 이후 백성을 위한 덕치를 베풀지 못하면서 주나라는 쇠약해지고, 제후들과 가신들이 집정을 하면서 하늘과의 관계가 멀어지기 시작하였다. 하늘에서 정

---

13 『史記』「天官書」. "自初生民以來, 世主曷嘗不曆日月星辰及至五家, 三代, 紹而明之, 內冠帶, 外夷狄, 分中國爲十有二州, 仰則觀象於天, 俯則法類於地. 天則有日月, 地則有陰陽. 天有五星, 地有五行. 天則有列宿, 地則有州域. 三光者, 陰陽之精氣本在地, 而聖人統理之."

당성을 얻는 중국의 문명 질서가 위기에 처한 것이다.

> 천하에 도가 있으면 절기와 기후도 조화를 잃지 않았으며, 도
> 가 없으면 올바른 역법(정삭)이 제후들 간에 행해지지 않는다. 여
> 왕, 유왕 이후 주 왕실이 쇠약해지고, 제후 대부 들이 집정하면
> 서 사관은 시(時)를 기록하지 않았고, 군주는 역법을 종묘에 고하
> 지 않았다.[14]

역법은 천명을 받은 군주가 제정하여 제후들에게 하사하는 것인
데, 제후들이 그 역법을 따르지 않는다는 것은 군주의 권위를 인정하지
않는다는 뜻이다. 이로 인해 천하의 시간이 어지러워졌을 뿐 아니라 농
사가 제 절기에 맞게 이뤄지지 않아 백성의 삶이 궁핍해졌다. 또 사관
이 시(時)를 기록하지 않았고, 유일하게 남은 『진기』에는 해와 달의 운행
이 기록되지 않았다. 하늘과 인간의 관계가 단절되고, 지상의 통치자들
은 자신의 힘에 의지하여 세상을 지배하려고 하였다. 이렇게 하늘과 인
간의 관계가 멀어지면서 삶의 표준이 되는 올바른 역법이 사라지게 되
었다. 사마천은 역법을 바르게 개정하는 일이 바로 천하에 규범(도)을 다
시 세우는 출발점이라고 여겼다. 그것은 하늘의 원리에 따라 지상의 질
서를 재정립하는 일이면서, 중국의 문명의 원천을 회복하는 길이었다.

이렇게 『사기』의 역사 세계에서는 하늘의 원리가 최상위의 규범이
된다. 실제로 사마천이 한 무제의 역법 개정에 힘쓰고, 하늘과 땅의 신

---

14 『史記』「曆書」. "天下有道, 則不失紀序; 無道, 則正朔不行於諸侯. 幽.厲之後,
周室微, 陪臣執政, 史不記時, 君不告朔."

에게 제사 지내는 봉선의식에 참여한 것도 바로 이러한 이유 때문이었다. 하늘의 운행과 지상의 질서를 다시 이어가려고 했던 것이다.

무릇 천운은 30년마다 한 번 소변(小變)하고, 100년에 한 번씩 중변(中變)하며, 500년에 한 번 대변(大變)한다. 3번 대변하는 주기를 1기(紀)라 하는데, 3기가 되면 크게 갖추어진다. 이것이 대체적인 천운 변동의 연수이다. 통치자는 반드시 3, 5의 변동을 중시하지 않으면 안 된다. 상하 각 천 년의 변화를 살펴야 하늘과 인간의 관계가 분명히 드러난다.[15]

우주 운행의 변화 주기에 따라 인간 세상의 변화도 일어난다는 얘기인데, 특히 500년마다 대변동이 일어난다는 것이 중요하다. 누구보다 고금의 역사 사실을 중시한 사마천이 정말로 이런 역사철학을 믿은 것인지 의문이 들지만, 아버지 사마담의 유언에도 있는 얘기라는 점은 당시의 통설로 보인다. 이 500년 주기론은 맹자의 '500년 후에 반드시 왕자가 출현한다'는 설과 상통하는 것이다. 맹자는 요순에서 탕까지, 탕에서 문왕까지, 문왕에서 공자까지 500년 시차로 왕자가 출현한다는 얘기를 한 바 있다. 공자는 제왕은 아니지만 『춘추』를 저술하여 왕자의 역할(素王)을 했다고 보았다. 우주 운행에 따르면, 이제 공자 사후 500년이 지난 사마천의 시대에 다시 왕자가 출현하게 된다. 아버지 사마담이 공자의 『춘추』를 계승하라는 유언 속에는 아들에게 기대한 욕망도 감춰

---

15 『史記』「天官書」. "夫天運, 三十歲一小變, 百年中變, 五百載大變; 三大變一紀, 三紀而大備:此其大數也. 爲國者必貴三五. 上下各千歲, 然後天人之際續備."

져 있었을 것이다.

　사마천은 지상의 역사 기록을 널리 수집하면서도 하늘의 원리를 최상의 규범으로 삼았다. 오제와 삼대의 군주는 모두 하늘의 뜻을 통찰한 제왕들이며, 「천관서」, 「봉선서」, 「역서」, 「예서」, 「악서」 등은 하늘의 원리와 지상의 제도를 연결한 왕조 역사의 기술이었다. 사마천은 천자를 정점으로 천하의 모든 국가와 민족이 융합하는 대일통(大一統) 세계를 구상했는데, 이는 하늘의 일원성을 인간의 정치 질서에 적용한 것이라고 할 수 있다.

　『사기』에서 만들어진 존립기반은 바로 대일통 세계를 구축하기 위한 실체적 조건이 되는 셈이다. 그러나 사마천이 추구한 대일통 세계는 엄격한 신분질서가 지배하는 금욕적 세상은 아니었다. 사람이 이익을 좋아하는 것을 자연스런 본성으로 인정하고 있었기 때문이다. 사마천은 이익 추구의 욕구가 군주로부터 일반 백성에 이르기까지 공통된 인간의 본성이라고 인식하였다. 그래서 통치자가 덕치를 행하고 사람이 예절을 알려면 반드시 부가 바탕이 되어야 한다고 보았다.

　　'창고가 차야 예절을 알고, 입고 먹는 것이 넉넉해야 명예와 치욕을 안다.' 예의는 재산이 있으면 생기고 재산이 없으면 사라진다. 이 때문에 군자는 부유해야 덕행을 즐기고, 소인은 부유해야 능력에 맞게 행동한다. 연못이 깊어야 물고기가 살고, 산이 깊어야 짐승이 노닐 듯이, 사람은 부유해야 비로소 인의를 행한다.[16]

----

16 『史記』 「貨殖列傳」. "倉廩實而知禮節, 衣食足而知榮辱." 禮生於有而廢於無。故君子富, 好行其德；小人富, 以適其力。淵深而魚生之, 山深而獸往之, 人富而仁義附焉."

사마천의 이러한 생각은 춘추시대 관중의 시각을 전폭적으로 수용한 것이다. 먼저 사람의 본성인 부의 욕구가 충족되어야, 자신을 절제하고 타인을 배려하는 예악문화가 형성될 수 있고, 나아가 천하의 사람들이 조화롭게 살아가는 대일통 세계가 가능해진다. 이는 대일통 세계가 사람들의 욕구를 충족시키는 민생경제에서 시작되어야 한다는 뜻이다.

민생경제를 구현하기 위해선 크게 두 가지 경제 규범을 정립해야 한다. 하나는 농업 및 상공업 각 분야를 균형있게 발전시켜 백성이 두루 이익을 얻게 하는 것이다. 다른 하나는 국가가 재정 수입을 위해 백성의 이익을 제한하지 못하도록 하는 것이다. 이것은 국가의 독점적 재정정책으로 인해 민간경제가 위축되는 폐해를 막기 위한 규범이라고 할 수 있다.(「평준서」)

2장 경제력에서 살펴보았듯이, 역대 중국 왕조는 민간경제를 활성화하기 위한 자유방임 정책과 안보(전쟁) 비용 확충을 위한 재정정책을 겸용하고 있었다. 사마천이 제시한 경제 규범은 한 무제가 흉노와의 전쟁을 위해 재정정책을 쓰는 과정에서 민간경제가 위축된 폐해를 막기 위한 것이었다. 무제가 말년에 자신의 실책을 인정하고 민생경제로의 재전환을 결정한 것을 보면, 사마천의 경제 규범이 통찰력을 지니고 있었다고 할 것이다.

또 대일통 세계를 이루기 위해선 그에 걸맞는 사회 제도가 뒷받침되어야 하는데, 사마천은 시대 변화에 따른 제도 개혁(변법)을 중시하였다. 특히 육형과 같이 인간의 정서에 맞지 않는 형벌 제도를 폐지한 한 문제나, 혁신적인 부강책을 내세워 변법에 성공한 이회·상앙·이사 등의 개혁은 변법의 규범이 될 만한 것이었다. 그리고 자신들의 이익을 위해 옛 법을 고수하거나 인의를 내세우면서도 탐욕을 추구한 통치자와 유림, 혹리는 반면교사로 만들었다.

『사기』의 세계는 이러한 규범 위에서 형성될 수 있었다. 크게 보면, 위로는 하늘을 본받고 아래로는 이익을 추구하는 일이 근간이 되었다. 얼핏 두 가지 일이 상반되어 보이지만, 『사기』의 세계에서는 결코 모순되지 않는다. 인간의 이익 추구가 하늘이 내려준 본성이라고 보기 때문이다. 백성은 밥을 하늘로 여기고 있고, 그러한 백성을 하늘로 여기고 다스리는 일이 바로 통치자의 책무인 것이다. 이 점이 사마천이 통찰한 중국의 진면목이라고 할 수 있다.

사마천은 『사기』가 공자의 『춘추』를 계승한 것이라고 했는데, 이익 문제에 대한 시각은 공자의 전통 세계를 벗어나 있다. 위로 하늘을 본받는 것과 관련된 천명, 역법, 예악문화, 봉선의식 등은 공자를 계승한 일이지만, 아래로 이익을 추구하거나 민생경제와 관련된 부분은 관중을 계승한 것이라고 해야 한다. 이러한 이원적 세계가 바로 통치 규범과 인간세계의 관계가 되어 『사기』를 관통하고 있는 것이다.

4. 인간들이 사는 세계

『사기』의 세계를 구성하고 있는 세 번째 요소는 '인간세계(human world)'이다. 존립기반과 규범이 이상적인 통일국가의 상을 부여하고 있다면, 인간세계는 대일통 규범 하에서 실제 중국인들이 살아온 다각적인 모습에 해당한다. 이 인간세계 속에는 「본기」의 제왕에서 「세가」의 제후, 「열전」의 평민에 이르기까지 모든 중국인의 삶이 녹아있다. 마크 루이스는 「본기」를 규범으로 보고 있지만, 신화 전설의 성격이 강한 오제를 제외하고 나머지 제왕들은 다 인간세계에 속하는 사람들이다. 규범적인 이상세계가 아니라, 인간세계의 차등질서인 제왕-제후-평민 가운데 제왕의 자리에서 살아온 사람들이라는 얘기다.

제왕이 인간세계의 규범 제정자이기는 하지만, 규범이 확립되면 그들도 규범의 제한을 받으며 살아간다. 오제는 하늘의 원리를 본받아 덕치와 선양의 규범을 정립했는데, 하나라 우 임금은 덕치만을 수용하고 선양은 이어가지 못했다.[17] 이후 하나라 마지막 왕 걸왕은 폭정과 애첩에 빠져 왕조를 잃어버리고, 덕을 베푼 상나라 탕왕이 천명을 받고 새로운 왕조를 건설하였다.

이와 같은 왕조 교체방식은 일종의 규범적 서사가 되어, 상나라 주왕의 멸망과 주나라 무왕의 건국도 그렇게 서술되었다. 서주시대 마지막 왕인 유왕의 몰락에도 악덕과 포사가 있었다. 사라 알란은 이러한 왕조 교체 방식이 본래 상주 교체의 정당성을 위해 만든 이야기인데, 이를 거꾸로 하 걸왕과 상 탕왕에게도 적용하여 역사적 보편성을 얻으려 한 것이라고 설명한 바 있다.[18]

---

17 「하본기」에서는 우 임금이 백익에게 선양을 했지만, 백성이 우의 아들 계를 선택한 것이라고 서술하였다. 이는 우 임금에게 면죄부를 준 역사 구성이지만, 결국 하나라부터 세습으로 전환한 사실은 변하지 않는다.

18 사라 알란, 『선양과 세습』(오만종 옮김, 예문서원, 2009), 224~230쪽 참고.

「주본기」에서 상주 교체기에 이어 서주 말 유왕에게도 이러한 규범적 서사를 적용함에 따라, 폭정과 애첩이 이후 왕조 멸망의 보편 서사로 정착되었다. 루쉰도 이에 대해 다음과 같이 비판한 바 있다.

> 양귀비에 대해, 안록산의 난 이후 지식인들은 하나같이 대대적인 거짓말을 퍼뜨렸다. 현종이 국사를 팽개치고 논 것은 오로지 그녀 때문이고 그녀로 인해 나라에 흉사가 많이 생겼다는 것이다. 오직 몇 사람이 "하나라와 은나라가 망한 것의 본래 진실은 불문에 부치면서 포사와 달기만을 죽이고 있구나"라고 용감하게 말했다. 그런데 달기와 포사는 양귀비와 똑같은 경우가 아니었던가? 여인들이 남자들을 대신해서 죄를 뒤집어써 온 역사는 실로 어제 오늘의 일이 아니다.[19]

지금의 시각으로 보면, 이러한 서사는 멸망 왕조 내부의 권력 구조의 문제, 신흥 왕조의 침략 전쟁의 문제 등을 은폐하고 있다. 그렇지만 이렇게 왕조의 흥망이 덕의 유무에 의해 결정된다는 규범이 만들어졌고, 역대 군주들은 이 규범의 제약 속에서 통치 활동을 하지 않을 수 없었다. 세가와 열전의 첫 편인 「오태백세가」와 「백이열전」에서도 양보의 덕을 내세우면서 이것이 인간세계 전체의 규범이 되었다. 그렇지만 『사기』의 인간세계를 보면, 규범대로 산 사람은 손에 꼽을 정도이며, 대부분 자신의 이해관계와 욕망에 따라 살았다고 해도 과언이 아니다.

고대 군주들의 경우 통치 정당성은 천명에 있었고, 천명을 받은 군

19　루쉰, 『루쉰전집』 제7권, 559쪽.

주는 왕조를 세워 덕치를 행할 수 있었다. 그러니 통치자들의 최우선적 관심은 덕의 실천보다 늘 자신의 권력과 부를 확대 보존하는 일이었다. 백성을 위한 덕치가 천명의 당위적 목표라는 점은 알고 있었으나 눈앞의 이익이 우선이었던 것이다. 결국 주 왕실은 자신이 내세운 천명과 현실 정치의 간극으로 인해, 백성의 원망을 받고 몰락의 길을 걸었다. 춘추시대 통치자들도 덕의 실천보다는 자신의 독자적인 천명 만들기에 열성이었다. 춘추시대에 성행한 위대한 조상 만들기는 바로 통치 정당성을 자기 조상의 천명과 연결시키는 작업이었다.

또 주 왕실이 금지한 상제 제사를 올리며 천명이 자신에게 있다는 점을 과시하였다. 이러한 풍조는 성대한 궁궐을 짓고 거대한 무덤을 만드는 일로 이어졌으며, 갈수록 통치집단과 백성 간의 빈부격차가 극심해지기 시작하였다.[20] 이러한 일들은 열국 경쟁체제가 빚어놓은 부덕한 세태인데, 사마천의 실망은 노나라에서 가장 컸던 것 같다.

노나라는 주공의 후손의 나라로 주나라 문화가 가장 잘 보존되어 있었고, 노나라 사람들도 이에 대한 자부심을 가지고 있었다. 그런데 노나라의 현실은 예의를 내세우면서도 도리에 어긋난 일들로 점철되어 있었다. 사마천은 이에 대해 극도로 개탄하였다.

---

20 우훙, 김병준 옮김, 『순간과 영원-중국고대의 미술과 건축 』, 아카넷, 2003, 55쪽. 거대한 궁정과 무덤의 출현은 춘추시대에 나타나기 시작한 상반된 두 가지 현상을 보여준다. 즉 천명의 다원화와 더불어 성씨·제사·무덤의 대중화가 나타나기 시작하고, 다른 한편으로 거대 권력·부를 소유한 집단과 그렇지 못한 대중들 사이에 빈부격차와 불평등이 심화되기 시작하는 현상이 그러하다. 대중화와 불평등의 공존은 열국의 중앙집권이 강화되면서 나타난 현상으로 사회학적 분석이 필요한 주제이다.

공자가 '심하구나, 노나라의 도가 쇠약해졌으니! 수수와 사수 사이에서 분쟁이 끊임이 없구나!'라고 하셨다. 경보와 숙아, 민공의 때를 관찰해보니, 어찌 그다지도 혼란하였던가! 은공과 환공의 사건, 양중이 적자를 죽이고 서자를 세운 일, 삼환이 북쪽을 바라보는 신하가 되고서도 소공을 직접 쳐 소공을 달아나게 한 일 등이 그렇다. 노나라가 읍양의 예를 따르는 듯하면서 사건을 일으킨 것이 어찌 그리 도리에 어긋나는가![21]

권력과 부 앞에서 주공의 나라가 힘없이 무너진 것이다. 노 장공에게는 아우 계우와 배다른 경보, 숙아 등 4형제가 있었다. 장공이 죽자 계우가 지지한 장공의 아들 반이 군주가 되었지만, 경보가 두 달 만에 살해하고 장공의 어린 손자 개를 내세웠다. 경보는 2년 뒤 야욕을 드러내며 스스로 임금이 되었는데, 군주 승계 분쟁으로 골육상잔의 비극이 벌어졌던 것이다.

은공은 정나라가 천자를 모시고 태산에 제사 지내던 팽읍과 노나라가 천자를 뵐 때 숙식하던 허전을 맞바꾸었는데, 이는 천자를 조롱하는 행위였다. 환공은 송나라가 뇌물로 바친 정(鼎)을 주공의 묘인 태묘에 넣어 군자들의 비웃음을 받았다. 이런 일들은 예를 안다고 과시하던 노나라가 권력과 부를 좇아 스스로 예를 파괴한 사례들이다. 사마천은 노나라의 사태를 관찰하면서 규범이 지켜지지 않는 현실에 더욱 실망하였다. 주공은 500년 주기론의 시작이 되는 인물인데 그의 나라

---

21 『史記』「魯周公世家」, "余聞孔子稱曰 "甚矣魯道之衰也！洙泗之間齗齗如也". 觀慶父及叔牙閔公之際, 何其亂? 隱桓之事；襄仲殺適立庶；三家北面爲臣, 親攻昭公, 昭公以奔. 至其揖讓之禮則從矣, 而行事何其戾也?"

에서 더 규범이 지켜지지 않는 사태는, 사마천 자신의 과입에 대한 어두운 그림자로 다가왔을지도 모른다.

노나라에 실망한 사마천은 예가 통하지 않는 현실을 인정할 수밖에 없었다. 주나라의 예가 하늘의 원리를 본받은 것이라고 했지만, 실제로는 혈족 안의 대종-소종의 차등, 종족 간의 정치적 차등, 백성 간의 신분적 차등에 기반하고 있었다. 그래서 예를 내세운 나라에서 오히려 귀족들이 대토지를 소유하고 가혹한 세금을 물려 백성의 삶이 고달파지곤 하였다. 사마천은 이러한 현실을 통찰하면서 노나라보다 제나라와 같이 실용적인 개혁 정책을 추진한 나라들을 더 높이 평가하였다.

내가 제나라를 가 보니, 태산부터 낭야산까지 이어지고, 북쪽으로는 바다에 쭉 뻗어 기름진 땅이 2천리나 되었다. 그곳 백성들이 마음이 드넓고 숨은 재능이 많은 것은 그들의 타고난 성품이다. 태공의 성스러움으로 나라의 기본을 세우고, 환공의 흥성함으로 선정을 베풀어 제후들을 불러 맹세하게 하고 패자로 일컫게 되었으니, 이 또한 마땅하지 않은가! 넓고 넓구나, 정녕 큰 나라의 기풍이구나![22]

강태공의 나라인 제나라는 환공 때 관중의 개혁 정책이 성공을 거두어 나라가 부강하고 백성이 잘 사는 나라가 되었다. 제나라는 본래 땅이 넓고 물산이 풍부하며, 백성은 마음이 넓고 타고난 재능이 많았는

22　『史記』「齊太公世家」. "吾適齊, 自泰山屬之琅邪, 北被於海, 膏壤二千裏, 其民闊達多匿知, 其天性也. 以太公之聖, 建國本, 桓公之盛, 修善政, 以爲諸侯會盟, 稱伯, 不亦宜乎? 洋洋哉, 固大國之風也!"

데, 이러한 기반 위에 개혁 정책이 성공하여 춘추시대 첫 번째 패자가 되었던 것이다. 사마천은 환공 시기 제나라에서 인간세계의 군주와 신하가 실현했던 가장 예의있고 부강한 나라의 모습을 발견했던 것 같다.

공자는 관중을 예의를 모르는 그릇이 작은 사람이라고 비판했지만,[23] 사마천은 그렇게 보지 않았다. 제 환공은 패자가 되어 제후들을 아홉 번 규합하여 일시에 천하를 바로잡은 후, 천자만이 할 수 있는 봉선제를 거행하려고 했다. 이에 관중은 환공을 설득하여 그만두게 만들었다. 또 관중이 융족을 평정한 공로로 주 양왕이 상경의 예로 대우하려 하자, 신분에 맞지 않는다고 세 번 사양한 후 하경의 예를 받아들였다. 사마천의 눈에 비친 이러한 모습은 부강하면서도 스스로 예를 지키는 모범적인 나라의 모습이었다. 공자의 나라인 노나라에서는 예를 칭송하면서도 오히려 탐욕을 부리는 일들이 벌어지고 있었는데, 제나라에서는 백성의 이익을 내세우면서도 예의를 지키고 있었던 것이다.

사마천은 여기서 인간세계를 통찰하는 중요한 시각을 찾았다. 관중이 말한 '창고가 차야 예절을 알고, 입고 먹는 것이 넉넉해야 명예와 치욕을 안다'는 것이다. 관중의 시각을 수용하면서 『사기』는 대일통 규범을 강조하는 관방 사서를 넘어, 중국인이 살아온 현실적 모습을 통찰한 인간사가 될 수 있었다. 당위적으로 덕의 유무를 통해 나라의 흥망을 얘기하고 있지만, 실제로는 제도 개혁과 인간의 능동적 활동이 흥망의 관건이라고 보았던 것이다.

---

23 『論語』「八佾」. 子曰: "管仲之器小哉!" 或曰: "管仲儉乎?" 曰: "管氏有三歸, 官事不攝, 焉得儉?" "然則管仲知禮乎?" 曰: "邦君樹塞門, 管氏亦樹塞門; 邦君爲兩君之好, 有反坫, 管氏亦有反坫. 管氏而知禮, 孰不知禮?

규범의 당위성으로 보면, 춘추전국시대 제후국인 진나라나 폭군인 진시황을 「본기」에서 제외해야 하지만, 사마천은 역사의 실제성을 중시하며 그렇게 하지 않았다. 「진본기」에서는 진나라 부강에 결정적 작용을 한 진 목공의 정책, 효공 시기 상앙의 변법을 높이 평가하였고, 「진시황본기」에서는 육국을 병합해나가는 진시황의 능력과 천하 통일의 정당성을 인정하였다. 또 제왕이 아닌 항우를 「본기」에 넣어 천하 판도 변화에 끼친 그의 영향력을 존중하였고, 유방의 황후인 여후를 「본기」에 넣어 혜제를 대신하여 황제 권력을 행사한 그녀의 능력을 인정하였다. 규범으로 보면 파격적이지만 현실주의 역사로 보면 설득력 있는 선택이었다.

「세가」의 경우도 이러한 서술 시각이 적용되었다. 제후국의 선조에 대한 이야기와 역대 군주의 덕/부덕의 상황을 서술하면서도, 제후국이 흥성했을 때 군신의 역할과 제도 개혁에 대한 이야기가 서술의 중점을 이루었다. 앞에서 살펴본 것처럼, 노나라에서는 허위적인 모습을 멸망의 근원으로 보았다면, 제나라에서는 부강함과 예의를 흥성의 동력으로 부각하였다. 「초세가(楚世家)」에서는 초나라를 강대국 반열에 올린 성왕, 장왕, 소왕의 업적과 초나라를 멸망으로 이끈 평왕, 회왕, 경왕의 사적을 확연하게 대비시켰다.

또 「조세가(趙世家)」에서는 '상황이 달라지면 대처도 달려져야 한다'는 무령왕의 개혁정치를 부각하면서도, 후계자 선정을 머뭇거리다 비참하게 죽은 최후의 모습을 통탄하였다. 「전경중완세가(田敬仲完世家)」에서는 대부인 전씨가 강씨 공실을 몰아낸 반역자였지만, 민심의 중요성을 인지하고 제도 혁신을 이룬 공로를 인정하여 「세가」의 자리에 올려 놓았다. 한나라 한신의 경우 「세가」에 오른 공신들보다 창업에 중대한 역할을 했지만, 모반의 명목으로 처형되었기 때문에 「열전」으로 강등된 것과 대비되는 선택이었다. 무엇보다 「세가」에서 파격적인 일은 평민 출신의 반란자인 진섭을 「세가」의 반열에 올린 것으로, 진나라를 붕괴시킨 실마리 역할을 크게 인정했기 때문이다.

공자를 「세가」에 올린 것도 도가 무너진 시대에 규범 역할을 수행한 공로를 높이 평가한 것인데, 이런 측면에서 보면 관중의 자리는 상대적으로 낮아 보인다. 관중은 「관안열전」에서 포숙과의 우정에 관한 이야기로 짤막하게 등장한다. 고대 중국적 질서를 세운 관중의 역할에 비한다면 그의 역사적 의미가 제대로 부각되지 못한 것이다.[24]

사마천이 현실주의 시각을 세우는 데 있어 관중으로부터 받은 영향력을 감안한다면, 『사기』 전체가 공자와 관중의 시각을 연결하여 기술한 것이라고 해야 한다. 법가가 냉대받는 사마천 시대에서, 맹자에게 패도정치의 원조로 비판받았던 관중을 공자와 비등한 지위로 내세우기는 힘들었을 것이다.

『사기』 인간세계의 결정판은 「열전」이다. 「열전」은 이릉의 화를 당한 사마천의 심정이 역사 속의 인간 발견으로 승화된 현장이었다. 「열전」에서도 시작부터 공자와 관중이 맞서고 있다. 「열전」의 서문 격인 「백이열전」은 공자가 사람을 알아주는 범위가 백이나 안연같은 선인의 삶에

---

24 춘추시대 고대 질서 정립에 기여한 관중의 역할에 대해서는 이종민, 「관중과 고대중국의 질서」 참고.

한정된 것에 대한 사마천의 질의서이다. 사마천은 공자에 대한 질의를 통해, 사람들은 특정한 규범이나 가치관보다는 자신의 이해관계와 욕망에 따라 살아가는 것이며, 진정성 있게 살아가는 사람들의 삶을 알아주는 게 역사가로서 자신의 사명이라고 인식하였다.

서로를 알아주며 이익을 공유하는 삶, 사마천은 그것을 진정성 있는 삶의 기준으로 보았다. 「열전」에서 이 기준에 따라 살아간 첫 번째 인물이 바로 관중이었다. 특히 관중과 포숙의 만남은 의리(義利) 공동체가 중국을 이끌어가는 새로운 힘으로 등장한 역사적 순간이었다. 관중의 뒤를 이어 전국시대 4군자가 의리 공동체로 명성을 날렸고, 지식인들도 출세를 위해 전국적인 인적 네트워크를 형성하였다. 통치자들과 사속적 관계로 연결된 「자객열전」 속의 자객들은 의리를 위해 생명을 걸었고, 「유협열전(游俠列傳)」의 유협들은 부패한 관리들을 대신하여 사람들이 필요로 하는 의리를 실천하고 있었다. 「화식열전」의 상인들은 능력껏 이익을 추구하면서도 사회적 도의에 벗어나는 일은 하지 않았다.

인간세계의 사람들은 도덕 수양보다는 자신을 알아주는 이들과 서로 이익을 공유하며 살아가고 있었다.[25] 사람들은 저마다 자신의 의리를 중시했지만 그렇다고 규범 밖으로 탈주하지는 않았다. 유협이나 자객의 경우도 규범이 무너진 세상에 대해 폭력으로 분노한 것이지, 규범 밖에 자기만의 세상을 구축한 것은 아니었다. 하나라 때 세습 왕조로 전환되었어도 세상은 그대로였고, 몇 차례 왕조가 교체되었지만 군주제는 그대

---

25 고대 중국의 의리의 세계관에 대해서는 이종민, 중국, 만들어진 정체성−고대 중국의 진실(책 꺽쇠 표시), 6장 의리의 세계관과 생존공동체−꽌시의 기원 참고.

로 유지되었다. 농민 출신의 진섭이 반란을 일으켰지만, 농민이 주인이 되는 세상을 추구한 것은 아니었다. 인간세계 사람들은 규범을 그대로 따르지는 않았지만, 자신의 욕망을 규범 안에서 조절하며 살아가고 있었다.

5. 정사와 인간세계의 딜레마

이상으로 존립기반-규범-인간세계의 시각으로 『사기』의 역사 세계에 대해 살펴보았다. 크게 보면 『사기』는 이원적 세계로 이뤄져 있다. 하나는 대일통 규범의 세계이고, 다른 하나는 인간의 욕구에 충실한 현실 국가의 세계이다. 사마천은 왜 『사기』를 이러한 이원적 세계로 만든 것일까.

진 제국이 급망하는 것을 보면서, 사마천은 통일국가로 결속될 수 있는 힘이 있어야 한다고 보았다. 사마천에게 그 힘은 황제를 시조로 하는 화하족의 보편사를 서술하여, 종족과 출신 지역이 다른 사람들을 역사공동체로 만드는 일이었다. 이러한 보편사는 중국 역사의 실재를 기술한 것이 아니라 당위적인 이상세계를 구성한 것이었다.

이로부터 중국은 본래 한 조상에서 나와 동일한 지역에서 통일국가로 존재했다는 생각이 자리하게 되었다. 왕조의 창업자는 누구나 분열된 중국을 통일국가로 만드는 일을 자신의 천명이자 통치 정당성으로 내세웠다. 이러한 역사가 지속되면서 2천 년이 훨씬 지난 오늘날에도 『사기』의 보편사가 통일국가의 규범으로 작동하고 있는 것이다.

『사기』의 보편사는 현재 26사의 정사로 이어지고 있다. 이렇게 정사가 이어진 것은 신생 왕조의 정통성이 전대 왕조의 사서 편찬을 통해 확립되는 방식이 지속되었기 때문이다. 역대 중국 국가의 정통성은 천명에 있었다. 신생 왕조가 전대 왕조의 사서를 편찬한다는 것은 전대 왕조의 천명과 그 역사가 끝나고, 신생 왕조가 새로운 천명을 이어받았다는 사실을 대내외적으로 공표하는 일이었다. 그래서 한당 같은 통일 왕조뿐만 아니라 남북조 시대·오대 10국 같은 분열시대에도 정사 편찬을 통한 정통성 경쟁을 하였으며, 원청 같은 이민족 왕조에서도 전대 중국 왕조의 사서 편찬을 정통성 계승을 위한 핵심 사업으로 여겼다.

이렇게 정사 편찬이 최근인 중화민국 시대의 『청사고』까지 이어져 중국의 정사를 26사라고 부른다. 26사라고 칭하기는 하지만, 중국 역대 왕조의 수는 그보다 많았으며 사서 역시 훨씬 많은 책이 있었다. 이른바 26사는 정사 가운데 역대 황제들이 인정한 기전체 사서를 총칭하는 것이다. 『사기』의 기전체가 정사의 기준이 되어, 편년체를 포함한 다른 기술 방식의 사서는 포함되지 않았다. 사마광의 『자치통감』은 황제의 인정을 받았을 뿐 아니라 통감학이 있을 정도로 사서의 모범이 되었지만, 편년체 사서였기 때문에 26사에 선정되지 못하였다.

또 매 왕조마다 전대 왕조의 사서를 편찬하기는 했지만, 당 이전에는 국가사업(관찬)보다는 개인 편찬의 형식으로 진행되었으며, 편찬한 사서가 반드시 당대에 간행된 것은 아니었다. 하지만 개인 편찬이라 하더라도 황제의 인정을 받는 것이 목적이었기 때문에 대일통 규범에서 벗어나지 않았으며, 당대에 간행되지 못한 사서라도 후대에 보완되어 정사의 반열에 오를 수 있었다.

26사는 『사기』 이래 매 왕조마다 편찬된 사서가 누적된 것인데, 역대 왕조에서 유행한 몇 가지 총칭이 있었다.[26] 3사, 10사, 13사, 17사, 18사, 21사, 22사, 24사, 25사, 26사.

3사는 『사기』, 『한서』, 『후한서』의 한나라 역사서를 총칭하는데 사마천, 반고, 범엽의 개인 편찬의 형식이었다. 범엽의 『후한서』가 나오기 전에는 황제의 명에 의한 관찬 『동관한기』가 3사에 포함되어 있었는데, 후대에 『후한서』로 바뀌었다.

10사는 『삼국지』, 『진서』, 『송서』, 『제서』, 『양서』, 『진서』, 『북위서』, 『북제서』, 『주서』, 『수서』의 위진남북조 시대와 수나라의 역사서를 총칭한다. 서진시대 진수 『삼국지』 이외의 사서들은 당 태종과 고종 시대에 편찬되었으나 궁중에 수장되어 간행되지는 못하였다.

13사는 3사와 10사를 합하여 부른 총칭이다.

17사는 송대에 유행한 총칭이다. 13사와 남북조 시대 통사인 『남사』, 『북사』 그리고 『신당서』, 구양수의 『오대사기』의 4사를 포함한 것이다. 송나라 때 비로소 당나라 때 편찬한 사서들이 간행되면서 13사가 유포되었다. 이때 『남사』와 『북사』가 추가되고, 유구의 『구당서』가 『신당서』로 대체되고, 설거정의 『오대사』가 구양수의 『오대사기』로 대체되었는데, 이를 모두 합하여 17사라고 불렀다.

18사는 17사와 원에서 편찬한 『송사』를 합하여 부른 총칭이다.

21사는 18사와 명에서 편찬한 『원사』, 원에서 편찬한 『요사』·『금사』를 간행하면서 부른 총칭이다.

---

26 신승하, 『중국사학사』, 24~29쪽.

22사는 21사와 청에서 편찬한 『명사』를 합하여 부른 총칭이다.

24사는 청대에 『명사』를 간행할 때, 오대시대의 사서 『구당서』와 송대의 사서 『구오대사』를 함께 간행하면서 부른 총칭이다.

25사는 24사와 민국 시대인 1920년에 가소민이 편찬한 『신원사』를 합하여 부른 총칭이다. 북양 군벌정부는 1921년 대총통 영으로 『신원사』를 정사에 편입시켰고 1922년 간행하여 25사가 되었다.

26사는 25사와 1914년 원세개 정부가 청사관을 설치하고 조이손·가소민 등이 참여하여 1928년 완성한 『청사고』를 합하여 부른 총칭이다. 대륙과 대만에서 모두 『청사고』를 간행하여 청대의 정사로 인정받고 있다.

현재 중국이 추진하고 있는 역사 공정은 이러한 26사에 기반하고 있으며, 정사 시공간의 확장을 목표로 한 것이다. 역사 공정의 시공간은 『사기』를 기준으로 하여 그 존립기반을 더욱 확장한 것이라고 할 수 있다. 존립기반의 차원에서 보면 『사기』나 역사 공정이나 당위적 필요성에서 출발한 것이기 때문에, 실증보다는 정치적 목적이 우선이다. 이러한 작업을 통해 현재 중국의 통일국가 판도는 사마천도 몰랐던 요하문명과, 사마천이 배제하였던 동이족도 중국사 안으로 포괄하여 역대 최대치의 시공간을 만들고 있다.

이러한 보편사는 통치자 누구나 필요로 하는 일이었고, 지식인 중에서도 이를 자신의 학술적 사명으로 여기는 이들이 있었다. 20세기에 대일통 규범에 의해 '만들어진 고대사'를 의심하던 고힐강 등의 의고파도 있었지만, 지금은 그러한 목소리를 찾아보기가 힘들다.[27] 중국의 국가 프로젝트인 문명탐원공정, 하상주단대공정, 신청사공정, 동북공정, 서북공정, 서남공정 등은 모두 정치적 목적에서 추진된 역사 만들기 작업이다. 이러한 작업에는 늘 역사 진실성 문제나 주변국과의 역사 분쟁이 수반될 수밖에 없다. 동북공정에 대해 지금의 한국인들이 분노하는 것처럼, 『사기』 「조선열전」을 고대 한국인들이 보았다면 마찬가지로 그 의도에 분노하였을 것이다.

그러나 방대한 영토에 사는 다민족을 통일국가의 결속력을 지니는 역사공동체로 만드는 일이 중국에게는 더 중요한 목적이었다. 이러한 보편사 만들기가 바로 사마천의 『사기』에서 시작된 것이다. 세부적인 시공간은 왕조마다 달랐지만, 보편사의 틀은 사마천의 구상이 지속되고 있었다. 그 덕분에 통치자뿐만 아니라 일반 중국인도 중국이 통일국가라는 생각을 가질 수 있었다. 또 이러한 생각이 중국의 파워와 문화를 통해 주변국으로 확산되면서, 과학적 역사를 표방한 『총, 균, 쇠』에서도 아무런 의심 없이 수용될 정도로 성공을 거둔 것이다.

정사 편찬과 국가 정통성이 연결되면서 중국의 역사 작업은 대일통 규범에 종속될 수밖에 없었다. 『사기』의 이원적 세계 가운데 대일통 규범의 세계가 국가 정통성을 위한 정사 작업으로 이어진 것이다. 이것은

27　왕조시대 중국의 역사 기술은 국가가 주도하는 정사 편찬이 주류였지만, 개인적 차원에서 고대 중국사의 허상에 대한 비판적 시각도 끊이지 않았다. 전국시대 순자에서 시작하여, 왕충, 유지기, 정초, 이탁오, 최술, 장학성 등으로 이어졌으며, 20세기 고힐강의 의고 사관도 이러한 비판적 역사관의 맥락에서 볼 수 있을 것이다. 고힐강의 의고 사관에 대해서는 고힐강, 『고사변 자서』(김병준 옮김, 소명출판, 2006) 참고.

사마천이 『사기』를 통해 기대한 일이라고 할 수 있는데, 문제는 『사기』의 인간세계가 정사에서 배제되었다는 점이다. 이 문제는 반고의 『한서』부터 이미 나타났던 것이며, 국가 주도의 역사 작업이 지니게 될 예정된 문제였던 셈이다.[28]

앞에서 필자는 경-전, 규범-주석의 시각으로 『사기』를 보는 마크 루이스의 관점은, 군주를 중심으로 돌아가는 세상만을 보며 그 내부의 역동적이고 다면적인 모습은 보지 못한다고 비판한 바 있다. 마크 루이스의 관점은 바로 인간세계를 배제한 『한서』와 그 이후의 정사 기술에 해당하는 것이다. 만일 『사기』도 이러한 정사 기술에 국한되어 있었다면, 지금의 역사 공정 보고서와 같은 관방 사서가 되었을 것이다.

그러나 사마천은 그렇게 하지 않았다. 사마천은 인간의 욕구와 역사 발전의 관계에 주목하면서, 현실 중국을 움직이는 내재적 힘을 발견했던 것이다. 즉 규범의 차원에서는 중국을 통일적으로 만드는 보편사가 작동하면서, 현실의 차원에서는 욕구에 충실한 인간의 활동들이 중국을 움직여나가는 이원적 세계를 통찰한 것이다.

여기서 이원적이라는 말은 규범과 현실 사이에 간극이 내재되어 있다는 뜻이다. 보편사는 정치적 목적을 위해 만들어진 세계로, 지향의 대상일 수는 있으나 현실 역사가 되기는 어렵기 때문이다. 방대한 영토의 다민족이 보편사의 뜻대로 살아가지는 않는 게 인간세계이다. 또 실제 현실을 보편사에 맞추려면 지금의 하나의 중국처럼 강제 통합의 방

28　이 점에 대해서는 레이 황, 『허드슨 강변에서 중국사를 이야기하다』(권중달 옮김, 푸른역사, 2006), 71~76쪽 참고.

식을 쓰지 않을 수 없다. 이러한 간극이 보편사와 인간세계의 딜레마를 만든다.

사마천의 인간세계에 대한 통찰은 「열전」에 잘 나타나 있다. 열전이 의(義)에 관한 「백이열전」에서 시작하여 이익(利)에 관한 「화식열전」으로 마무리된다는 점은 시사하는 바 크다. 「열전」 속의 사람들은 보편사의 통일국가 규범보다는, 자신의 의를 내세우면서 이익을 얻으려 하는 세계관에 따라 살고 있었다. 그리고 그 세계관의 중심에는 부유하게 살고 싶은 마음이 놓여 있었다.

> 현인이 조정에서 사려 깊은 계책을 내어 사업을 논의하고, 신의를 지키고 절의에 목숨을 거는 암혈의 은사가 명성을 높이는 것은 결국 무엇을 위해서인가? 부자가 되어 넉넉하게 살기 위해서다. 이런 까닭에 청렴한 관리는 시간이 지날수록 부유해지고, 깨끗한 상인도 결국 부자가 된다. 부라는 것은 사람의 욕구로 배우지 않아도 모두가 바라는 것이다. 그러므로 젊은 군사가 군대에서 성을 공격할 때 먼저 오르고, 적진을 무너뜨리고 물리치며, 적장을 베어 깃발을 빼앗고, 앞에서 화살과 돌을 무릅쓰고, 끓는 물을 피하지 않는 것은 모두 큰 상 때문에 그렇게 한 것이다. 마을의 소년들이 때리고 빼앗으며, 사람을 위협하고 속임수를 쓰고, 무덤을 파고 위폐를 만들고, 몸을 빌려주어 남의 원수를 갚아 주며 법령을 피하지 않고 죽을 곳으로 달려가는 것은 모두 재물을 위해서일 뿐이다.[29]

---

29 『史記』「貨殖列傳」. "賢人深謀於廊廟, 論議朝廷, 守信死節隱居岩穴之士設爲名高者安歸乎? 歸於富厚也. 是以廉吏久, 久更富, 廉賈歸富. 富者, 人之情

사마천은 사람들의 모든 행동 속에 부유함의 욕구가 내재되어 있다고 보았다. 부유함의 욕구는 사람들의 자연스런 본성이어서, 나라의 관리나 상인, 군인은 물론이고 산속의 은사들도 모두 그러하다는 것이다. 인간 세상에서 벌어지는 일들의 동기를 명쾌하게 통찰한 셈이다. 다만 사람들이 추구하려는 이익을 부라는 물질적 측면에 한정한 것은 좀 넓힐 필요가 있다. 백이와 「자객열전」의 예양의 경우, 그들이 얻으려 한 이익이 부라기보다는 명성에 대한 만족에 가깝기 때문이다. 세상에 도리를 알리며 그를 통해 얻은 명성이 바로 그들이 추구하는 이익인 것이다. 혹 명성에 수반된 물질 추구가 목적이라면 사마천의 얘기 그대로이지만, 그렇지 않은 사람들의 삶도 있다는 것을 부정할 이유는 없다.

이런 경우의 사람들을 제외하고 대부분은 사마천의 통찰대로 살아가는 이들이다. 이러한 사람들이 모여 사는 사회에서 이해관계를 조정하는 공적 규범은 매우 중요하였다. 그러나 사회는 힘 있는 세력들이 한정된 재화를 차지하려 했고, 나라는 사람들의 안전과 생계를 보장하지 못하는 경우가 많았다. 이러한 상황에서 사람들은 제각기 신뢰 집단을 형성하여 생존을 도모하려고 하였다. 사람들은 자신이 속한 집단의 생존과 이익을 우선하였고, 그 집단 내부의 사람들끼리 협력하는 사회가 만들어졌다. 이로 인해 집단 내부에서는 신뢰와 이익을 공유하지만, 타 집단과는 배타적 경쟁 관계를 형성하기도 하였다. 또 나라의 공

性, 所不學而俱欲者也。故壯士在軍, 攻城先登, 陷陣卻敵, 斬將搴旗, 前蒙矢石, 不避湯火之難者, 爲重賞使也。其在閭巷少年, 攻剽椎埋, 劫人作姦, 掘塚鑄幣, 任俠並兼, 借交報仇, 篡逐幽隱, 不避法禁, 走死地如騖者, 其實皆爲財用耳。"

적 규범이라 하더라도 자기 집단의 이해관계와 충돌하거나 무관할 경우 잘 준수하지 않는, 공공성 결핍의 문제가 발생하기도 하였다.

사마천은 「열전」을 통해 중국을 움직이는 인간세계의 원리를 발견했으며, 이것이 『사기』를 인간의 욕망이 출렁이는 역사의 현장으로 만들었던 것이다. 대일통 규범 하에서 자신의 욕망에 충실한 사람들이 서로 경쟁하며 만들어가는 세계, 그것이 바로 사마천이 『사기』에서 서술한 이원적 세계로서 중국의 역사였다.

이러한 이원적 세계에는 필연적으로 간극이 생길 수밖에 없다. 이것은 통일국가가 되기 어려운 중국의 태생적 문제이기도 하며, 통치자의 입장에서는 이 간극을 얼마나 균형적으로 관리할 수 있느냐가 정치 안정의 관건이었다. 오늘날 중국의 역사 공정이나 하나의 중국 정책은 보편사 규범만을 추종하며, 사마천이 아울러 중시한 인간세계의 자율성을 제한하는 것이다. 통치 규범과 인간세계의 간극이 벌어질수록, 우리는 『사기』가 들려주는 평범한 진실을 잊어서는 안 된다.

통치자의 부덕과 실정이 백성의 원망으로 이어지면 왕조 교체의 역사가 반복된다는 것을.

글을 마치며:
반중감정을 넘어 문명경쟁으로

글을 마치며:

반중감정을 넘어 문명경쟁으로

1. 미중경쟁시대 중국

개혁개방을 통해 중국은 자신의 경제적 능력을 전 세계에 입증하였다. 하지만 시민의식의 측면에서는 아편전쟁 이래 형성된 낙후된 민족이라는 이미지를 아직 청산하지 못하고 있다. 당시 서구는 문명/야만의 시선으로 중국인을 비하하였고, 중국 내부에서도 근대국가를 수립할 자격이 결여된 국민이라고 자책하였다. 이로 인해 중국이 근대국가를 건설하기 위해선 무엇보다 중국인의 국민성을 개조하는 일이 급선무라고 인식되었다. 이러한 시선 속에는 경제발전 및 민주주의에 적합한 국민성과 문화가 있다는 서구의 생각이 개입되어 있었다.

그런데 국민성 담론이 20세기 중국을 지배하면서, 정치 세력들이 국민의 자질을 임의적으로 재단하는 결과가 초래되었다. 가령, 신해혁명 이후 수립된 공화정에서는 선거인 자격에 미달한 국민에게 선거권을 부여하지 않았고, 사회주의 시기에는 출신 성분과 혈통에 따라 정치적 차별을 가하였다. 지금의 당국 체제에서도 인민의 소질 부족을 이유로 정치참여를 제한하고 있다. 국민성 담론이 오히려 국민의 정치적 권리를 제한하는 논리로 이용되고 있었던 것이다.

그렇지만 현실 속의 중국인들은 국민성 담론 속의 낙후된 인간과 달리, 개혁개방의 변화된 세계에 신속하게 적응하며 그동안 억눌려 있던 물질적 욕망을 분출하였다. 그들은 더 이상 시대의 구경꾼이 아니라 부자의 꿈을 향해 질주하는 '반란' 세력으로 변모해가고 있었던 것이다.[1] 이에 따라 경제발전을 하려면 먼저 그에 적합한 국민성과 문화를 개조해야 한다는 관점이 효력을 상실하였다. 그동안 부정적으로 간주되던 중국인의 특성이 경제발전에 성공한 주요 요인으로 재평가되었기 때문이다.

지금 중국이 세계의 리더를 꿈꾸고 있다면, 경제적 능력만으로는 그 조건을 충족시키지 못한다. 세계의 리더에 부응하는 시민의식을 갖추어야 하기 때문이다. 중국의 특수성에 제한되지 않고 보편가치를 공유할 수 있는 의식이 형성되어야 한다는 것이다. 서구에서 이 점을 평가하는 기준은 경제성장 이후 중국이 민주주의 사회로 나아가고 있는가의 문제였다.

서구에서는 중국이 경제성장 이후 정치 민주화의 길로 나아갈 것이라고 기대했지만, 여전히 중국은 공산당 권위주의 통치를 유지하고 있다. 중국의 경제성장 과정을 보면, 선진자본주의 국가처럼 산업화와

---

1   이 점에 대해서는 이종민, 『흩어진 모래: 현대 중국인의 고뇌와 꿈』(산지니, 2013) 8장 사회주의, 평등과 권력의 불협화음 참고.

도시화를 성장 동력으로 삼아 성공 신화를 이루었다. 독일과 북유럽의 경험은, 산업화와 도시화 이후 새로운 성장 동력을 복지국가 건설과 연계할 때 지속 가능하다는 점을 보여주었다. 이들 국가에서 이러한 전환이 가능했던 것은 무엇보다 노동조합과 사회민주주의 정치 세력이 존재했기 때문이다.

민주주의는 경제성장 이후 순차적으로 도래하는 것이 아니었다. 기존의 경제성장에 내재한 문제를 국민 참여를 통해 해결하는 과정에서 민주주의로 가는 길이 열렸던 것이다. 낡은 발전 패러다임으로 경제성장이 한계에 부딪치거나 사회적 불평등이 심각해지면, 국민의 삶이 위기에 직면하게 되었다. 이때 국민의 정치 역량을 통해 성장 패러다임과 분배 문제를 조정하는 과정에서 비로소 민주주의가 실현될 수 있었다.

한국의 경우, 개발독재를 통해 경제성장을 한 이후 80년대에 민주화로 군부정권을 교체하였다. 하지만 시민이 참여하는 민주주의 사회가 바로 실현된 것은 아니었다. 오히려 90년대에 탈정치적 개인주의가 만연하고 IMF 이후 신자유주의 사회가 도래하였다. 이후 고용 없는 성장이 지속되면서 국민들은 커다란 삶의 위기에 직면하였다. 이러한 경제 문제 위에 사회적 불평등·정치부패가 중첩되자 시민들이 촛불을 들고 정치에 참여하면서 한국 민주주의의 동력이 되살아났다. 이렇게 보면 한국이 시민 민주주의에 기반한 사회가 된 것은 80년대 경제성장 이후가 아니라 경제성장과 국민의 삶이 위기에 처한 최근의 일이라고 할 수 있다.

중국의 경우는 어떠한가. 중국의 경제성장은 시진핑 정부 들어 산업혁신을 바탕으로 중속 성장을 유지하였다. 현재 중국은 미국의 대공세와 코로나 사태 등이 겹치면서 위기 상황에 직면해 있다. 그러나 방대한 내수시장을 바탕으로 신성장산업을 발전시켜 전면적 경제 위기로 전화될 가능성은 낮아 보인다. 경제성장의 측면에서 보면 기술혁신을 통해 산업고도화를 이뤄가고 있으며, 인민의 삶의 측면에서 보면 소득주도 성장을 통해 중산층 사회로 나아가고 있는 것이다.

지금 중국은 사회적 불평등 지수가 매우 높은 상태이지만, 경제성장으로 인한 낙수 효과가 불만을 초과하는 '좋은 불평등'의 시대라고 할 수 있다. 이러한 시대를 유지하려면 무엇보다 상응하는 경제성장이 이루어져 인민의 삶의 질이 계속 향상되는 국면에 있어야 한다. 인민이 정치에 참여할 공간과 공산당에 대항할 정치 세력이 없다는 것이 중국의 현실이지만, 정치체제를 부정할 경제성장의 문제나 인민의 삶의 위기가 급작스럽게 출현할 것으로 보이지는 않는다.

경제성장과 민주주의에 대한 서구적 테제로 중국의 최근 모습을 평가하는 것은 제한적인 관점이다. 그래서 코로나 사태 전후로 진행되고 있는 전환 속에서 중국식 사회주의에 대한 종합적인 관찰과 예측이 필요하다. 본문에서 살펴본 대로, 미중경쟁시대 중국은 시진핑 정부의 중앙집권이 강화되고, 국가 주도의 자립경제가 추진되며, 국내외적으로 안보 체계를 더욱 강화할 것이다. 이렇게 권위주의 통치가 확장되는 흐름 속에서 몇 가지 주목해야 할 점이 있다.

첫째, 디지털 감시시스템과 빅브라더의 그림자. 중국은 코로나 방역 과정에서 전국 단위의 의료 데이터베이스를 구축하고, 디지털 감시망을 통해 확진자 동선 추적과 접촉자 식별 그리고 공공장소에서 마스크를 쓰지 않은 사람에 대한 공안 통보 시스템을 정립하였다. 이는 코로나 사태 이전부터 구축해온 디지털 감시시스템에 기반한 것이다. 세계 최고의 안면인식 기술과 스카이넷, 매의 눈 등의 감시시스템은 중국이 코로나를 통제할 수 있는 힘이 되었다. 코로나 사태로 중국의 디지털 감시 기술 수준이 재확인된 셈이었다. 이것은 사생활 보호보다는 안전을 우선하고 개인정보에 대한 낮은 국민의식 덕분에 가능한 일이었다. 그러나 디지털 감시망이 촘촘히 설치되어 있고, 모든 국민에게 신용등급을 매기는 사회신용시스템을 구축하는 중국에서, 이제 자유로운 개인이라는 존재는 불가능한 개념이 되었다. 디지털 기술에 기반한 초연결사회가 반드시 민주주의 사회로 나아가는 것은 아니며, 어떠한 목표를 위해 운영하느냐에 따라 권위주의 통치가 강화될 수 있다는 점을 보여주었다.

둘째, 플랫폼 경제와 기업문화의 변화. 코로나 사태 이후 언택트 소비가 늘어나면서 플랫폼 기업의 영향력이 더욱 확대되었다. 특히 재택근무로 업무 패턴이 변화되면서 딩톡, 텐센트 미팅과 위챗워크, 줌 등이 최대 수혜를 받았다. 전자상거래, 온라인교육, 무인배송, 원격의료, 자율주행 등의 분야가 이전보다 한층 성장할 기회를 얻었으며, 중국 전체적으로 볼 때 디지털 경제로의 전환 속도가 확연히 빨라지고 있는 상황이다. 밀레니얼 세대가 주축을 이룬 중국 모바일 생태계는 플랫폼 기업의 조직문화에도 커다란 영향을 끼치고 있다. 시시각각 변하는 인터넷 트렌드에 적응하기 위해 중국 플랫폼 기업들은 수평적이고 유연한 조직문화를 만들고, 실무 부서에 과감하게 권한과 책임을 위임해 시장 변화에 발 빠르게 대응하고 있는 것이다.[2] 이러한 유연성과 혁신 덕분에 중국 플랫폼 기업은 과거 모방자에서 이제는 세계 플랫폼 기업의 트렌드를 선도하는 위치로 부상하고 있다. 이는 기존의 제조업과 건설업과 같은 권위주의적 기업문화에서 벗어나, 시장과 소비자의 욕구 그리고 제품과 서비스의 질을 중시하는 새로운 기업문화 위에서 가능한 일이다.

셋째, 중산층 사회와 소비의식의 변화. 중산층 삶을 향유하는 전면적 소강사회에 들어선 중국 소비자들은 제품의 질과 신뢰성을 중시할 뿐 아니라 타인과 구별되는 개인적 취향과 가치를 내세우고 있다.[3] 애국주의 소비를 하거나 국내외에서 과시형 소비를 하는 이들도 있지만, 자기 주도적이고 진보적 취향을 추구하는 젊은 세대의 소비자들이 등장한 것이었다. 앞으로 이들이 슈퍼차이나의 과시형 소비의식에서 벗어나 환경·건강·신뢰·취향 중심의 진보적 소비의식을 형성해간다면, 중국사회의 혁신이 한층 빨라질 수 있다. 코로나 사태 이후 중국에 등장한 안티 바이러스 기능을 지닌 자동차 필터나 공기소독기, 로봇 서비스 호텔 등의 비즈니스 트렌드는 이러한 까다로운 소비자들이 영향력을 발휘한 현상이라고 할 것이다.

넷째, 공공보건과 사회복지의 중요성 인지. 2003년 사스 발생을 계

---

2   윤재웅, 『차이나 플랫폼이 온다』, 미래의창, 2020, 69쪽.

3   최근 중국 소비자들의 특성에 대해서는 설명남, 『중국 마케팅, 리셋하라』(이은 북, 2018) 1장 5가지 키워드로 읽는 중국 마케팅 및 유한나, 『지금 중국은 스마트 인 차이나』(북네스트, 2019) 제1부 사회주의라고 쓰고 자본주의라고 읽는다 참고.

기로 중국은 공중위생과 사회복지 수준을 개선하기는 했지만, 코로나 사태에서 여전히 낙후한 모습이 드러났다. 중국 정부는 민생과 생태문명을 국정 과제로 내세우고 있었으나, 실제에서는 경제성장을 우선하는 정책으로 인민의 건강한 삶이 소외되었던 것이다. 경제적 불평등이 재확인되었을 뿐 아니라 인민의 안전하고 건강한 삶을 위한 사회복지의 필요성이 절실하게 대두되었다.[4] 중국인들은 코로나 사태가 위생 보건 시설 미비, 유전자조작 농산물, 부적절한 사료를 통한 육류 생산 등의 문제와 관련되어 있다는 점을 알았다. 또 생태문명이 국정 과제를 넘어 자신의 안전하고 건강한 삶을 위해 얼마나 중요한 문제인지 자각하게 되었다. 이 과정에서 국가 공공정책의 중요성을 인지하였고, 국가는 인민을 통치할 뿐 아니라 인민의 삶의 질을 위해 복무해야 한다는 취지의 중국 헌법 제45조[5]의 중요성을 깨닫게 되었다. 최근 중국 곳곳에서 벌어진 의료복지 비용 삭감에 대한 항의가 이 점을 잘 보여준다.

다섯째, 법치와 권리의식의 형성. 시진핑 정부는 '의법치국'의 구호를 통해 법치를 강조하고 있는데, 중국에서 법치의 의미는 법에 의한 국가 통치로의 전환을 뜻한다. 그래서 국민의 권리를 보호하고 권력을 제한하는 선진사회의 법치와는 상당한 간극이 있다. 시진핑 정부는 공산당 권력 집중과 인민의 정치참여 제한 문제를 해결할 의향이 없으며,

---

4　이 점에 대해서는 마이크 데이비스 외, 『코로나19 – 자본주의의 모순이 낳은 재난』, 책갈피, 2020, 112~117쪽 참고.

5　"중화인민공화국 국민은 연로하거나 질병이 있거나 노동력을 상실할 경우, 국가와 사회로부터 물질적 도움을 얻을 권리가 있다. 국가 발전은 국민이 이러한 권리가 필요로 하는 사회보험과 사회 구제 및 의료와 보건 서비스를 누릴 수 있게 하기 위한 것이다."

공산당의 국가 통치방식으로서 법치를 추진하고 있는 것이다. 당내 권력남용과 부정부패 척결이 중국 법치의 현실적인 목표라는 얘기다. 그럼에도 불구하고 주목할 점은 법치의 제도화가 진행되면서 수많은 대중 시위 및 각종 권리침해소송이 법에 근거하여 주장되고 있다는 사실이다. 중국의 법치가 인민의 정치 사회적 권리 신장에 기여하고 있는 것이다. 하지만 공산당의 법 집행을 감시하는 주체가 없는 상황에서 법치는 법에 의한 인치로 흐르기 쉬우며, 중국인의 권리의식 또한 개인이나 집단의 재산권 측면에 집중되어 있다는 사실은 중국식 법치가 안고 있는 최대 문제점이다.

코로나 사태로 인해 중국인들은 안전하고 건강한 삶의 중요성을 실감하였고, 문제 해결을 위해선 국가정책뿐만 아니라 중국인 개개인의 의식 변화와 실천이 수반되어야 한다는 점도 알게 되었다. 또 기후, 위생 문제는 중국을 넘어 전 지구가 연대해야 해결 가능하다는 사실도 인지하게 되었다. 세계인이 가장 공감할 수 있는 중국의 길을 하나 애기하라면 다음과 같은 방식일 것이다. 국가와 공동체의 안전을 우선하는 중국인의 생각이 지구와 인류공동체의 안전을 고민하는 생태문명적 사유로 확장되고, 중국 기업가들은 이러한 생태문명적 사유를 일상생활에서 구현할 수 있는 제품과 서비스를 만들고, 중국 소비자들은 환경과 건강을 중시하는 진보적 소비문화를 형성하는 것이다. 이는 세계인들과 대의와 실리를 공유하는 길이며, 이 과정에서 중국인의 세계 시민의식이 형성될 수 있다.

그러나 지금 중국의 현실에서는 이러한 기대를 어긋나게 하는 거대 요인이 공존한다. 중국의 디지털 감시시스템이 중국인 개개인의 자유와 창의성을 장애하는 중앙집권형 통제사회로 나아가고 있는 것에 대한 우려[6]가 그러하다. 또 자신의 이익을 우선하는 중국인의 욕망이 환경을 위해 절제되고, 전 지구적 생태문명 사유로 전환될 수 있을지에 대한 우려도 그러하다. 게다가 미중경쟁이 치열해지는 상황은 중국인의 보편 가치에 대한 관심을 가로막을 가능성이 크다. 중국 내부에는 미국의 공세를 초래한 것에 대한 반성의 목소리도 있으나, 세계 최강국에 다가가고 있다는 중국인 특유의 프라이드가 더 우세하기 때문이다.

중국 정부는 앞으로 내수와 과학기술 발전에 기반한 국가 주도 자립경제 그리고 친중국 경제권 형성을 통해 미국의 대중국 공세에 맞서 나갈 것이다. 그러나 미국의 대공세는 분명히 중국의 붕괴를 목적하지 않는다. 패권 경쟁과 직결된 첨단기술, 금융 이외의 범용 부문에서 중국의 생산기지·소비시장의 역할이 미국의 이익에 매우 중요한 비중을 차지하고 있기 때문이다.

그동안 중국은 정부의 투자와 생산능력을 통해 경제대국으로 성장할 수 있었다. 지금 중국이 자립경제를 추구한다는 것은 성장동력을 외부 수출보다 내부 소비로 전환시키겠다는 뜻이다. 중국인의 저축 규모와 방대한 소비시장을 고려하면 충분히 실현 가능하고 지속 성장을 위해서도 필요한 일이다.

그러나 소비는 심리가 큰 영향을 끼치는 행위다. 지금 생활이 안정

---

6   이 점에 대해서는 유발 하라리, 「현대 자본주의 앞에는 어떤 미래가 기다리는 가」(유발 하라리 외, 『초예측 부의 미래―세계석학 5인이 말하는 기술 자본 문명의 대전환』, 웅진지식하우스, 2020) 참고.

되고 노후가 걱정이 없다면 저축액이 적더라도 소비를 할 수 있다. 하지만 저축액이 많더라도 지금 생활이 불안정하고 노후 준비가 되어 있지 않다고 여긴다면 소비를 하기가 힘들다. 지금 중국인은 어떠한 심리를 가지고 있는 것일까.

중국의 사회안전망 수준을 감안하면, 중국인들이 정부 정책대로 소비를 늘리기는 쉬워 보이지 않는다. 중국의 낮은 복지 재정은 중국인들의 저축을 주택, 의료, 노후 자금 등으로 향하게 하기 때문이다. 내수를 성장동력으로 만들려면 무엇보다 중국인들이 안심하고 소비할 수 있도록 사회안전망 수준을 높이는 일이 선행되어야 한다.

중국이 복지 후진국에 머물러 있는 것은 국가의 지출이 산업고도화, 부동산, 군사력, 일대일로 등 성장과 안보를 위한 비용으로 쓰였다는 점을 뜻한다. 이제 성장동력을 내수로 전환하려고 한다면 내수 진작을 위한 사회안전망 향상에 눈을 돌려야 한다. 이 일은 공산당의 역사 과제인 공동부유를 실현하는 제도적 기반이기도 하다.

그런데 이상한 점은 공산당의 핵심 사업이 되어야 할 이 문제에 공산당이 매우 소극적이라는 사실이다. 중국의 인구가 아무리 많고 국가 GDP가 세계 2위라 하더라도, 소비 여력이 있는 사람이 적으면 결코 내수가 성장동력이 될 수 없다. 특히 향후 중국 소비를 이끌어갈 중산층 젊은 세대들이 안심하고 소비할 수 있는 소득과 사회안전망 환경이 갖추어져야, 공산당이 기대하는 내수 기반 자립경제가 이루어질 수 있는 것이다.

그럼에도 불구하고 공산당이 소극적인 것은 공산당의 이익과 상충

되는 측면이 있기 때문이다. 역대 중국 국가는 사회복지에서 작은 정부를 지향했으며, 지금도 마찬가지다. 이것은 중앙의 통치집단이 국가목표보다 자신들의 이익을 우선했다는 뜻이다. 시진핑 정부의 낮은 복지 재정과 미비한 제도 역시 마찬가지다. 이러한 문제의 개혁이 없다면 내수 중심의 발전 패러다임 전환이나 공동부유는 구호에 그칠 수 있다.

역대로 능력주의 차등사회였던 중국에서 대다수 인민이 공동부유하고 내수로 중국을 먹여 살리는 나라는 유교 이상사회에서나 있을 법한 일이다. 이런 나라를 공산당이 만들어간다면 중국 인민뿐만 아니라 세계인의 존중을 받을 수 있을 것이다. 그러나 역대로 통치집단이 자신의 이익을 내려놓지 않았다는 것이 중국의 최대 딜레마다. 권위주의 통치가 인민의 정치 참여를 제한하고, 국가 자산을 독점했던 것이다.

중국의 역사는 국가의 간섭보다 자유방임 정책을 쓸 때 경제가 가장 활성화되었다는 사실을 알려준다. 그러나 미중경쟁시대 중국은 어느 때보다 국가 주도를 강화할 것이며, 투자의 중점도 산업고도화와 친중국 경제권 형성을 위한 대외투자에 두어질 것이다. 미국의 동맹국 경제권에 맞서 시진핑 정부가 추진하고 있는 국가 주도 자립경제가 지금 한국이 직면해야 할 새로운 중국의 모습이다.

2. 한국의 길

이러한 시대 상황에서 지금 우리가 해야 할 일은 중국이 걸어온 길을 통찰하여 어떠한 길을 가려고 하는지 잘 이해하는 일이다. 중국이 선택하여 발생한 문제는 결국 중국인 스스로 해결하는 것이지 외부인이 개입할 수 있는 일이 아니기 때문이다. 가장 적극적인 개입은 중국과 다른 방식으로 사람들이 살기 좋은 사회를 만들어가는 것이다. 중국과 관계된 민감한 일에 대해선 국익 차원에서 대응하면서도, 장기적으로 삶의 질 경쟁 혹은 문명경쟁을 하는 것이 중국을 대하는 최선의 길이다.

미중경쟁과 코로나 사태로 일어난 사회변화는 한국을 포함한 전 세계 국가에서 동시적으로 진행되고 있는 현상이다. 앞으로 문명 대전환[7]이라고 부를 수 있을 정도의 급격한 전환이 이뤄질 것이며, 신자유주의 질서에 내재한 모순과 전 지구적인 공동 문제를 혁신적으로 해결해나가는 국가가 미래를 선도할 것이다. 한국은 지금 어디로 가야 하는가.

1) 세계 미래를 창조하는 경제 실력

2022년 5월 미국 대통령 바이든의 한국 방문 첫 번째 일정이 평택의 삼성 반도체공장이었다. 이 자리에서 한미 간의 동맹이 안보동맹 중

---

[7] 현재 미중경쟁의 문제가 세계사의 최대 현안이 되고 있지만, 이를 보는 시야는 전 지구적 탈서구 운동의 차원으로 넓혀볼 필요가 있다. 중국뿐만 아니라 세계 곳곳에서 서구 중심적인 신자유주의 시스템을 탈피하려는 흐름이 흥기하고 있기 때문이다. 이들은 모두 자신의 문명과 종교, 지역을 바탕으로 전 지구가 더불어 살아가는 대안 세계를 모색하는데, 이러한 흐름을 문명 대전환이라고 부를 수 있을 것이다. 터키, 이란, 파키스탄, 카자흐스탄, 인도네시아 등이 주축이 된 이슬람 공동체, 인도가 중심이 된 남아시아 지역협력연합, 러시아가 주도하는 대유라시아 연합, 동남아 국가들이 연대한 아세안 등이 그러하며, 중국이 구상하는 일대일로 역시 이러한 전 지구적 차원의 문명 대전환 운동 위에 위치한다.

심에서 반도체 경제동맹으로 그 영역이 확장되었다고 선언하였다. 미국이 가지고 있지 못한 첨단기술력을 한국이 제공하는 상황은 사상 초유의 일로서 한국의 실력을 세계적으로 인정받는 순간이었다. 자부심을 느끼기에 충분한 일이면서도 한국이 이를 통해 얻는 실익은 무엇인지 의문이 들게 한다.

경제동맹으로 한국의 안보 상황이 개선되었다고 보기에는 북한의 미사일 발사와 핵실험을 막을 방도가 없다. 미국은 삼성 반도체공장을 유치하여 안정적인 반도체 공급을 이룰 수 있지만, 반도체의 중국 수출을 제한하여 한국은 막대한 경제적 이익을 잃어버릴 수도 있다. 세계가 부러워하는 첨단기술력을 가지고 있음에도 불구하고, 이를 통해 한국의 국익을 극대화할 수 있는 길을 만들지 못한 셈이다.

우리는 트럼프와 김정은이 연출한 싱가포르에서의 환희와 하노이에서의 좌절을 목도한 바 있다. 회담이 결렬되기는 했지만 북한과 미국이 만났다는 사실이 중요하다. 이는 북미가 서로 필요로 하는 지점이 있다는 얘기다. 러시아-우크라이나 전쟁에서 드러났듯이, 미국은 여전히 세계 최강국이지만 중국과 러시아를 전체적으로 막을 만한 힘을 가지고 있진 못하다. 이러한 상황에서 만일 북한이 중국-러시아 쪽에 합세하여 미국을 위협한다면, 미국으로서는 매우 곤란한 처지에 빠지게 된다. 또 북한은 핵을 지렛대로 안보와 경제를 얻으려 하는데 결국 이를 들어줄 나라는 미국밖에 없다. 김정은과 트럼프의 만남은 미국이 중국 견제를 위해 북한을 받아들일 수 있고, 또 북한의 선택이 중국이 아니라 미국이 될 수도 있다는 점을 시사한다.

필자는 한미 간의 반도체 동맹을 보면서 하노이의 좌절을 넘어설 수 있는 방안을 생각해 보았다. 반도체공장을 미국뿐만 아니라 북한에도 건설하여 한반도를 글로벌 반도체생산기지로 만드는 일이다. 북한이 미사일 발사와 핵실험을 지속하는 것은 궁극적으로 미국과 협상하기 위한 것인데, 북한에 비핵화를 목표로 한 반도체생산기지 건설을 제안한다면 김정은 역시 관심을 가질 것으로 보인다.[8] 미국 입장에서는 북중러가 합세한 안보 위협을 약화시키고, 또 북한을 글로벌 생산기지로 만들어 중국을 대체하는 새로운 공급망으로 활용할 수 있다. 북한 입장에서는 개성공단의 경공업 수준이 아니라 세계 경제의 핵심인 반도체공장이 생기고 나아가 글로벌 생산기지로 발전할 수 있다면, 비핵화로 나아갈 수 있는 명분과 실리를 얻는 셈이다.

세계적 투자가인 짐 로저스는 '북한에 자신의 전 재산을 투자하고 싶다'고 하며 북한의 경제적 가치를 높이 평가한 바 있다. 북한의 반도체공장이 한반도 평화를 위한 전 지구적 프로젝트로 진행된다면, 짐 로저스를 포함한 세계 투자가들의 참여를 통해 필요한 자본을 확보할 수 있을 것이다. 전 세계인의 투자와 한국의 기술력 그리고 북한의 인재와 천연자원이 결합하는 반도체공장은, 한반도의 미래를 열어가는 평화의 길이 될 수 있지 않을까.

이 기획이 실현될 수 있을지 여부는 미지수이지만, 우리 국익을 중심으로 남북한 협력을 위한 방안을 모색해보는 일이 중요하다. 지금은

---

8 러시아-우크라이나 전쟁으로 북한의 비핵화 가능성은 더 낮아지고 핵무기 비확산이 현실적인 대책이 되고 있다. 하지만 핵무기 비확산을 위해서도 한반도 비핵화의 비전은 포기되어선 안 된다.

어떠한 방안이든 미국의 협력이 있어야 한다. 미국이 우리에게 필요로 하는 것이 없을 때에는 미국을 설득하기가 쉽지 않았지만, 지금 우리에게는 반도체를 포함한 첨단기술력이 있다. 이것을 지렛대로 삼아 미국을 설득하고, 또 그 방안이 미국의 이익에 부합하는 길임을 확신시켜 주어야 한다. 외교는 불가능해 보이는 일을 가능하게 만드는 국가적 역량이다.

한중수교 이후 한국의 국가 전략은 이른바 '안보는 미국, 경제는 중국(안미경중)' 프레임 속에 있었다. 이 프레임이 한국의 길을 설명하는 데 유용한 것은 사실이지만, 이로 인해 장기적으로 나아가야 할 방향이 가려져 있었다는 점도 놓쳐선 안 된다. 이번 한미 반도체 협력의 경우에도, 삼성이 미국에 생산공장을 건설한다는 점이 부각되어 우리가 일방적으로 이익을 내어준 것처럼 보인다. 그러나 반도체 생산 공정에서 상위 공정인 설계는 미국의 기술력이 압도적이고 삼성은 그 설계로 반도체를 생산하는 공정을 맡고 있어서, 상호 긴밀한 협력관계인 셈이다. 삼성이 취약한 반도체 설계와 장치 기술은 미국, 네덜란드, 일본 등의 선진기업이 가지고 있는데, 상호 이익을 얻는 글로벌 분업관계가 유지되어야 삼성도 지속 가능한 성장을 할 수 있다는 얘기다.

2019년 일본은 한국을 압박하기 위해 반도체 핵심소재 수출규제 조치를 취하였다. 일본이 한국경제의 취약점을 잘 알고 공격한 것인데, 결과적으로 보면 한국이 신속 대응하여 위기를 넘기고 핵심 기술을 강화하는 계기가 되었다. 그러나 한국이 한 단계 더 성장하기 위해선 첨단기술과 핵심 소부장 기술 강화가 필수적이라는 목소리가 예전부터 제기되었지만, 중국 시장에서의 이익에 만족하고 있었다는 점은 성찰해야 할 사안이다. 중국에서 막대한 흑자를 얻었지만 그 대가로 기술력을 내주면서 지금의 국면에 처하게 된 것이다.

이는 한국이 나아가야 할 방향이 미중 사이의 관계에 제한되어선 안된다는 얘기다. 즉 글로벌 분업관계 속에서 한국의 위상을 설정하여, 첨단기술과 핵심 소부장 기술은 선진기업과 협력을 강화하고, 한국의 경쟁력 있는 기술·제품·콘텐츠는 중국을 포함한 글로벌 시장으로 진출 영역을 확대해야 한다는 것이다. 한국이 이러한 경제 위상을 확립하려면 몇 가지 내부 조건을 갖추어야 한다.

먼저 한국 내부에서 첨단기술과 핵심 소부장 기술의 연구 개발을 지속해야 한다. 가령, 반도체공장의 경우 미국에 공장을 설립하더라도 최첨단 반도체 개발이 한국에서 진행되어 기술 격차를 유지하고 있어야 미국과의 협력관계가 지속될 수 있다. 미국이 한국의 기술을 따라잡아 협력관계가 불필요해진다면, 한국의 입지는 그만큼 좁아질 수밖에 없기 때문이다. 실제로 2023년 2월 발표한 미국의 반도체 지원법(CHIPS Act)을 보면, 미국의 삼성 유치 의도가 자국의 반도체산업 재건을 위한 이기적 목적임을 드러내고 있다. 1986년 미일 반도체협정 이후 일본의 반도체산업이 붕괴된 사실을 거울로 삼아, 기술 초격차를 잘 유지해나가야 할 것이다.

수출의 경우도 중국이 한국 전체 수출의 약 25% 정도를 차지하고 있는데, 내부 비중을 보면 반도체 등 중국이 필요로 하는 분야의 점유율은 증가한 데 반해, 중국이 따라잡은 분야의 비중은 이미 쇠락한 상태다. 그리고 중국 의존도가 높은 원자재와 중간부품이 늘어나면서 한국이 무역 흑자에서 적자를 기록하는 입장으로 바뀌고 있다. 이러한 사실은 앞으로 대중 무역이 중국이 필요로 하는 첨단기술과 세계적 수준의 완제품·콘텐츠·서비스 중심으로 개편될 것이라는 점을 예고한다.

대중 무역의 관건은 한국이 세계적 테스트마켓으로서 성장할 수 있는지 문제에 달려 있다. 현재 한국 기업이 중국에서 고전하는 이유는 중국에서 통하는 상품이 줄어들었기 때문이다. 수출 국가로서 한국은 글로벌 시장에 통할 수 있는 상품을 지속적으로 만들어야 한다. 첨단기술과 핵심 소부장 기술이 한국 제조능력의 세계화를 의미한다면, 수출 상품은 세계인들이 일상생활에서 소비하는 다양한 제품을 만들어내는 능력을 지칭한다. 과거 한국이 저가의 실용 제품을 수출했다면, 지금은 세계시장을 선도하는 창의적이고 신뢰성 있는 제품이 주력이 되고 있다.

이러한 제품은 세계 각 지역의 소비자에 맞춘 것이 아니라, 한국의 생산—소비 환경에서 만들어진 한국적인 제품이다. 게임산업처럼 한국에서 통하면 세계에서 통하는 제품들이 늘어나고 있는 것이다. 이렇게 세계시장에서 통할 수 있는 제품을 만들고 소비자에게 검증을 받는 공간이 바로 테스트마켓이다. 반도체·배터리와 같은 세계 최고 수준의 제조력, K-콘텐츠와 같은 세계인의 감동을 자아내는 창의적 상상력, 세계에 통할 제품을 선별해내는 한국 소비자의 집단지성은 세계적 테스트마켓이 될 수 있는 한국 특유의 기반인 것이다.

비전으로 볼 때, 중국이 생산 전 부문에서 글로벌 공급망기지를 추구한다면 한국은 핵심 소재·부품·장비를 생산하는 기술강국으로 나아가고, 중국이 세계소비시장을 추구한다면 한국은 세계적 테스트마켓으로 나아가는 것이다. 중국이 세계를 향해 'made for China'를 요구한다면, 한국은 한국에서 통하면 세계에서 통하는 'made in Korea'의 길로 나아가는 것이다. 반중감정을 넘어 글로벌 경쟁으로 나아가는 길 위에 바로 한국의 미래가 있다.

세계를 선도하는 기술과 제품 그리고 문화가 만들어지는 곳은 세계의 미래가 창조되는 공간에 다름아니다. 우리는 지금 세계의 미래를 만드는 일에 참여하고 있는 것이다.

2) 전 지구적 문화 공감과 신한류

한국의 문화산업은 사드사태 이후 한한령을 통해 중국의 경제보복을 받았다. 2020년 8월에 발표된 중국의 한 칼럼은, 한한령 이후 5년 동안 한류는 중국 시장을 잃어버렸지만 글로벌 시장에서 영향력을 더욱 확장한 반면, 중국의 문화산업은 자국 시장에 한정되어 글로벌 시장으로 진출하기 위해선 한류 콘텐츠가 필요한 상황이라는 자기 고백을 한 바 있다.[9]

한류는 산업화, 민주화를 실현하는 과정에서 치열하고 따스하게 살아온 삶의 경험이 녹아든 콘텐츠로, 유사한 삶의 조건을 지닌 중국을 포함한 아시아의 관객들에게 공감을 받았다. 동일한 장르라 하더라도 할리우드나 일본의 콘텐츠와 '색깔'이 다른 것은 한국이 '사회비판과 정

9　界面新闻, 〈失去中国市场5年的韩流, 如何在全球越战越勇〉, 2020. 8. 28.

감의 상상력[10]에 기반한 이야기를 전해주기 때문이었다. 현재 한국은 산업화 민주화 단계를 넘어 전 지구적 차원의 사회 불평등과 삶의 위기에 직면하여 이 문제를 풀어나가는 다양한 개인과 집단 들의 이야기가 생성되고 있다. 〈굿닥터〉와 같은 한국 드라마가 아시아를 넘어 미국에서 리메이크 되었고, BTS의 성찰과 사랑의 노래가 전 세계적인 팬덤을 형성하였다. 봉준호 감독의 〈기생충〉과 박찬욱 감독의 〈헤어질 결심〉 등은 한국 영화의 수준을 전 세계에 보여주었다. 또 넷플릭스에서는 〈오징어 게임〉·〈이상한 변호사 우영우〉·〈더 글로리〉 등 한국 드라마가 전 세계 시청자들의 감동을 자아내고 있다. 이는 한국의 콘텐츠 속에 전 지구적인 공감을 받을 수 있는 매력이 내재되어 있기 때문이다.

　본래 한류는 국가정책에 의한 것이라기보다는 팬덤에 의해 형성된 것이었다. 한류가 부상한 이후에 정부의 문화산업정책이 개입되어 한류의 진흥을 도왔지만, 현재의 모바일 인터넷 환경에서는 정책보다는 팬덤이 한류 지속성의 중요한 기반이 되고 있다. 한류 팬덤은 한국이어서 좋아하는 것이 아니라, 자국의 문화나 다른 외국 문화로 충족할 수 없는 독특한 감성 세계가 있기 때문에 한류를 좋아한다고 말한다. 이러한 감성 세계는 바로 한국의 사회문화적 환경 속에서 생성되어 발전한 것이다. 현재 한류의 문화 공감의 힘은 아시아를 넘어 전 지구적인 팬덤을 향해 나아가고 있다.

　한류가 전 세계의 인터넷 모바일 환경과 연결됨에 따라, 한국은 자

10　이 점에 대해선 이종민 「사드 이후 한류의 길을 찾아서」(『중국현대문학』 제88호, 2019) 참고.

신의 장점을 극대화한 다양한 이야기의 창작 경험을 축적하고 콘텐츠 생산을 위한 내부시스템을 구축하는 일이 무엇보다 중요하다. 이를 위한 정부의 역할은 인재 양성을 포함한 내부축적 시스템 구축과 연계된 좋은 정책 수립에 있다. 이러할 때 한국사회가 진보적 삶의 가치, 역동적 문화 취향을 지닌 공간으로 더욱 진화해나갈 수 있다. 이 과정에서 한국 특유의 '사회비판과 정감의 상상력'이 성숙되고 콘텐츠 제작수준이 향상되는 효과를 얻을 수 있을 것이다. 한국의 콘텐츠 기획력이 독자성과 보편적 공감을 확보하고 나아가 글로벌 매력을 발산할 수 있는 것은 이러한 기반 위에서 가능한 일이다. 이러한 환경 속에서 전 지구적 문화 공감을 받는 신한류의 세계를 창조해나간다면, 중국인들 역시 자국의 문화에서 충족할 수 없는 한국인의 감성과 진보적 가치를 존중하게 될 것이다.

3) 포스트 코로나 시대를 선도하는 문명사회

중국에서 디지털 감시시스템에 대한 거부감이 덜한 것은, 사생활 보호보다 안전을 중시하는 점과 밀접히 관련되어 있다. 이 점이 코로나 방역 과정에서 중국인의 애국심·희생정신이라고 평가되었지만, 비상시기를 지나면 일상적인 감시체제로 정립될 것이다. 중국인은 역사적으로 수많은 전쟁과 사회 혼란을 겪어오면서 안전한 생활환경을 무엇보다 중시했기 때문에, 디지털 감시시스템이 자신들의 생명과 생계를 보호하는 안전장치로 기능한다면 별다른 거부감을 느끼지 않을 것이다. 중국의 플랫폼 기업이 지금처럼 성장할 수 있었던 것도 개인정보가 축적된 빅

데이터를 큰 규제 없이 활용할 수 있는 환경 덕분이었다. 그러나 빅브라더의 그림자가 드리운 중국의 모습에 대해 선진사회에서는 우려의 시선을 보내고 있다. 디지털 기술에 기반한 초연결사회가 민주사회로 나아간다는 보장이 없기 때문이다.

현재 한국에서도 코로나 사태 이후 디지털 사회로의 전환이 빨라지고 있다. 앞으로 세계는 디지털 기술에 기반하여 정치, 경제, 사회, 문화, 환경 등의 제반 시스템이 혁신되는 이른바 디지털 문명 시대에 진입할 것이다. 이 과정에서 세계 인류는 디지털 초연결사회가 민주사회로 나아가는지, 어떤 주체가 생태문명을 만드는지, 어떤 복지사회가 행복사회를 이루는지, 어느 나라가 진정한 법치사회를 실현하는지 등의 문제를 주목하게 될 것이다. 이 문제는 개인이나 기업의 차원을 넘어 그 나라가 도달한 성장 수준을 국제적으로 인정받는 과정이다.

포스트 코로나 시대 디지털 문명경쟁에서 우위를 확보하는 방법은 한국이 자신의 장점을 극대화하여 '더 선진화된' 사회로 나아가는 일이다. 즉 중국의 중앙집권형 디지털 통제사회와 다른 시민사회형 디지털 민주사회를 만들고, 환경·건강·신뢰 중심의 진보적 주체의식을 통해 생태위기의 대안을 만들고, 사회적 불평등을 넘어 국민의 행복한 삶을 추구하는 한국형 복지사회를 이루고, 국민의 자유와 권리를 공정하게 실현하는 법치사회를 만드는 등 세계가 공감하는 보편가치를 구현하는 일이 바로 그러하다. 이러한 과제는 일관된 국가목표 하에 중장기적으로 실천해야 하는 일로서, 정권 교체에 상관없이 지속적인 추진이 가능해야 한다.

가령, 미국은 국익을 위한 중장기 국가 전략에 대해선 정권이 교체되더라도 큰 변화없이 시행하고 있으며, 중국은 공산당의 국가 전략을 당면한 시세에 적응해가면서 일관되게 추진하고 있다. 현재 한국에게는 중장기적인 목표를 세워 일관되게 추진해나가는 힘이 무엇보다 절실하다. 최근 세계의 주목을 받고 있는 K-방산은 박정희 정부 때 세워진 한국국방연구원이 정권 교체에 상관없이 일관되게 목표를 추진할 수 있는 환경이 형성되었기에 가능한 결과였다. 국방, 통일, 기술력, 식량, 기후, 인구 등 한국의 안보·성장과 밀접한 분야는 반드시 중장기적으로 정책이 추진되어야 함을 보여준다.

코로나 방역과정에서 한국은 창의적이고 효과적인 방법으로 K-방역의 모델을 만들었는데, 이는 우수한 의료 인력, 세계 최고 수준의 IT 인프라, 높은 시민의식 등에 기반한 한국적 산물이다. 한국에서 통하면 세계에서 통하는 영역이 제품·서비스·콘텐츠에서 이제는 사회모델에서도 가능할 수 있다는 점을 보여준 것이다. 그러나 아직 갈 길이 멀다. 앞으로 인류 생존의 관건이 될 생태위기의 대응 수준으로 볼 때, 한국은 장기적 로드맵이나 실천의지 면에서 후진국에 가깝다. 1인당 온실가스 배출량이 최악의 수준임에도 불구하고 국가 차원의 실천이 초기 단계에 있으며, 오히려 타국에 석탄발전소를 건설하여 기후 악당이라는 오명을 들었다. 미세먼지 문제는 중국을 포함한 외부적 요인과 국내적 요인이 복합되어 있는데, 국내적 요인의 개선이 없다는 점이 중국에게 책임 회피의 빌미를 제공하는 실정이다.

한국이 세계적 테스트마켓이 되기 위해선 창의적 인재와 진보적 소비주체가 있어야 하며, 이는 교육·연구개발·생산·소비의 선순환을 촉진하는 복지시스템과 직결되어 있는 문제이다. 복지시스템은 테스트마켓의 필수기반일 뿐 아니라 코로나 사태와 같은 대재난에서 국민의 삶을 보호하여 안전한 사회를 만드는 근간이다. 한국형 복지사회를 만드는 일이 바로 국민의 창의적이고 행복한 삶을 보장하는 길이다. 이 일은 출산율을 비롯하여 국민 자살률, 청소년 행복지수, 산업재해사망률 등에서 최악의 지수를 보이고 있는 한국사회가 혁신되기 위한 관건적인 과제라고 할 것이다. 출산율이 급감하면서 정부는 수백조를 투자하여 출산을 장려했으나, 돌아온 결과는 더 낮은 출산율이었다. 출산율은 돈 몇 푼으로 높일 수 있는 일이 아니다. 한국이 안심하고 살만한 나라가 되어 아이를 낳아도 된다고 생각하는 부부가 많아질 때 자연스럽게 높아질 것이다. 선진 복지사회를 만드는 일이 바로 출산율을 높이는 길이다.

세계는 지금 문명 대전환의 시대에 직면해 있으며, 한국 역시 성장 위주의 사회에서 벗어나 문명의 진보를 위한 사회혁신의 길로 나아가야 한다. 디지털 문명경쟁의 차원에서 볼 때는 어쩌면 미중보다 한중 간의 경쟁이 더 부각될 수 있다. 나아가 한중관계도 안보 갈등을 조정하여 삶의 질과 사회혁신 경쟁으로 전환한다면, 세계 평화와 환경을 위한 협력관계를 이룰 수 있을 것이다.

3. 우리 표준의 역사를 찾아서

중국 연구의 길을 걷고 있는 필자가 반중감정 문제에 처음 직면한 것은 2004년 여름 중국의 동북공정이 알려지면서 반중감정이 폭발했을 때의 일이다. 당시 필자는 중국전문잡지 『중국의 창』을 편집하면서, '한국과 중국, 오해와 편견을 넘어'라는 슬로건으로 한중 상호이해의 시각을 제기하고 있었다. 그러나 동북공정 사태 이후 상호이해의 시각은 반중감정을 넘어서기 어려웠다. 동북공정의 목적이 한국 고대사를 중국화하여 북한 유사시 점령의 정당성을 확보하는 데 있다는 점이 알려졌기 때문이다. 동북공정으로 인해 한중관계의 미래에 먹구름이 끼고 있었다.

한국의 거센 항의를 받은 이후 중국 정부는 '냉정하게 처리하고 갈등은 확대하지 않는다'는 방침을 정하며 역사문제로 한중관계가 악화될 수 있는 국면을 방지하려고 했다. 양국 정부의 묵인을 통해 사태는 그렇게 봉인되어 갔다. 동북공정 사태 20년이 되어가는 현재, 그때의 문제는 어떻게 된 것인지 의문이 든다. 한중관계가 더 악화된 현재의 상황 한가운데 여전히 역사문제가 도사리고 있기 때문이다. 주지하듯이 중국은 동북공정을 포함한 역사 공정을 완성하여 이를 역사 교과서에 반영하였다. 북한지역의 고대사를 중국화하고 유사시 점령할 수 있는 역사적 근거를 정립하여 세계에 전파하고 있다. 중국 역사 교과서에 실린 고대사 지도를 보면 한반도를 겨냥하고 있으며, 남북한이 역사공동체라는 사실을 부정하는 것이 아닌지 의심이 들게 한다.

중국이 이런 의도를 드러내더라도 남북한이 協力하여 역사 공동체를 위한 평화의 시대를 만들어간다면, 중국의 입지는 줄어들 수밖에 없다. 한국과 중국의 역사 문헌 및 고고학적 자료는 중국의 실제 역사 영토와 역사 공정 속의 영토가 일치하지 않는다는 점을 보여주기 때문이다. 문제는 중국의 역사 공정이 한국의 국사 교과서와 사학계의 주류 사관과 연결되어 있다는 점이다.

중국의 역사 공정은 순수학문이 아니라 국가를 위한 학술정치 프로젝트이다. 그래서 역사적 사실 여부보다는 목적을 위한 근거를 찾는 일이 더 중요하다. 대다수 국민이 분노하고 있음에도 불구하고, 한국의 주류 사관이 중국 역사 공정의 근거가 되고 있다는 사실은 잘 알지 못한다. 필자 역시 고등학교 시절 국사를 배운 이래, 우리는 끊임없이 침략을 받아온 약소민족이라는 잔영만 남은 채 잊고 살았다. 우리 역사는 한국인으로서의 자부심이나 현재를 성찰하는 역사의 거울과는 거리가 먼 우울한 세계였기 때문이다. 그런 국사가 이제 중국이 한반도로 들어오는 근거가 된 것이다. 중국 통치집단은 이런 사정을 잘 이용하고 있으며, 역사 교과서를 배운 일반 중국인들은 한국에 대한 편향된 지식을 가질 수밖에 없다.

우리가 실증을 바탕으로 역사를 재구성할 수 있다면, 굳이 중국 역사 공정의 근거가 되는 주류 사관을 고수할 이유가 없다. 자기 표준의 역사가 없는 민족에게는 미래가 없기 때문이다. 우리 역사를 지정학적 숙명을 지닌 약소국 이야기로 기억한다면, 우리는 영원히 강대국의 그늘에서 벗어나기 어려울지도 모른다. 누가 이러한 왜곡된 기억을 강요하는 것이며 이를 통해 이익을 얻는 세력은 누구인가.

우리는 지금 세계의 미래를 창조하는 작업에 참여하고 있다. 미중 사이에 끼인 상황만을 우려하면 한국의 이러한 길이 보이지 않는다. 우리가 고민해야 할 점은 오히려 한국 내부에 있다. 〈기생충〉, 〈오징어게임〉 등 한국 콘텐츠가 세계인의 이목을 사로잡고 있는데, 이는 문화국가로서의 위상을 한층 높여준 성과이다. 이러한 점은 자부심을 가져도 좋은 일이지만, 한국 콘텐츠가 사회적 불평등과 차별, 폭력, 분단의 비극 등 한국에 응집되어 있는 모순에 맞서는 과정에서 탄생한 것이라는 사실은 성찰해야 한다. 콘텐츠가 기반하고 있는 불행한 현실이 여전히 한국사회를 지배하고 있다는 얘기다.

콘텐츠가 세계인의 공감을 받는다고 하여 한국 내부의 모순이 사라지는 것은 아니다. 이 문제는 미래 한국의 성패와 직결된 사안이다. 21세기를 선도하는 기술강국과 테스트마켓이 되려면, 누구나 우수한 인재와 유능한 소비자로 성장할 수 있는 집단지성의 사회를 만들어야 하기 때문이다. 특정한 집단이나 엘리트 중심의 사회가 아니라 교육-연구개발-생산-소비가 선순환하는, 집단지성에 기반한 민주적이고 생산적인 복지사회를 만드는 일이 바로 21세기 미래 경쟁의 관건이다.

한국이 이러한 사회를 만들어가고 있고, 또 세계가 나아갈 미래의 거울이 되고 있다면, 누구라도 우리의 길을 존중할 것이다. 필자는 이제 비로소 우리가 지정학적 사고와 외교의 중요성을 인지하기 시작했다고 생각한다. 그동안 먹고 사는데 매달려, 우리가 어떻게 살아온 것인지, 세계는 우리를 어떻게 보고 있는지 생각할 여유가 없었다. 이것을 돌아보게 만든 계기는 우리 내부가 아니라 외부 세계가 우리를 보는 시각이 변화하고 있다는 점에 있다. 한강의 기적과 한국인의 능력을 얘기하고, 한류의 매력을 말하고, 한국의 민주주의를 논하고, 이제 미국을 비롯한 세계가 한국을 필요로 하고 있다. 세계의 이러한 시각 변화가 우리의 좁은 생각을 일깨운 것이다.

이제 우리가 우리 자신을 되돌아볼 차례가 되었다. 그 출발점은 우리가 잊고 살았던 질문인 우리는 누구인지, 어떻게 살아온 것인지, 무엇을 위해 살아가는 것인지의 문제를 던지는 일이다. 이 문제는 우리 표준의 역사를 만드는 존재론적 질문이면서, 우리가 나아갈 길을 성찰하는 삶의 거울에 다름아니다. 다행히 이 질문을 먼저 던지며 역사적 실증 작업을 한 분들이 있어서, 관심을 집중한다면 좋은 성과가 나올 수 있을 것이다.

윤명철 선생은 한국의 역사적 정체성을 '동아 지중해 해륙국가'로 보자고 제안한다. 유럽의 지중해 국가들처럼 동아시아도 바다를 공유하고 있으며, 한국은 이 동아 지중해를 통해 대륙문명과 해양문명이 융합된 국가적 정체성을 지닌다는 것이다. 역사적으로 한국이 반도에 갇힌 것이 아니라, 동아 지중해를 무대로 활동하며 문명을 만들어간 국가라는 점은 우리의 역사관을 바꿀 수 있는 중요한 시각이라고 할 수 있다.

복기대 선생은 신채호·윤내현·신용하 등의 연구, 한국과 중국의 문헌 해석, 고고학 유적 유물을 통해 한국사의 쟁점이 되는 고조선 문명, 한사군의 위치, 고구려·통일신라·고려·조선의 영토 등을 실증하여, 한

반도 내부로 축소된 한국사의 문제를 비판하였다. 이덕일 선생은 한국과 중국의 문헌에 대한 실증적 해석을 바탕으로 식민 사관이 왜곡시킨 한국사 특히 국사 교과서의 세부 내용을 체계적으로 반박하며 한국사를 새롭게 볼 수 있는 시각을 제기하였다.

사학계 내부에서도 새롭고 실증적인 연구들이 축적되고 있으며, 일반 시민들도 관련 지식과 정보를 얻으면서 식민 사관의 문제점과 대안 시각에 관심이 높아지고 있다. 하지만 우리 국가기관 내부에서 국민의 세금으로 국익을 해치고 있는 이 창피한 현실을 바로잡지 못하면, 이웃 나라의 역사 왜곡에 맞설 정당성을 잃게 된다.

우리를 되돌아보는 이러한 작업이 바로 한국의 미래를 열어가는 생각의 거울이 된다. 전통시대 한국의 정체성을 동아 지중해 해륙국가로 보는 것은, 동아시아를 넘어 세계로 나아가는 21세기 한국이 우연한 일이 아니라 전통을 계승하고 있는 것임을 보여준다. 대륙과 해양을 넘나들며 새로운 문명을 만들어내는 전통은 단절된 것이 아니라 21세기 한국인의 DNA에 흐르고 있다. 남북한이 하나의 역사공동체라는 사실은 우리에게 남북협력을 기반으로 평화와 번영의 시대를 만들라는 역사적 사명을 제기한다. 이는 우리의 과거를 미화하자는 것이 아니다. 식민과 분단을 거치면서 움츠러든 우리 자신을 돌아보며 앞으로 나아갈 수 있는 성찰의 지혜를 얻자는 것이다.

21세기 한국의 비전인 세계의 미래를 만드는 기술강국, 테스트마켓, 문화국가, 민주적이고 생산적인 복지사회 등은 우리 표준의 역사 위에서 만들어질 수 있다. 바로 김구 선생이 말한 그런 나라다. "나는 우리나라가 세계에서 가장 아름다운 나라가 되기를 원한다. 가장 부강한 나라가 되기를 원하는 것은 아니다. 우리의 부력은 우리의 생활을 풍족히 할 만하고, 우리의 강력은 남의 침략을 막을 만하면 족하다. 오직 한없이 가지고 싶은 것은 높은 문화의 힘이다."

세계의 미래가 만들어지는 곳, 한반도, 우리는 지금 그 위대한 목표를 향해 나아가야 한다.

저술 후기

　이 책은 우리 표준의 시각으로 세상을 보는 책을 쓰겠다고 마음먹은 후 두 번째 결과물이다. 첫 번째 책 『중국, 만들어진 정체성 - 고대 중국의 진실』 덕분에 전 역사 속에서 중국의 현재 문제를 조망할 수 있었다. 앞으로 중국 고전을 보는 우리 표준의 시각을 세우고, 고대 한중 관계의 진실을 찾는 작업이 이어질 것이다. 힘겨운 공부가 되겠지만 그만큼 보람이 있을 거라 생각한다.

　봄밤 벚꽃 산책을 할 때 건진 〈글〉이라는 시로 각오를 다진다.

탈고 일념에 매여
꽃 지는 줄도 몰랐네
내가 글을 쓰는 건지
글이 나를 부리는 건지
잠시 즐거운 한숨 쉬다
긴 침묵이 흐른다
내가 그리는 세상은

글 너머에 있는 것일까

직업을 떠나고 나니
종신 할 일이 생겨났다
별에게 들려줄
내 인생의 길로 들어선 것이다

주요 참고 문헌

『관자』, 김필수 외 옮김, 소나무, 2021.

『국어』, 신동준 옮김, 인간사랑, 2017.

『맹자』, 김용옥 역주, 통나무, 2019.

『묵자』, 신동준 옮김, 인간사랑, 2018.

『상군서』, 우재호 옮김, 소명출판, 2005.

『서경』, 김학주 옮김, 명문당, 2015.

『순자』, 김학주 옮김, 을유문화사, 2019.

『시경』, 김학주 옮김, 명문당, 2018.

『여씨춘추』, 김근 옮김, 글항아리, 2012.

『장자』, 김갑수 옮김, 글항아리, 2019.

『춘추좌전』, 신동준 옮김, 한길사, 2006.

『한비자』, 김원중 옮김, 휴머니스트, 2019.

가이즈카 시게키 · 이토 미치하루, 배진영 · 임대희 옮김, 『중국의 역사: 선
　　　　진시대』, 혜안, 2015.

강붕, 김영진 옮김, 『혼군, 명군, 폭군』, 왕의서재, 2016.

강신주, 『관중과 공자』, 사계절, 2016.

강효백, 『중국법 기초 중국헌법』, 좋은땅, 2021.

거자오광, 이등연 외 옮김, 『중국사상사』1, 2, 일빛, 2015.

거젠슝, 숙사연구회 옮김, 『중국통일 중국분열』, 신서원, 1996.

고힐강, 김병준 옮김, 『고사변 자서』, 소명출판, 2006.

공원국, 『춘추전국이야기』1~10, 위즈덤하우스, 2017.

권기영, 『마르크스와 공자의 화해』, 푸른숲, 2016.

그레이엄 앨리슨, 정혜윤 옮김, 『예정된 전쟁』, 세종서적, 2018.

김경일, 『유교 탄생의 비밀』, 바다출판사, 2013.

김광억, 『중국인의 일상세계 − 문화인류학적 해석』, 세창출판사, 2017.

김근, 『예란 무엇인가』, 서강대학교출판부, 2012.

김근, 『漢詩의 비밀』, 소나무, 2008.

김상준, 『맹자의 땀 성왕의 피: 중층근대와 동아시아 유교문명』, 아카넷, 2011.

김영민, 『중국정치사상사』, 사회평론아카데미, 2021.

김영수, 『절대역사서 사기』, 창해, 2016.

김인희 편, 『중국 애국주의와 고대사 만들기』, 동북아역사재단, 2021.

김일권, 『동양 천문사상, 인간의 역사』, 예문서원, 2010.

김일권, 『동양 천문사상, 하늘의 역사』, 예문서원, 2012.

김정렬, 『서주 국가의 지역정치체 통합 연구』, 서경문화사, 2012.

노가영 외, 『콘텐츠가 전부다』, 미래의창, 2020.

대니얼 벨, 김기협 옮김, 『차이나 모델: 중국의 정치 지도자들은 왜 유능한가』, 서울, 서해문집, 2017.

디터 쿤, 육정임 옮김, 『송, 유교 원칙의 시대』, 너머북스, 2015.

레이 황, 권중달 옮김, 『허드슨 강변에서 중국사를 이야기하다』, 푸른역사, 2006.

레이 황, 홍손도·홍광훈 옮김, 『중국, 그 거대한 행보』, 경당, 2002.

로타 본 팔켄하우젠, 심재훈 옮김, 『고고학 증거로 본 공자시대 중국사회』, 세창출판사, 2011.

루쉰, 루쉰전집번역위원회 옮김, 『루쉰전집』, 그린비.

류전원, 김영철 옮김, 『중국 현대 신사실주의 대표작가 소설선』, 책이있는마을, 2001.

리링, 김갑수 옮김, 『집 잃은 개』1,2, 글항아리, 2012.

리링, 황종원 옮김, 『논어, 세 번 찢다』, 글항아리, 2011.

리보중, 이화승 옮김, 『중국 경제사 연구의 새로운 모색』, 책세상, 2006.

리저허우, 임옥균 옮김, 『논어금독』, 북로드, 2006.

리쩌허우, 정병석 옮김, 『중국고대사상사론』, 한길사, 2010

리처드 폰 글란, 류형식 옮김, 『폰 글란의 중국경제사』, 소와당, 2020.

리펑, 이청규 옮김, 『중국고대사』, 사회평론, 2017.

마르테 세르 갈퉁 · 스티그 스텐슬리, 오수원 옮김, 『중국의 미래』, 부키, 2016.

마오쩌둥, 김승일 옮김, 『모택동선집』 1-4권, 범우사, 2001.

마이크 데이비스 외, 『코로나19 - 자본주의의 모순이 낳은 재난』, 책갈피, 2020.

마이클 베클리 · 할 브랜즈, 김종수 옮김, 『중국은 어떻게 실패하는가 (Danger Zone)』, 부키, 2023.

마크 에드워드 루이스, 김한신 옮김, 『당 - 열린 세계 제국』, 너머북스, 2017.

마크 에드워드 루이스, 김우영 옮김, 『진 · 한 - 최초의 중화제국』, 너머북스, 2020.

마크 에드워드 루이스, 최정섭 옮김, 『고대 중국의 글과 권위』, 미토, 2006.

마틴 자크, 안세민 옮김, 『중국이 세계를 지배하면』, 부키, 2010.

모리스 마이스너, 김수영 옮김, 『마오의 중국과 그 이후』 1, 이산, 2007.

미야자키 이치사다, 박영철 옮김, 『논어』, 이산, 2001.

미야자키 이치사다, 이경덕 옮김, 『자유인 사마천과 사기의 세계』, 다른세상, 2004.

미조구치 유조 외, 동국대 동양사연구실 옮김, 『중국의 예치 시스템』, 청계, 2001.

미조구치 유조 외, 조영렬 옮김, 『중국 제국을 움직이는 네 가지 힘』, 글항아리, 2012.

바이시, 이임찬 옮김, 『직하학연구』, 소나무, 2013.

박기수 외 역주, 『중국 고대 사회경제사』, 청어람미디어, 2005.

박민희, 『중국 딜레마』, 한겨레출판, 2021.

박원규 외, 『중국고대 금문의 이해』, 신아사, 2009.

반고, 진기환 옮김, 『한서』 9, 명문당, 2017.

백범흠, 『미 · 중 신냉전과 한국』, 늘품플러스, 2020.

벤자민 슈워츠, 나성 옮김, 『중국 고대 사상의 세계』, 살림, 2004.

벤자민 슈워츠, 나성 옮김, 『중국 고대사상의 세계』, 살림, 1996.

사라 알란, 오만종 옮김, 『거북의 비밀: 중국인의 우주와 신화』, 예문서원, 2002.

사라 알란, 오만종 옮김, 『선양과 세습』, 예문서원, 2009.

사마천, 김원중 옮김, 『사기』, 민음사, 2017.

사마천, 한가람역사문화연구소 사기연구실 옮김, 《신주사기》, 한가람역사문화연구소, 2020.

샤오젠성, 조경희 · 임소연 옮김, 『송나라의 슬픔』, 글항아리, 2022.

설명남, 『중국 마케팅, 리셋하라』, 이은북, 2018.

셰리 버먼, 김유진 옮김, 『정치가 우선한다: 사회민주주의와 20세기 유럽의 형성』, 후마니투스, 2006.

쉬지린, 송인재 옮김, 『왜 다시 계몽이 필요한가』, 글항아리, 2013.

스기하라 카오루, 안병직 · 박기주 옮김, 『아시아간 무역의 형성과 구조』, 전통과현대, 2002.

스도 요시유키 · 나카지마 사토시, 이석현 · 임대희 옮김, 『중국의 역사: 송대』, 혜안, 2018.

시라카와 시즈카, 고인덕 옮김, 한자의 세계, 솔, 2008.

신승하, 『중국사학사』, 고려대학교출판부, 2000.

신정근, 『공자씨의 유쾌한 논어』, 사계절, 2015.

앙리 마스페로, 김선민 옮김, 『고대중국』, 까치, 1995.

앙리 마스페로, 신하령 · 김태완 옮김, 『도교』, 까치, 1999.

양계초, 이혜경 주해, 『신민설』, 서울대학교출판문화원, 2014.

양동숙, 『갑골문해독』, 이화문화출판사, 2019.

어우양잉즈, 김영문 옮김, 『용과 독수리의 제국』, 살림, 2020.

엘리아데, 이은봉 옮김, 『성과 속』, 한길사, 2019.

오금성, 『국법과 사회관행 – 명청시대 사회경제사 연구』, 지식산업사, 2007.

오드 아르네 베스타, 옥창준 옮김, 『제국과 의로운 민족』, 너머북스, 2022.

왕우신, 이재석 옮김, 『갑골학통론』, 동문선, 2004,

왕후이, 송인재 옮김, 『단기 20세기』, 글항아리, 2021.

왕휘, 박노봉 옮김, 『상주금문 상하』, 학고방, 2013

요코야마 히로아키, 이용빈 옮김, 『중화민족의 탄생』, 한울, 2012.

우실하, 『요하문명론』, 소나무, 2014.

우훙, 김병준 옮김, 『순간과 영원 – 중국고대의 미술과 건축 』, 아카넷, 2003.

원석조 · 이성기, 『중국 사회복지의 역사: 고대에서 개혁개방까지』, 공동체, 2018.

원톄쥔, 김진공 옮김, 『백년의 급진』, 돌베개, 2013.

유발 하라리 외, 『초예측 부의 미래 – 세계석학 5인이 말하는 기술 자본 문명의 대전환』, 웅진지식하우스, 2020.

유발 하라리, 조현욱 옮김, 『사피엔스』, 김영사, 2017.

유상철 외, 『차이나 인사이트 2018』, 올림, 2017

유종원, 오수형 외 옮김, 『유종원전집』 1, 소명출판, 2009.

윤내현, 「商王朝史의 연구 – 甲骨文의 중심으로」, 단국대학교 박사논문, 1977

윤내현, 『상주사』, 민음사, 1988.

윤재웅, 『차이나 플랫폼이 온다』, 미래의창, 2020.

이덕일, 『사기, 2천년의 비밀』, 만권당, 2022.

이성구, 『중국고대의 주술적 사유와 제왕통치』, 일조각, 1997.

이성규, 『사기 – 중국고대사회의 형성』, 서울대학교출판부, 1988.

이승환, 『유가사상의 사회철학적 조명』, 고려대출판부, 1998.

이종민, 『글로벌 차이나』, 산지니, 2008.

이종민, 『중국이라는 불편한 진실 – 신자유주의의 대안이 될 수 있는가』, 서강대학교출판부, 2017.

이종민, 『흩어진 모래 – 현대 중국인의 고뇌와 꿈』, 산지니, 2013.

이중톈, 박경숙 옮김, 『이중톈, 중국인을 말하다』, 은행나무, 2008.

이철, 『중국의 선택』, 처음북스, 2021.

이탁오, 이영호 역주, 『이탁오의 논어평』, 성균관대학교출판부, 2011.

이토 진사이, 최경열 옮김, 『논어고의』, 그린비, 2016.

이희옥, 『중국의 새로운 사회주의 탐색』, 창비, 2004.

임건순, 『제자백가, 인간을 말하다』, 서해문집, 2019.

자오팅양, 노승현 옮김, 『천하체계』, 도서출판 길, 2010.

장광직, 하영삼 옮김, 『중국 청동기 시대』, 학고방, 2013.

장웨이웨이, 성균중국연구소 옮김, 『중국은 문명형 국가다』, 지식공작소, 2018.

장진번 주편, 한기종 외 옮김, 『중국법제사』, 소나무, 2006.

장펀톈, 이재훈 옮김, 『진시황평전』, 글항아리, 2018.

장하준, 『나쁜 사마리아인들』, 부키, 2007.

재레드 다이아몬드, 김진준 옮김, 『총, 균, 쇠』, 문학사상, 2005.

저우리뽀, 조관희·이우정 옮김, 『산향거변』 상, 중앙일보사, 1989.

정약용, 이지형 역주, 『논어고금주』, 사암, 2010.

조기빈, 조남호 외 옮김, 『반논어』, 예문서원, 1996.

소냉화, 『논어역평』1,2, 현암사, 2017.

조영남, 『중국의 꿈-시진핑 리더십과 중국의 미래』, 민음사, 2013.

조영남, 『중국의 통치체제: 공산당 통제 기제』1, 2, 21세기북스, 2022.

주재우, 『한국인을 위한 미중관계사』, 경인문화사, 2017

주희, 성백효 옮김, 『논어집주』, 전통문화연구회, 2010.

중공중앙문헌연구실, 허원 역, 「건국이래 당의 약간의 역사문제에 대한 결의」, 『정통 중국현대사』, 사계절, 1990.

진래, 진성수 · 고재석 옮김, 『중국고대사상문화의 세계』, 유교문화연구소, 2008.

진정, 김효민 옮김, 『중국 과거 문화사』, 동아시아, 2003.

쩡공청, 김병철 외 옮김, 『중국 사회보장 30년』, 공동체, 2013.

천라이, 고재석 옮김, 『중국고대사상문화의 세계』, 성균관대학교출판부, 2008.

최술, 이제하 외 옮김, 『수사고신록』, 한길사, 2009.

최진석, 『노자의 목소리로 듣는 도덕경』, 소나무, 2001.

취퉁쭈, 김여진 외 옮김, 『법으로 읽은 중국 도대사회』, 글항아리, 2020.

치량, 이승모 옮김, 『현대신유학비판』, 심산, 2012.

크릴, 이성규 옮김, 『공자-인간과 신화』, 지식산업사, 1997.

테일러 프레이블, 장성준 옮김, 『중국의 영토 분쟁: 타협과 무력 충돌의 매커니즘』, 김앤김북스, 2021.

티모시 브룩 외, 박소현 옮김, 『능지처참: 중국의 잔혹성과 서구의 시선』, 너머북스, 2010.

페이샤오퉁, 최만원 옮김, 『중국의 신사계급』, 갈무리, 2019.

포메란츠, 김규태 외 옮김, 『대분기-중국과 유럽, 그리고 근대 세계 경제의 형성』, 에코르브르, 2016.

프랜시스 후쿠야마, 함규진 옮김, 『정치질서의 기원』, 웅진지식하우스, 2012.

필립 쿤, 윤성주 옮김, 『중국 현대국가의 기원』, 동북아역사재단, 2009.

하야시 미나오, 박봉규 옮김, 『중국 고대의 신들』, 영림카디널, 2004.

하야시 미나오, 이남규 옮김, 『고대 중국인 이야기』, 솔, 2000.

한청훤, 『차이나쇼크, 한국의 선택』, 사이드웨이, 2022.

홉스봄, 이용우 옮김, 『극단의 시대: 20세기 역사』, 까치, 1997.

梁啓超, 『先秦政治思想史』, 中華書局, 2015.

余英時, 『士與中國文化』, 上海人民出版社, 2003.

汪暉, 『現代中國思想的興起』, 北京: 三聯書店, 2004.

陳來, 古代宗敎與倫理, 三聯書店, 1996.

蔡國裕, 『一九二0年代初期中國社會主義論戰』, 臺灣商務印書館, 1989.

Arthur H. smith, *Chinese Characteristics*, 上海三聯書店, 2007.

David W. Pankenier, A Brief History of Beiji(Northern Culmen), with an Excursus on the Origin of the Character di, *Journal of the American Oriental Society*, Vol. 124, 2004.

David W. Pankenier, The Cosmo-political Background of Heaven's Mandate, *Early China*, Vol. 20(1995).

James Pusey, *Lu Xun and Evolution*, New York University, 1998.

Joseph, Levenson, *Confucian China and Its Modern Fate*, Uni. of California Press, 1968.

Maddison, *Contours of the World Economy* 1-2030 AD. New York: Oxford University Press, 2007.

Mark Edward Lewis, *Sanctioned Violence in Early China*, State University of New York Press, 1990.

Sarah Allan, On the Identity of Shangdi(上帝) and the Origin of the Concept of a CelestialMandate(Tian Minh. 天命), *Early China*, Vol. 31, 2007.

Tang Xiabing, *Global Space and Nationalist Discourse of Modernity: The Historical Thinking of Liang Qichao*, Stanford University, 1996.

Tomas Huxly, *Evolution and Ethics And Other Essays*, Macmillan And Co, 1894.

Yuri Pines, *Foundations of Confucian Thought_ Intellectual Life in the Chunqiu Period*, 722-453 B.C.E., University of Hawaii Press, 2002.